UTB 5560

Eine Arbeitsgemeinschaft der Verlage

Böhlau Verlag · Wien · Köln · Weimar
Verlag Barbara Budrich · Opladen · Toronto
facultas · Wien
Wilhelm Fink · Paderborn
Narr Francke Attempto Verlag / expert verlag · Tübingen
Haupt Verlag · Bern
Verlag Julius Klinkhardt · Bad Heilbrunn
Mohr Siebeck · Tübingen
Ernst Reinhardt Verlag · München
Ferdinand Schöningh · Paderborn
transcript Verlag · Bielefeld
Eugen Ulmer Verlag · Stuttgart
UVK Verlag · München
Vandenhoeck & Ruprecht · Göttingen
Waxmann · Münster · New York
wbv Publikation · Bielefeld
Wochenschau Verlag · Frankfurt am Main

Gerald Kohl | Paul Nimmerfall (Hrsg.)

Recht und Sprache in der Praxis

Was wir schreiben, wie wir schreiben – und ob es trotzdem wer versteht?

Anwendungsgebiete und Übungsbeispiele

Mit Beiträgen von
Robert Fucik
Reinhard Hinger
Gerald Kohl
Benedikt Kommenda
Klaus J. Müller
Paul Nimmerfall

und Zeichnungen von
Robert Fucik

facultas

Bibliografische Information der Deutschen Nationalbibliothek
Die Deutsche Nationalbibliothek verzeichnet diese Publikation in der Deutschen Nationalbibliografie; detaillierte bibliografische Daten sind im Internet über http://dnb.d-nb.de abrufbar.

Umschlagbild: Pieter Bruegel d. Ä, († 1569), Der Turmbau zu Babel (1563), Kunsthistorisches Museum Wien
© KHM Museumsverband
Satz: Hannes Strobl, Satz·Grafik·Design, Neunkirchen
Druck und Bindung: CPI – Ebner & Spiegel, Ulm

UTB-Band-Nr.: 5560
ISBN 978-3-8252-5560-2
e-ISBN 978-3-8385-5560-7
epub 978-3-8463-5560-2

Inhalt

Vorwort

„Und der Herr sprach: Siehe, ein Volk sind sie und eine Sprache haben sie alle. Und das ist erst der Anfang ihres Tuns. Jetzt wird ihnen nichts mehr unerreichbar sein, wenn sie es sich zu tun vornehmen. Auf, steigen wir hinab und verwirren wir dort ihre Sprache, sodass keiner mehr die Sprache des anderen versteht." Diese Verse aus der biblischen Überlieferung (1. Mose 11, 6–7) schildern das Ende des „Turmbaus zu Babel", dessen berühmteste Darstellung durch Pieter Bruegel den Älteren den Umschlag dieses Buches schmückt. Die Legende ist ein Versuch, die Sprachenvielfalt auf der Erde zu erklären. Sie zeigt aber auch drastisch, wie Projekte scheitern, wenn die gemeinsame Sprache fehlt. Das ist eine durchaus zeitlose und praktische Mahnung.

Dieses Buch ist aus einer Lehrveranstaltung hervorgegangen. Seit mehreren Semestern bieten wir mit Unterstützung der Kanzlei Schönherr Rechtsanwälte an der rechtswissenschaftlichen Fakultät der Universität Wien einen Kurs „Recht und Sprache in der Praxis" an, in dem auch einige der Co-Autoren als Vortragende tätig waren. Die Rückmeldungen der Studierenden waren durchwegs erfreulich, wohl auch, weil es zuvor kein vergleichbares Angebot gegeben hatte. Mit der Lehrveranstaltung und diesem Buch verfolgen wir ein und dasselbe Ziel: Wir wollen ein Bewusstsein für sprachliche Probleme im juristischen Alltag schaffen. Denn die Sprache ist unser gemeinsames Werkzeug.

Zum Thema „Recht und Sprache" wurden bereits viele Bücher geschrieben. Auch wenn die meisten dieser Bücher interessant und lehrreich sind, so hat für uns doch keines davon so richtig gepasst. Für unseren Kurs suchten wir nach einem Praxishandbuch, das möglichst viel Inhalt auf möglichst wenig Seiten verpackt und zugleich die Perspektiven unterschiedlicher Berufsgruppen abdeckt. Außerdem sollte es viele praktische Beispiele enthalten, denn Sprache kann unseres Erachtens nicht abstrakt vermittelt werden.

Mit unserem Buch versuchen wir diesen Anforderungen gerecht zu werden. Wir wollen Recht und Sprache aus unterschiedlichen Blickwinkeln betrachten und Ihnen, liebe Leser*innen, zeigen, welche sprachlichen Tücken und Fallstricke in der Praxis lauern. In vielen Fällen gibt es nicht einfach „richtig" oder „falsch", sondern verschiedene Möglichkeiten. Um auf das Bild vom Werkzeug zurückzukommen: Nach der Lektüre dieses Buches sollten Sie wissen, welche sprachlichen Werkzeuge Ihnen zur Anwendung in der juristischen Praxis zur Verfügung stehen. Ob Sie zum Öffnen einer verschlossenen Tür dann einen Dietrich oder den Vorschlaghammer verwenden, das liegt ganz bei Ihnen. Mündige Leserinnen und Leser können in solchen Fällen selbst entscheiden, welchen unserer Ratschläge sie folgen möchten, was sie gut finden und was nicht. Weil wir gerade bei den LeserInnen sind: Wir haben uns bewusst dafür entschieden, in diesem Buch verschiedene Formen des Genderns (oder Nichtgenderns) zu verwenden, diese Frage also nicht von einem doktrinären, sondern von einem praktischen Standpunkt zu betrachten.

Die Autoren kommen aus verschiedenen juristischen Berufsfeldern; ihrer Ausbildung nach sind sie ausschließlich Juristen, keine Linguisten oder Germanisten. Daher ist auch dieses Buch keine wissenschaftlich fundierte Gesamtdarstellung der deutschen Grammatik. Selbst germanistische Fachbegriffe kommen nur vereinzelt vor. Trotz ihrer juristischen Ausbildung liefern die Autoren aber auch keine juristisch-dogmatischen Erörterungen. Beispiele sind teils dem deutschen, teils dem österreichischen Recht entnommen, doch die Probleme, um die es geht, sind überall gleich, die Erkenntnisse allgemein gültig. Vor diesem Hintergrund verblassen regionale Unterschiede – sie werden aber auch nicht verschwiegen, denn sie können das Problembewusstsein schärfen.

Keines der in diesem Buch verwendeten Beispiele ist erfunden. Viele stammen jedoch aus studentischen Qualifikationsarbeiten, und gerade da schien uns bei einer Interessenabwägung die Nennung der (für Außenstehende ohnehin kaum beschaffbaren) Quelle weniger wichtig als die Wahrung von Anonymität.

Als Herausgeber danken wir vor allem den Autoren für ihre Beteiligung an diesem Projekt. Sie haben uns durch zeitgerechte Lieferung ihrer Beiträge, durch ihre Bereitschaft zur Diskussion und zur Überarbeitung sowie durch Anmerkungen zu den von uns verfassten Abschnitten die Zusammenarbeit zu einem Vergnügen gemacht! Zum Teil lag das auch am unterschiedlichen Zugang der Autoren. Deren Stil und deren persönliche Note haben wir daher erhalten.

Neben den Autoren waren auch noch andere Menschen aus unserem beruflichen oder privaten Umfeld am Entstehen dieses Buches beteiligt. Für Unterstützung bei der Recherche und bei redaktionellen Arbeiten danken wir Mag. phil. Hanna Palmanshofer, BA, und Simela Papatheophilou, Studienassistentinnen am Institut für Rechts- und Verfassungsgeschichte der Universität Wien. Ihnen sowie Stud.-Ass. Katharina Oliva, Mag. phil. Gabriele Nimmerfall und Amalia Kohl, B.Ed, ist für die kritische Lektüre des Manuskripts zu danken.

Schließlich haben wir auch dem Verlag zu danken, zunächst für die positive Aufnahme unseres Projekts, dann für dessen sorgfältige Betreuung und die angenehme Zusammenarbeit.

Trotz mehrfacher Korrekturlesungen ist natürlich auch dieses Buch, wie jedes Menschenwerk, nicht frei von Fehlern. Wir könnten nun behaupten, solche Fehler wären absichtlich belassen worden, um die Aufmerksamkeit unserer Leserinnen und Leser zu schärfen – es wäre eine Schutzbehauptung. Doch immerhin können die verbliebenen Fehler uns allen als Mahnung gegen allzu große Selbstsicherheit dienen.

In diesem Sinne freuen sich Herausgeber und Autoren über Leserreaktionen (an: gerald.kohl@univie.ac.at, paul.nimmerfall@univie.ac.at).

Wien 2021 Gerald Kohl / Paul Nimmerfall

I. 21 Vorschläge für bessere Sprache und verständlichere Texte

Die folgenden Vorschläge sollen dabei helfen, Texte sprachlich zu verbessern und verständlicher zu machen.[1] Ein Allheilmittel sind sie nicht. Guter sprachlicher Stil lässt sich nicht auf wenigen Seiten vermitteln – das wäre zwar wünschenswert, geht an der Realität aber vorbei.

Der Versuch, besser zu schreiben, ist ein ständiger Kampf mit sich selbst. Unsere Vorschläge sollen Sie bei der Auseinandersetzung mit dem eigenen Sprachgebrauch unterstützen und an sprachliche Grundsätze und häufige Fehlerquellen erinnern. Eine vertiefte Betrachtung der Problemfelder wird in Teil II angeboten.

Auch wenn unsere Vorschläge keine Garantie für stilistisch gelungene Texte sind, so wird doch, wer ihnen folgt, besser und verständlicher schreiben. Davon sind wir überzeugt.

***

Phase 1: Vor dem Schreiben

1. Denken Sie serviceorientiert und leserfreundlich!

Ein bekannter Satz lautet sinngemäß: „Einer wird sich plagen, Schreiber oder Leser."[2] Je mehr Zeit und Mühe Sie in einen Text investieren, desto weniger plagen sich die Lesenden bei der Lektüre. Ganz egal, in welchem beruflichen Umfeld Sie tätig sind, verständliche Texte werden positiv auf Sie zurückfallen. Vergessen Sie nicht, dass Sie *für* Ihre Leser schreiben.

---

1 Zahlreiche Hinweise für bessere Sprache finden sich auch in *Schönherr*, Sprache und Recht 10 ff. und *Schimmel*, Juristendeutsch 126. Eine ausgezeichnete Auswahl an Sprachregeln haben am Beginn einiger neuer KODEX-Ausgaben auch *Werner Doralt* und *Reinhard Hinger* zusammengestellt. – Die Kategorie der „Verständlichkeit" kann prinzipiell infrage gestellt werden: Sie wird niemals in einem Maß erreicht, das die kernjuristische Aufgabe der Auslegung überflüssig macht: Vgl. *Thiel*, Recht und Sprache 250 ff. Umfassend zur Verständlichkeit *Lerch*, Sprache des Rechts I.

2 So ähnlich z. B. *Walter*, Kleine Stilkunde 1.

Einer muss sich plagen – der Schreiber …

… oder der Leser

2. Behalten Sie den Adressaten im Blick: Für wen schreiben Sie?

Bevor Sie mit dem Schreiben beginnen, sollten Sie kurz innehalten und darüber nachdenken, an welche Person oder welchen Personenkreis sich Ihr Text eigentlich richtet. Es wird einen fundamentalen Unterschied machen, ob Sie einen Artikel für eine juristische Fachzeitschrift oder eine Boulevardzeitung verfassen. Versuchen Sie sich in Ihre Leser hineinzuversetzen. Was sind deren Erwartungen an den Text? Den technischen Vorstand eines Unternehmens müssen Sie nicht mit juristischen Abhandlungen und fachlichen Kontroversen langweilen. Vielleicht interessieren diese Details aber gerade die Rechtsabteilungsleiterin oder den Rechtsabteilungsleiter. Apropos: Manchen Personen fällt es extrem negativ auf, wenn Sie nicht gendern. Andere wiederum meinen, dass gendergerechte Sprache den Lesefluss stört. Wir haben uns in diesem Werk bewusst inkonsequent für Einzelfalllösungen entschieden.

3. Den Stil verbessern – das heißt den Gedanken verbessern

Bevor Sie den Stift ansetzen oder Ihren Computer einschalten, sollten Sie eine Vorstellung davon haben, was Sie inhaltlich zu Papier bringen wollen.

Nur wer einen klaren Gedanken hat, kann diesen auch klar und verständlich niederschreiben. Das hat schon *Nietzsche* gesagt.[3] Glauben Sie uns: Fünf Minuten in der Konzeption ersparen Ihnen 20 Minuten in der Überarbeitung.

4. Ein guter Text hat eine sinnvolle Gliederung

Die Gliederung soll einen Text verständlicher machen. Ohne sie haben es die Leser oft schwer, dem Inhalt zu folgen. Als Grundregel gilt: Je länger der Text, desto wichtiger die Gliederung. Wir hoffen, dass Sie zustimmen: Eine Diplomarbeit ohne Gliederung wäre völlig undenkbar. Für einen verständlichen Text müssen Überschriften, Absätze und Sätze in ein sinnvolles System gebracht werden.

→ *Siehe auch Teil II, Seite 45 (Textgliederung).*

→ *Siehe auch Teil II, Seite 101 f. (Formale Textgestaltung).*

5. Trennen Sie sich von der „Juristensprache"

Ein letzter allgemeiner Hinweis, bevor der Schreibprozess im engeren Sinn beginnt: Sie müssen nicht *hochtrabend* und *ausschweifend* formulieren, um als Jurist oder Juristin ernst genommen zu werden. Das ist ein weit verbreiteter Irrglaube.[4] In den meisten Fällen haben derartige Versuche nur den gegenteiligen Effekt. Verzichten Sie daher auf Wörter wie „behufs", „hinkünftig" oder „ausweislich". Dies gilt auch für Wendungen wie „eindeutig unzweideutig" (= eindeutig, oder?) oder „unwahr und unrichtig" (= falsch). Schreiben Sie einfach und verständlich, das reicht. Es folgt ein Abschreckungsbeispiel (aktuell und stellvertretend für viele):

---

3 *Nietzsche*, Menschliches, Allzumenschliches 131: „Den Stil verbessern – das heißt den Gedanken verbessern."

4 Auf den Punkt gebracht: *Rami*, Jesus und die Juristen 30; *Rami*, Ja, wir sind in der Lage 74; *Rami*, Leitfaden 65.

Beispiel: Damit orientiert [die Fragenrüge] sich allerdings nicht an der gleichlautenden (anklagekonformen) Benennung des maßgeblichen Sachverhaltssubstrats in der unmittelbar vorher gestellten Hauptfrage 1 und legt nicht dar, inwiefern der von der Hauptfrage 2 solcherart – fallbezogen unzweideutig durch Verweis auf eine andere Frage und nicht (bloß) auf Aktenbestandteile – umschriebene Sachverhalt nicht nach den konkreten Tatumständen hinreichend individualisiert und subsumtionstauglich umschrieben sein soll und der Wahrspruch insoweit nicht dem wahren Willen der Geschworenen entsprechen sollte.[5]

****

Phase 2: Während des Schreibens: Satzstruktur, Wortwahl, Stil

Einige Gedanken zur Satzstruktur:

6. Subjekt, Prädikat, Objekt

Behalten Sie im Hinterkopf: Die für Leser einfachste Satzstruktur folgt der Grundregel „Subjekt vor Prädikat vor Objekt (und anderen Satzgliedern)". Ein kurzes Beispiel: Die Studentin liest das Buch. **Nicht:** Das Buch liest die Studentin. Auch die Alternative „Das Buch wird von der Studentin gelesen" ist suboptimal (siehe zu Passivkonstruktionen gleich unter Vorschlag 14).

Auf Dauer werden Sie diese Abfolge jedoch nicht durchhalten. Komplexere Texte vertragen eine komplexere Satzstruktur. Eine stets gleiche Abfolge langweilt die Leser. Gerade bei verwirrenden Satzkonstruktionen hilft es aber manchmal, sich vor Augen zu führen, wo Subjekt und Prädikat stehen – denn diese transportieren meist die zentrale Aussage und sollten daher die Spitzenpositionen im Satz einnehmen.

→ *Siehe auch Teil II, Seite 49 f. (Satzbau).*

---

5 OGH 23. 4. 2020, 11 Os 9/20p.

7. Kurze oder lange Sätze?

Kurze Sätze sind in der Regel einfacher zu verstehen als lange Sätze.[6] Das muss jedoch nicht zwangsläufig heißen, dass lange Sätze immer schlecht sind. Die Verständlichkeit eines Satzes hängt nicht nur von der Wortanzahl ab, sondern auch von der Stellung der einzelnen Satzglieder zueinander. Um es frei nach dem österreichischen Kartellgesetz auszudrücken: *„Es wird vermutet, dass lange Sätze für den Leser unverständlich sind. Diese Vermutung kann widerlegt werden."* (§ 37c KartG) Ob ein langer Satz den sprachlichen Anforderungen genügt, muss letztendlich jeder für sich selbst entscheiden. Im Zweifelsfall lässt sich das Problem rasch lösen: Verteilen Sie den Inhalt auf mehrere Sätze.

→ *Siehe auch Teil II, Seite 51 ff.(Satzlänge).*

8. Variation in der Satzstruktur stärkt den Lesefluss

Die immer gleiche Satzstruktur wirkt monoton (siehe Vorschlag 6). Dies gilt auch für die Satzlänge. Die Variation zwischen langen und kurzen Sätzen macht den Text interessanter.[7]

9. Stellen Sie die Hauptaussage an den Beginn

Die Aufmerksamkeitsspanne der Lesenden ist begrenzt. Daher sollte die Hauptaussage am Beginn des Satzes stehen. Hilfe bietet dabei das Verb, in dem oft die eigentliche Handlung versteckt ist (Aktionsverb).

Ausdruck und Wortwahl:

10. Überflüssiges streichen

Oft werden Wortpaare verwendet, die streng genommen überflüssig sind. Dies trifft beispielsweise auf Wörter zu, deren Inhalt sich bereits aus einem anderen Wort ergibt. Ein kurzes Beispiel: „Die am 1. 1. 2020 durchgeführte Verhandlung verlief wie geplant." Der Hinweis, dass es sich um eine „durchgeführte" Verhandlung handelt, ist meistens nicht notwendig.[8] Das ergibt sich bereits aus dem Wesen einer Verhandlung in Verbindung mit der Zeitangabe. Besser wäre daher: „Die Verhandlung am 1. 1. 2020 verlief wie geplant."

→ *Siehe auch Teil II, Seite 88 ff. (Wortwahl im Kontext).*

---

6 Siehe Richtlinien für „Leichte Sprache" des deutschen Bundesministeriums für Arbeit und Soziales.

7 *Nordman*, Rhythmus im Fachtext 293.

8 Siehe auch *Fucik*, Die eingebrachte Klage 697.

11. Zusammen, was zusammengehört

Gewisse Wörter der deutschen Sprache verlangen einander. Andere Wörter passen wiederum nicht zusammen: Ein Vertrag wird geschlossen, er wird nicht beschlossen.[9] Eine Vereinbarung kann dagegen auch getroffen werden (noch besser wäre es natürlich, einfach etwas zu „vereinbaren"). Diese Regeln sind logisch nur zum Teil erklärbar. *Nichtsdestotrotz*[10] ist es notwendig, sich daran zu halten. Einen Vertrag zu „treffen" – das passt einfach nicht.

Dass wir Wörter verwenden, die einfach nicht so richtig passen, geschieht entweder aus Unwissenheit oder – in den meisten Fällen – aus Unachtsamkeit.[11] Es folgt ein „schönes" Beispiel aus einer Beschwerde an den Verwaltungsgerichtshof (mit Deutungsversuchen des Senats in Klammern).[12]

Beispiel: Der Beschwerdeführer fühlte sich in seinem Recht auf Gleichheit verletzt, weil *„ihn die belangte Behörde aus unsachlichen Gründen benachteiligt habe bzw. der angefochtene Bescheid wegen gehäuftem* ***Erkennen*** *(gemeint wohl: Verkennen) der Rechtslage in einem besonderen Maß mit den heranzuziehenden* ***Rechtsschriften*** *(gemeint: Rechtsvorschriften) in* ***Widerstand*** *(gemeint: Widerspruch) stehe."*[13]

→ *Siehe allgemein auch Teil II, Seite 64 ff. (Ausdruck).*

---

9 Auch „abgeschlossen" ist verbreitet, ein inhaltlicher Unterschied jedoch nicht ersichtlich (vgl. dagegen „eine Tür schließen" und „eine Tür abschließen").

10 Das Wort „nichtsdestotrotz" – nicht besonders schön, aber doch durchaus gebräuchlich – war ursprünglich nur ein Scherzwort unter Studenten (nichtsdestoweniger + trotzdem). Daher kommt es in diesem Buch nur an dieser Stelle vor.

11 Genau deshalb ist die Überarbeitung des Textes so wichtig (siehe Vorschlag 17).

12 Siehe auch *Lehofer*, Höchstgerichtliche Wohlmeinung 114.

13 VwGH 26. 2. 2010, 2010/02/0001. Auch gerne verwechselt werden „Anfrage" und „Nachfrage", „Rücksicht nehmen" und „berücksichtigen" oder – wie schon *Schönherr* festgestellt hat – „zahlen" und „bezahlen" (*Schönherr*, Sprache und Recht 17).

12. Aufgeblähte Wörter und Formulierungen vermeiden

Manchmal scheint es so, als ob wir Angst davor hätten, uns durch einfache Sprache zu blamieren. Dafür gibt es aber keinen Grund (siehe bereits Vorschlag 4). Urteilen Sie selbst:

Beispiel 1:	Hiermit bringe ich Ihnen zur Kenntnis, dass ich mich vom Kurs abmelden möchte.[14]
Vorschlag 1:	
(absenderbezogen)	Ich möchte mich vom Kurs abmelden.
Vorschlag 2:	
(adressatenbezogen)	Bitte melden Sie mich vom Kurs ab.[15]
Beispiel 2:	Die Behauptung der beklagten Partei stellt eine Unrichtigkeit dar.[16]
Vorschlag:	Die Behauptung der Beklagten ist falsch.

→ *Siehe allgemein auch Teil II, Seite 64 ff. (Ausdruck).*

Eine Frage des Stils:

13. Den Nominalstil einschränken

Handlungen werden meistens durch Verben ausgedrückt (Aktionsverben). Man kann diese Handlung aber auch in eine „Nomen-Verb-Konstruktion" verpacken (Nominalstil).[17] Der Nominalstil wirkt behäbig und sollte – soweit möglich – eingeschränkt werden.

Beispiel 1:	Die Gesellschafter fassen den Beschluss zur Gewinnausschüttung.
Vorschlag:	Die Gesellschafter beschließen Gewinne auszuschütten.

14 Aus dem E-Mail einer Studentin. Beim Wort „E-Mail" ist im deutschsprachigen Raum ein Nord-Süd-Gefälle zu beobachten: Je südlicher der Ort (also Bayern, Österreich und die Schweiz), desto geläufiger scheint „das" E-Mail statt „die" E-Mail zu sein (vgl. https://www.duden.de/rechtschreibung/Mail; 16. 11. 2020).

15 Wer es höflicher findet, auch gerne: „Ich würde Sie bitten, mich vom Kurs abzumelden".

16 Aus einer Klagebeantwortung.

17 Zum Nominalstil auch *Rami*, Wortgestöber 67.

Der Nominalstil funktioniert übrigens auch mit Adjektiven:

Beispiel 2:	Das Urteil ist in Rechtskraft erwachsen.
Vorschlag:	Das Urteil ist rechtskräftig.

→ *Siehe auch Teil II, Seite 67 ff.(Ausdruck).*

14. Aktiv und Passiv

Juristen formulieren gerne im Passiv. Das führt oft zu längeren Sätzen und komplizierteren Konstruktionen.[18] Das Passiv hat aber auch gewisse Vorteile. Es hilft, den Lesern gegenüber Distanz zu wahren, und sorgt – in der richtigen Dosis verwendet – auch für Abwechslung im Text. Wir formulieren unseren Vorschlag daher etwas vorsichtiger: Versuchen Sie grundsätzlich[19] im Aktiv zu schreiben. Hinterfragen Sie, ob Ihre Passivkonstruktionen gerechtfertigt sind (so wie bei langen Sätzen; siehe Vorschlag 7).

15. Vermeiden Sie die Inversion

Weniger Verständnis haben wir für die Sprachsünde der Inversion.[20] Dabei handelt es sich um eine grammatikalische Konstruktion, in der die Normalabfolge in einem Satz verändert ist (oft wird z. B. das Prädikat im Aussagesatz vor das Subjekt gestellt). Mittlerweile begegnet einem die Inversion in zahlreichen, nicht nur juristischen Texten:

Beispiel 1:	„Bei einer Gebrauchsabgabeprüfung im Frühjahr 1993 hat sich herausgestellt, daß diese Vorgangsweise nicht korrekt ist und haben wir die Gebrauchsabgabe zurückerstattet bekommen."[21]

Es liegt die Vermutung nahe, dass nicht die so zitierte Zeugin, sondern der Schriftführer diesen Satz zu verantworten hat. Das Phänomen der Inversion ist oft bei (zu) langen Sätzen zu finden, längst auch abseits von Verhandlungsprotokollen:

---

18 Siehe auch *Hinger*, Zu hoch und zu lang 102.
19 Siehe zu diesem Wort unten Teil III, Seite 145 (Vertragsgestaltung).
20 Vgl. Vorschlag 6 zur Satzstruktur. Siehe auch *Fidler*, Invasion der Inversion 105.
21 Aus einem Verhandlungsprotokoll (UVS Wien 31. 7. 1995, 05/F/28/39/95).

Beispiel 2: „Trotz ihrer Bemühungen seien die Unzufriedenheit und Enttäuschung im Kulturbereich nicht geringer geworden und habe sie keine positive Wirkung mehr erzielen können.“[22]

16. Formulieren Sie sachlich und frei von Emotionen

In den meisten juristischen Texten ist eine emotionale Ausdrucksweise fehl am Platz. Sie sollten in der Sache überzeugen und nicht durch Kraftausdrücke, polternde Formulierungen oder blumige Ausführungen.

****

Phase 3: Nach dem Schreiben

17. Nachträgliche Kontrolle und Mut zur Überarbeitung

Es wäre ein schwerer Fehler, den ersten Entwurf eines Textes als ein fertiges Produkt anzusehen. Damit ist – wenn überhaupt – nur die Hälfte geschafft. Die andere Hälfte des Schreibprozesses beginnt erst. Dann schlägt die Stunde der Selbstkritik, es wird umgruppiert und umformuliert. Vom ersten Entwurf bleibt oft nicht mehr viel übrig.

Als Grundregel empfehlen wir, für jede Stunde des Schreibens *mindestens* eine Stunde des Überarbeitens einzuplanen (Verhältnis 1:1). Ideal wäre ein zeitlicher Abstand zwischen Erstentwurf und Überarbeitung.

→ *Siehe auch Teil II, Seite 42 ff. (Überarbeitung).*

18. Arbeiten Sie präzise

Präzision ist wichtig, nicht nur für Chirurgen und Piloten, sondern auch für Juristen. Manchmal dreht sich alles um die Auslegung eines Wortes oder Rechtsbegriffs. Es klingt zwar ganz nach Paragrafen- und „i-Tüpfelreiterei“, doch gelegentlich entscheidet sogar ein einzelner Beistrich über Sieg oder Niederlage.[23]

---

22 Es ging um den Rücktritt der ehemaligen Staatssekretärin Ulrike Lunacek: ORF.at: „Kogler hat Favoritin für Lunacek-Nachfolge“ abrufbar unter https://orf.at/stories/3165908 (18. 5. 2020).

23 Der OGH legte beispielsweise den Satz „[Ein] Herzinfarkt ist als Unfallursache nicht aber als Unfallfolge versichert“ zugunsten eines Versicherungsnehmers aus, weil mangels Beistrichsetzung nicht eindeutig klar war, ob ein Herzinfarkt als Unfallsfolge versichert sei (vgl. OGH 29. 4. 2002, 7 Ob 73/02i). Hätte das

Natürlich endet nicht jede Ungenauigkeit vor einem Höchstgericht. Sie zeigt jedoch, dass Sie sich mit dem Text nicht ausreichend lang auseinandergesetzt haben. Achten Sie bei der Überarbeitung Ihres Textes darauf, ob alle Wörter richtig verwendet und die Grammatik- und Rechtschreibregeln eingehalten wurden.

19. Einheitlichkeit

Einheitlichkeit hilft dem Verständnis. Deutlicher wird dieser Gedanke bei negativer Formulierung: Uneinheitlichkeit fällt dem Leser unangenehm auf und verwirrt ihn. An dieser Stelle sollen nur zwei Beispiele für viele genannt werden:

Beispiel 1: Wurde ein Vertrag einmal als „Kaufvertrag" definiert, sollten Sie nicht von der „Vereinbarung" oder vom „Agreement" sprechen.

Beispiel 2: Wenn Sie im Text ständig zwischen „des Rechts" und „des Rechtes" wechseln, ist das zwar eine juristisch harmlose Uneinheitlichkeit, doch als Indiz für mangelnde redaktionelle Sorgfalt eventuell schädlich für Ihr „Image".

Vermeiden Sie Uneinheitlichkeit, sofern es dafür keinen guten Grund gibt. In der Regel gilt: Achten Sie bei der Überarbeitung auf die Einheitlichkeit.

→ *Siehe auch Teil II, Seite 95 ff.(Formale Textgestaltung).*

→ *Siehe auch Teil III, Seite 137 (Vertragsgestaltung).*

20. Den Text in Form bringen

Das Design eines Produkts beeinflusst unsere Kaufentscheidung, das Aussehen einer Speise unseren Geschmack – das Auge isst bekanntlich mit. So ähnlich verhält es sich auch mit der Sprache in Texten. Leser werden von der formalen Gestaltung des Textes beeinflusst. Gliederung, Formatierung und Schriftart beeinflussen, wie wir einen Text wahrnehmen. Zudem hilft eine ansprechende Form dabei, den Text besser zu verstehen.

→ *Siehe auch Teil II, Seite 95 ff.(Formale Textgestaltung).*

****

Versicherungsunternehmen einen Beistrich gesetzt, wäre die Sache wohl anders ausgegangen.

In allen Phasen:

21. Seien Sie kritisch und brechen Sie die Regeln

Sprache ist keine exakte Wissenschaft, vieles ist Geschmacks- und Gefühlssache. So sind auch unsere Vorschläge eben nur *Vorschläge* und keine starren Gebote. Wir wollen Sie dazu ermutigen, sprachliche Regeln kritisch zu hinterfragen und diese, wenn Sie das für sinnvoll halten, auch zu brechen.[24] Sprache verändert sich auch mit der Zeit.[25] Was heute kritisiert wird, kann in fünf Jahren schon dem allgemeinen Sprachgebrauch entsprechen. Ein Beispiel gefällig? In einem vor gut 35 Jahren erschienenen Aufsatz wird das Wort „Situation" noch als „zungenbrecherisch" beschrieben („Lage" hätte es damals lauten sollen).[26] Das sieht man heute wohl anders.

Wie gesagt: Hinterfragen Sie kritisch und trauen Sie sich, Regeln zu brechen. Dieser letzte Vorschlag steht allerdings unter einer Bedingung: Um eine Regel brechen zu können, ist es notwendig, sie vorher zu kennen.

---

24 Mit ähnlichem Ansatz auch *Leitner*, Anything goes 23.
25 Siehe sehr detailliert *Maas*, Was ist deutsch?.
26 *Edlbacher*, Erfahrungen 2.

II. Allgemeiner Teil: Grundlagen und Problemfelder

A. Sprache im Kontext

1. Kommunikation und Sprache

Beginnen[27] wir mit einem Gedanken, der selbstverständlich erscheint: Sprache dient der menschlichen Kommunikation. Bis vor wenigen Jahren galt sie überhaupt als Unterscheidungsmerkmal zwischen Mensch und Tier; heute weiß man zwar, dass auch manche Tiere sprachlich kommunizieren, doch um solche Sprachen soll es in diesem Buch nicht gehen. Selbstverständlich ist Sprache auch nicht das einzige Mittel der zwischenmenschlichen Kommunikation, auch Körperhaltung, Gestik und Mimik sind von Bedeutung. Doch lange war nur Sprache imstande, Raum und Zeit zu überwinden, also eine Brücke über räumliche und zeitliche Distanz zu schlagen. Dies gilt besonders für Sprache in verschriftlichter Form. Bildtelefonie, Videobotschaften, Zoom-Konferenzen und ähnliche Instrumente, die neben dem gesprochenen Wort auch Mimik und Gestik transportieren können, haben dieses Monopol zwar beseitigt, doch beschränkt sich ihre Bedeutung auf die Überwindung der räumlichen Entfernung. Kommunikation über zeitliche Distanz kann weiterhin auf Sprache in Form von geschriebenem Text nicht verzichten: Selbst eine heute auf dem Dachboden gefundene Videobotschaft auf Super8-Film ist sowohl im Hinblick auf den Erhaltungszustand als auch wegen der technischen Voraussetzungen für das Abspielen eine Herausforderung. Schriftliche Texte bedürfen hingegen nur eines haltbaren Trägermediums und entsprechender Lese- und Sprachfähigkeit des Empfängers, um Informationen über Jahrhunderte transportieren zu können. Aufgrund des gleichen oder verwandten Trägermediums gilt das zwar auch für Bilder, die ebenfalls Informationen liefern, doch ist die „Bildsprache" oft nicht eindeutig und erschließt sich nur Experten. Man denke etwa an das bekannte Gemälde „Die niederländischen Sprichwörter" von Pieter Bruegel dem Älteren, das über hundert Redewendungen veranschaulicht. Im modernen Alltag begegnet das Problem der Mehrdeutigkeit von Bildern in den „Emojis", die auf dem Weg zu einer eigenen Sprache zu sein scheinen. Es gab

---

27 Wir verzichten hier auf einen Überblick über die vielfältige Forschungs- und Literaturlandschaft. Einen Eindruck davon vermitteln insbesondere: *Felder/Vogel* (Hrsg.), Handbuch; *Bäcker/Klatt/Zucca-Soest* (Hrsg.), Sprache-Recht-Gesellschaft; *Lerch* (Hrsg.), Die Sprache des Rechts 1–3; *Rathert*, Sprache und Recht.

schon Menschen, die für Schokoladeeis hielten, was offiziell als … naja, Sie wissen schon … bezeichnet wird.[28]

Bei aller Wertschätzung der Sprache gilt aber doch auch: „Sprache ist eine große Quelle für Missverständnisse."[29] Als Kommunikationsmittel ist Sprache vielschichtig. Der deutsche Kommunikationswissenschaftler Friedemann Schulz von Thun entwickelte dazu das sogenannte „Vier-Seiten-Modell".[30] Jede Aussage/Nachricht hat demnach vier „Seiten" bzw. Aspekte: Sie liefert Informationen über einen Gegenstand oder ein Thema (Sachaspekt) sowie über den Sprecher (Selbstkundgabe) und dessen Beziehung zum Empfänger (Beziehungsaspekt), woran sich schließlich Erwartungen an den Empfänger knüpfen (Appell). Sender und Empfänger einer Nachricht nehmen diese verschiedenen Seiten unterschiedlich wahr, woraus Missverständnisse resultieren können. Wie auf diese Weise die Kommunikation gestört wird, zeigte Schulz von Thun am Beispiel eines Ehepaars beim Abendessen: Der Ehemann, der dabei Kapern in der Soße sieht, fragt: „Was ist das Grüne in der Soße?" Die Ehefrau antwortet darauf: „Wenn es dir hier nicht schmeckt, kannst du ja woanders essen gehen!"

Diese auf den ersten Blick vielleicht unverständliche Reaktion erschließt sich, wenn man den Fragesatz des Mannes in seine Teilaspekte zerlegt, also die verschiedenen Seiten seiner Nachricht getrennt voneinander betrachtet (siehe Tabelle 1). Auf den vier Ebenen (Spalte 1) bringt die eine Frage des Ehemannes jeweils etwas anderes zum Ausdruck (Spalte 2); es lassen sich also vier Sätze unterscheiden. Sender und Empfänger einer Nachricht zerlegen dieselbe Frage jedoch nicht in gleicher Weise in dieselben vier Teile, sondern bringen dabei jeweils ihre Person ein. So werden die einzelnen Teilaussagen von der Ehefrau anders verstanden werden (Spalte 3), als sie vom Ehemann gemeint waren. Trotz Einigkeit auf der Sachebene kommt es zu einer Auseinandersetzung:

---

28 Beantwortung einer Frage nach dem Begriff *Emoji*, in *Der Sprachdienst*, 2/2015, 77; *Barnert*, Daumen hoch 32–38; https://de.wikipedia.org/wiki/Kothaufen-Emoji (16. 11. 2020).

29 *Saint-Exupéry*, Der kleine Prinz.

30 *Schulz von Thun*, Miteinander reden.

Spalte 1 EBENE	Spalte 2 MANN SAGT:	Spalte 3 FRAU VERSTEHT als Aussage des Mannes:
	„Da ist etwas Grünes in der Soße.“	
Sachebene:	Da ist etwas Grünes.	Da ist etwas Grünes.
Selbstoffenbarung:	Ich weiß nicht, was es ist.	Mir schmeckt das Essen nicht.
Beziehung:	Du wirst es wissen.	Du bist eine miserable Köchin.
Appell:	Sag mir, was es ist!	Lass das nächste Mal das Grüne weg!
		FRAU SAGT:
		„Wenn es dir hier nicht schmeckt, kannst du ja woanders essen gehen!“

Tabelle 1: Ein Beispiel Schulz von Thuns für sein Vier-Seiten-Modell

„Da ist etwas Grünes in der Soße…“

An dieses Vier-Seiten-Modell sollten wir uns erinnern, wenn wir juristische Texte schreiben oder lesen. Auch dabei geht es nicht nur um sachliche Informationen. Nehmen wir als Beispiel den folgenden Satz:

„Gemäß § 123 XYZ-Gesetz ist die Rechtslage so und so."

Diese Aussage enthält durchaus eine sachliche Information; sie informiert (hoffentlich zutreffend) über ein juristisches Faktum, nämlich über den Norminhalt des angegebenen Paragrafen. Zugleich transportiert dieser Satz, gerade durch den an den Anfang gestellten Paragrafenverweis, eine Botschaft über das Selbstverständnis des Senders: *ich bin klug; ich bin ein Kenner des Gesetzes, ein guter Jurist; ich habe recht.* Welcher dieser Aspekte akzentuiert wird, ist vom Zusammenhang, d.h. auch von der Beziehung zwischen Sender und Empfänger, abhängig: Richtet sich der Satz an einen Juristen, so kann die Beziehungsebene wohl am besten durch den Satz *Wir gehören zusammen – wir verstehen einander* charakterisiert werden; gegenüber einem juristischen Laien wird hingegen transportiert: *Ich bin der Wissende, du der Unwissende; ich belehre dich.* Auch der Appell ist vom Kontext abhängig: So soll der genannte Satz in einer Diplomarbeit gegenüber den Beurteilenden *Glaubt, dass ich klug bin; glaubt, dass ich ein guter Jurist bin, dass ich qualifiziert bin, dazugehöre* ausdrücken, im Anwaltsbrief an den Gegner des eigenen Mandanten hingegen *Glaub, dass ich recht habe; sei beeindruckt; fürchte dich vor mir.*

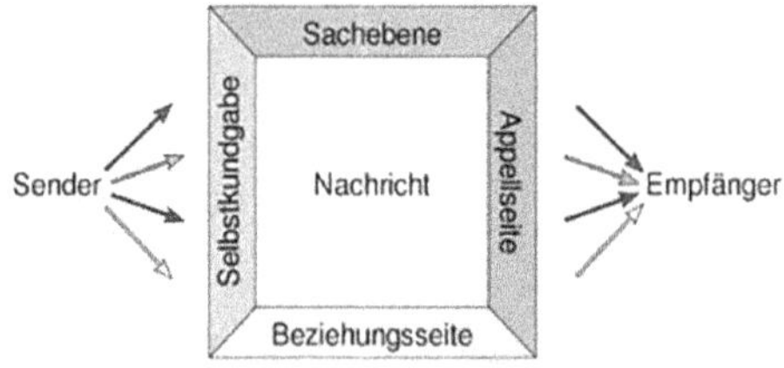

Abb. 1: Das Vier-Seiten-Modell nach Friedemann Schulz von Thun[31]

Ein schönes Beispiel für zumindest zwei der „Vier Seiten" lieferte die Journalistin und Politikerin Sibylle Hamann in einer Kolumne über die sogenannte „Leichte Sprache":[32]

[…] Anders als Tiere, die sich aufgrund von Zufall oder Abstammung zu Rudeln zusammenschließen, erzeugt der Mensch sein Zusammengehörigkeitsgefühl durch

---

31 Von Hk kng; Habitator terrae (https://commons.wikimedia.org/wiki/User:Habitator_terrae) – Vier-Seiten-Modell de.svg; Eigenes Werk, Gemeinfrei, https://commons.wikimedia.org/w/index.php?curid=75132453.

32 *Hamann*, Leichte Sprache 27.

Sprache: Wer versteht, gehört dazu. Wer dazugehören will, muss mitreden können. Wer mitbestimmen will, erst recht.
Das weiß jeder, der Macht hat. Absolute Monarchen hielten ihre Untertanen deswegen stets sprachlich auf Distanz. Am Hof unterhielt man sich auf Französisch oder in aristokratischen Geheimcodes, derer das gemeine Volk nicht mächtig war. Reste dieses obrigkeitsstaatlichen Denkens haben sich bis in unsere Gegenwart erhalten: Man denke nur an jene unverständliche Amtssprache, mit der Behörden Bittsteller abwimmeln. Oder an die Juristensprache, die immer dann zum Einsatz kommt, wenn jemand eingeschüchtert, verwirrt oder zum Schweigen gebracht werden soll. Der Trick ist eigentlich einfach: Menschen haben eine beschränkte Aufmerksamkeitsspanne; wenn sie sich überfordert fühlen, schämen sie sich. Viele verzichten dann darauf, auf Mitsprache zu bestehen, klinken sich einfach aus und gehen. […]

Dieser Text veranschaulicht mit dem durch Sprache erzeugten „Zusammengehörigkeitsgefühl" den Beziehungsaspekt, mit dem Vorwurf, Juristensprache käme immer dann zum Einsatz, *„wenn jemand eingeschüchtert, verwirrt oder zum Schweigen gebracht werden soll"*, den Appell.[33] Hamann unterstellt nahezu, dass es einen Sachaspekt gar nicht gebe.

Das „Vier-Seiten-Modell" ist gut geeignet, eigene ebenso wie fremde Texte auf den Prüfstand zu stellen: Warum schreibe ich so und nicht anders? Will ich irgendwo „dazugehören", jemanden beeindrucken, will ich drohen oder Kompromissbereitschaft signalisieren? Sind diese Aspekte der gerade aktuellen Textgattung angemessen, unpassend oder gar karikaturhaft übertrieben? Diese Selbstreflexion kann und sollte Grundlage für die Überarbeitung eigener Texte sein. Als Empfänger werden mir derartige Fragen dabei helfen, die Absichten des Senders zu verstehen: Will der Sender mich offensichtlich beeindrucken, so ist er sich seiner Sache vielleicht gar nicht so sicher – „wer droht, hat immer Angst", „wer sich fürchtet, pfeift nachts besonders laut im Wald", so oder ähnlich lauten bekannte Sprichwörter.

In einem wissenschaftlichen Text soll von den vier Seiten einer Nachricht die Sachebene besonders ausgeprägt sein. „Versachlichung" bedeutet möglichste Zurückdrängung der anderen Ebenen. Abqualifizierende Adjektive sind dabei also ebenso verfehlt wie intellektuelles Imponiergehabe. Primärer Zweck eines wissenschaftlichen Textes ist die nachvollziehbare Vermittlung eigener Gedanken samt deren Begründung. Nachvollziehbarkeit durch andere erfordert sprachliche Verständlichkeit bei der Präsentation der eigenen Forschungsergebnisse und Überlegungen. Es genügt nicht, ein Problem selbst verstanden zu haben, es ist auch sprachlich so aufzubereiten,

---

33 Vgl. auch *Fritsch-Oppermann* (Hrsg.), Rechtssprache.

dass Dritte es verstehen. Die wiederholte sprachliche Überarbeitung eigener Texte ist also weder Fleißaufgabe noch Luxus, sondern Voraussetzung für die wissenschaftliche Auseinandersetzung. Umgekehrt indiziert Unverständlichkeit oft, dass der Verfasser selbst ein Problem nicht restlos verstanden hat. Albert Einstein wird das Zitat zugeschrieben: „If you can't explain it simply, you don't understand it well enough."

In diesem Sinne empfiehlt es sich, die eigenen Textentwürfe mit zeitlichem Abstand selbst wiederholt zu lesen und zugleich freiwillige Leser aus dem Familien- oder Freundeskreis zu gewinnen (die nicht fachkundig sein müssen). Bei akademischen Qualifikationsarbeiten wird sich vielleicht auch der Betreuer entsprechend einbringen. Auf Grundlage der Rückmeldungen kann dann schrittweise die Verständlichkeit verbessert werden. Oft braucht man in dieser Phase auch den Mut, sich nicht mit oberflächlicher Textkosmetik zu begnügen, sondern grundlegende Überarbeitungen (Umstellungen etc.) vorzunehmen. Bei der kritischen Lektüre eigener und fremder Texte lassen sich zahlreiche Problemfelder identifizieren, denen der Abschnitt II. B gewidmet ist.

2. Sprache als zeitgebundenes Phänomen

Bevor wir uns den Problemfeldern im Detail zuwenden, sind aber noch weitere Grundsatzüberlegungen zweckmäßig. Sprache ist nicht unabhängig von Zeit, Raum und gesellschaftlichen Bedingungen, sondern ein durch diese Elemente vielfach gebundenes und geprägtes Phänomen. Schon Hamanns oben zitierte Zeitungskolumne deutet die historische Dimension des Sprachgebrauchs an, und sowohl beim Verfassen von Texten als auch bei der Lektüre sollte man sich dieses Aspekts stets bewusst sein.

Deutsche Rechtstexte existieren seit dem 13. Jahrhundert. Dabei steht das Recht an einem Wendepunkt der sprachlichen Entwicklung von der gebundenen Sprache (Lyrik) zur freien Sprache (Prosa) an prominenter Stelle: Der Sachsenspiegel, ein Rechtsbuch, in dem um 1225 das zeitgenössische Gewohnheitsrecht aufgeschrieben wurde, war das erste bedeutende Prosawerk in deutscher Sprache.[34]

Ist also schon die Form der Sprache nicht zeitlos, so trifft dies auch auf die Rechtschreibung zu. Bis zum 17. Jahrhundert gab es überhaupt keine Rechtschreibnormen, dann informelle Regeln; im 20. Jahrhundert erfolgte eine Institutionalisierung der Rechtschreibregelung (1977 „Kommission für Rechtschreibreform" oder „Kommission für Rechtschreibfragen"; 1998 „Zwischenstaatliche Kommission für deutsche Rechtschreibung"; seit 2004

34 *Ebel*, Sachsenspiegel, 1228 ff.

„Rat für deutsche Rechtschreibung").[35] Die Akzeptanz derartiger Regulierungen bleibt lückenhaft; besonders umstritten war etwa die Rechtschreibreform 1996, in deren Rahmen u.a. das „ß" zurückgedrängt und durch „ss" ersetzt wurde (insbesondere „dass" statt „daß").

Zeitgebunden[36] ist auch die Wortwahl, man denke nur an das heute verpönte „Weib", das sich zur „Frau" oder zur „Dame" entwickelte, wobei Letzteres heute schon wieder kritisch gesehen wird (problematisch auch das dazugehörige Adjektiv „dämlich"). Die „Dirne" wandelte sich vom jungen Mädchen über die Bauernmagd (teils noch als „Dirn") zur Prostituierten; in dieser Bedeutung ist sie inzwischen durch andere Worte ersetzt. Heute geläufig ist nur mehr die Verkleinerungsform „Dirndl" für ein weibliches Kleidungsstück alpiner Tracht. Die Anrede „Herr" oder „Frau", seit dem 20. Jahrhundert gegenüber Adressaten fast allgemein gebraucht, war einst ein Privileg: „Den Professoren und immatrikuli[e]rten Doktoren und deren Ehegattinnen und Wittwen soll bei gerichtlichen Erscheinungen (!) von den Magistraten der Sitz, und in den Expedizionen die Beisetzung des Ehrenwortes (!) Herr oder Frau gegeben werden."[37] Aktuell wird das Begriffspaar „Herr/Frau" insgesamt als Ausdrucksform von Zweigeschlechtlichkeit infrage gestellt.

35 https://www.rechtschreibrat.com/, vgl. Duden – Grammatik (2016) 64 f.

36 Vgl. zum Folgenden *König*, Sprache 112 f. – In der Folge wird zur Veranschaulichung des Textes mehrmals auf den Google Ngram Viewer zurückgegriffen. Dieses Programm untersucht mittels „Data Mining", wie oft bestimmte Wörter oder Wortfolgen in gedruckten Publikationen der letzten fünf Jahrhunderte vorkommen. Damit können soziale, kulturelle und technische Veränderungen des Sprachgebrauchs sichtbar gemacht werden. Grundlage des Google Ngram Viewers sind jene Texte, die für das Projekt Google Books digitalisiert wurden. Die Ergebnisse bieten daher nur eine Annäherung und kein exaktes Analyseergebnis.

37 Hofdekret vom 21. März 1784, in *Kropatschek* (Hrsg.), Handbuch 367. Vgl. zur Anrede auch unten III. D. 1. Seite 172.

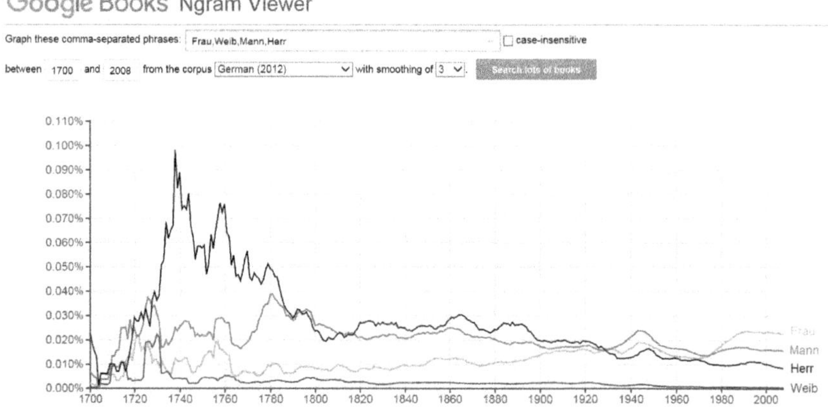

Abb. 2: Häufigkeit von Herr/Frau und Mann/Weib

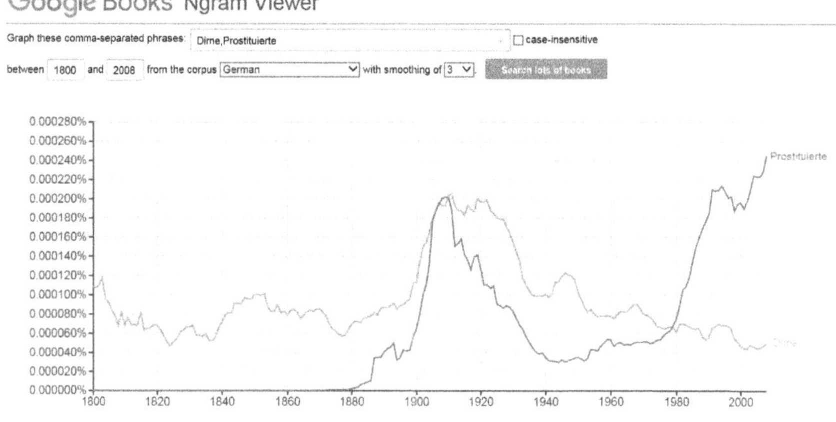

Abb. 3: Die „Dirne" wurde seit dem ausgehenden 19. Jahrhundert durch die „Prostituierte" verdrängt.

Verfolgt man das heute kaum mehr gebräuchliche „Schelm" in die Vergangenheit zurück, so begegnet man diesem Wort im 19./20. Jahrhundert in der Bedeutung eines heiter-harmlosen Spaßvogels. So prägte der deutsche Komiker Heinz Erhardt den Satz: „Was bin ich heute wieder für ein Schelm." Wer hingegen in der frühen Neuzeit einen anderen als Schelm bezeichnete, beging eine schwere Beleidigung, denn er erhob den Vorwurf unehrlicher, verbrecherischer Lebensführung: Im Mittelalter hatte das Wort eine seuchenhafte Viehkrankheit bezeichnet, dann die Kadaver sowie den damit befassten Beruf, den Abdecker (Schinder), der eine „ehrlose“ Beschäftigung ausübte. Über die Tätigkeit als Scharfrichter, die von vielen Abdeckern als „Nebenberuf“ ausgeübt werden musste, verschob sich der Begriff zu dessen „Kunden“. Erst das Genre der Schelmenromane betonte den schlitzohrig-gewitzten Charakter, aus dem sich wiederum die Kennzeichnung als Spaßvogel entwickelte. Nur im Sprichwort „ein Schelm, wer Böses dabei denkt“, hat sich der kriminelle Aspekt deutlicher erhalten.[38]

Besonders stark zeitgebunden ist der Fremdwortgebrauch, der regelrechten Moden unterworfen ist. Die etwa um 1900 geborene Generation sprach mit Selbstverständlichkeit von Lavoir (für Waschschüssel) und Trottoir (für Gehsteig) oder von Tramway (für Straßenbahn), heute sind diese Worte aus dem Wortschatz der jungen Generation(en) weitestgehend verschwunden. Vokabel aus dem Verkehrswesen waren tendenziell nicht deutsch, solange sich die Mobilität auf höhere Schichten beschränkte. Das „Billet“ wurde im Deutschen Reich seit den späten 1880er-Jahren durch eine staatlich propagierte „antifranzösische“ Sprachreinigung zurückgedrängt, teilweise zum „Billett“ eingedeutscht; der stattdessen empfohlene „Fahrschein“ konnte sich auf lange Sicht aber nicht gegen das englische „Ticket“ durchsetzen. Erfolgreich war hingegen der „Bahnsteig“, der den „Perron“ ablöste.[39]

---

38 Deutsches Rechtswörterbuch, Schelm: https://drw-www.adw.uni-heidelberg.de/drw-cgi/zeige?index=lemmata&term=schelm&firstterm=schelm#Schelm-1 (16. 11. 2020).

39 Vgl. *Kirkness*, Sprachreinigung II 366 f.

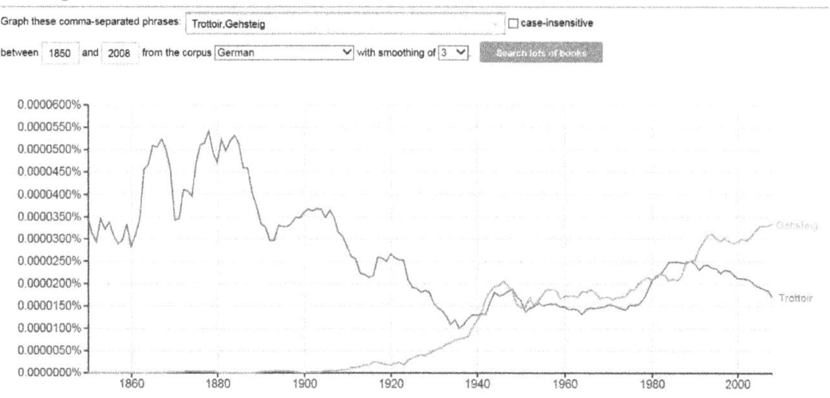

Abb. 4: Der im 19. Jahrhundert nahezu unbekannte „Gehsteig" hat das „Trottoir" längst überflügelt.

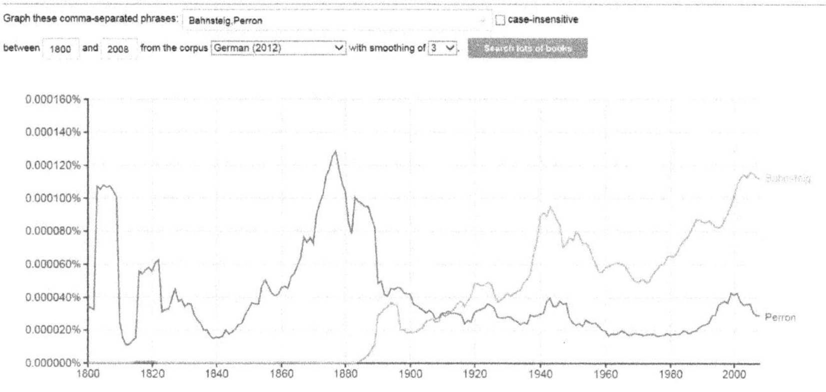

Abb. 5a: Gut zu erkennen ist der Siegeszug des „Bahnsteigs" über den „Perron".

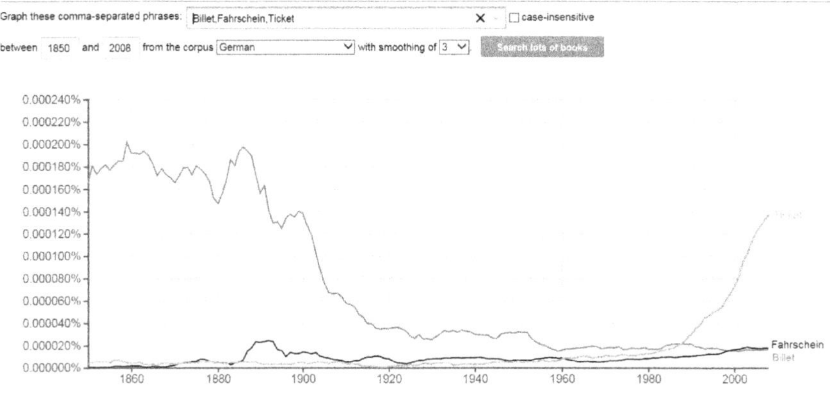

Abb. 5b: Die Häufigkeit des deutschen „Fahrschein" blieb ein temporäres Phänomen. Wie in Abb. 5a werden die Folgen gezielter Sprachpolitik ab den späten 1880er-Jahren erkennbar.

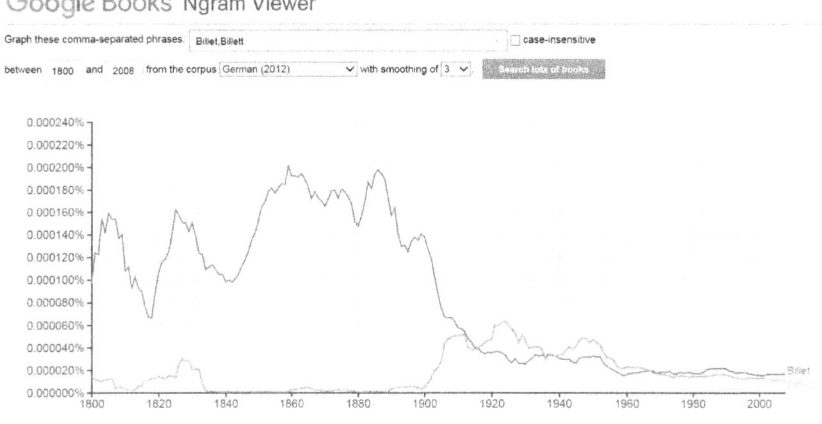

Abb. 6: Selbst die Eindeutschung des Wortes „Billet" zu „Billett" bewahrte es nicht vor der Verdrängung.

Auch in der Mode bildet der Fremdwortgebrauch gesellschaftsgeschichtliche Entwicklungen ab, etwa die Umorientierung vom französischen zum angloamerikanischen Vorbild: Wurde ein Kleidungsstil einst als „leger" bezeichnet, so ist heute zu dessen Beschreibung das Wort „casual" vorherrschend.

Die Bindung der Sprache an die zeitgenössische Entwicklung wird gelegentlich durch Lektüregewohnheiten oder berufliche Umstände gelockert, sodass sich der Wortschatz weiter in die Vergangenheit erstreckt: Daher gibt es „sogar Leute, die heute fast noch so reden und schreiben wie ein Literat des 19. Jahrhunderts."[40]

Von der Zeitgebundenheit sind auch Fachbegriffe nicht ausgenommen. Der Gebrauch eines unpassenden Begriffs führt dann leicht zu einer verfehlten wissenschaftlichen Fragestellung oder zu verzerrten Ergebnissen. Wer etwa die Begriffe „Staat" oder „Umweltrecht" für das Mittelalter oder die Frühe Neuzeit verwendet oder den historischen Gemeindebegriff mit der heutigen politischen (Orts-)Gemeinde gleichsetzt, unterlegt historischen Phänomenen ein modernes Begriffsverständnis und wird sich damit auf dem Weg zu neuen Erkenntnissen selbst im Wege stehen.[41]

3. Sprache als regionales Phänomen

In einer Wechselwirkung zur historischen Dimension des Sprachgebrauchs stehen auch regionale Unterschiede. Mit anderen Worten: Die Geschichte überschattet den deutschen Sprachraum bis heute. In Österreich und Bayern, wo das Bildungswesen vom 17. bis zur Mitte des 18. Jahrhunderts vom Jesuitenorden dominiert wurde, galt Latein als Bildungs- und Schreibsprache. Infolgedessen nahm der süddeutsche Sprachraum in dieser Zeit kaum Einfluss auf die Weiterentwicklung der deutschen Schriftsprache. Erst mit der Aufklärung ab Mitte des 18. Jahrhunderts weitete sich der mitteldeutsche Standard nach Süden aus. So setzte sich beispielsweise erst dann das sogenannte „lutherische e" („ketzerische e") an den Wortenden durch (z. B.: „Ende" statt „End", „Dirne" statt „Dirn"). Die „süddeutsche" Sprache galt seither als provinziell.[42] Teilweise hat man den Eindruck, dass diese Vorstellung noch immer das Bewusstsein prägt. Verstärkt wird dies heute durch den Medienkonsum, wobei für Film (Synchronisierung!) und TV die Konsumentenzahlen maßgeblich sind. Daher wird vielfach der Rückgang des „österreichischen Deutsch" beklagt, erkennbar etwa an Wortwahl (z. B.: „Junge" statt „Bub", „Januar"/„Februar" vs. „Jänner"/„Feber") oder Artikel („die Cola"

---

40 *König,* Sprache 117.

41 Arbeitsgemeinschaft österreichische Rechtsgeschichte, Manual Rechts- und Verfassungsgeschichte Rz 1006 ff.; *Conze/Koselleck* et al., Staat und Souveränität 1 ff.; *Reith,* Umwelt 905 ff.; *Kloepfer,* Umweltrechtsgeschichte 65 ff.; *Kohl/Oberhofer/Pernthaler* (Hrsg.), Agrargemeinschaften; *Gebhardt,* Gemeinderegulierung 121 ff.; *Schennach,* Gemeindegesetz 369 ff.

42 *König,* Sprache 101. Verstärkt wurde dies später durch Aussprachenormen (etwa für den Theaterbetrieb), bei deren Erarbeitung das Norddeutsche als bestes Hochdeutsch erschien: *König,* Sprache 109 f.

statt „das Cola“, „der Joghurt“ statt „das Joghurt“).[43] Auch Verlage müssen an die Käuferzahlen denken, und so werden österreichische Autoren gebeten, süddeutsch-österreichische Formulierungen, sofern sie nicht überhaupt als Fehler (dis-)qualifiziert werden, im Interesse „genereller Lesbarkeit“ umzuschreiben (z. B.: „etwas spießt sich“[44]). Wenig Toleranz wird auch regional unterschiedlichen Präpositionen entgegengebracht – mit der Frage, ob es „zu Weihnachten“ oder „an Weihnachten“ heißt, lassen sich heftige Diskussionen provozieren.[45]

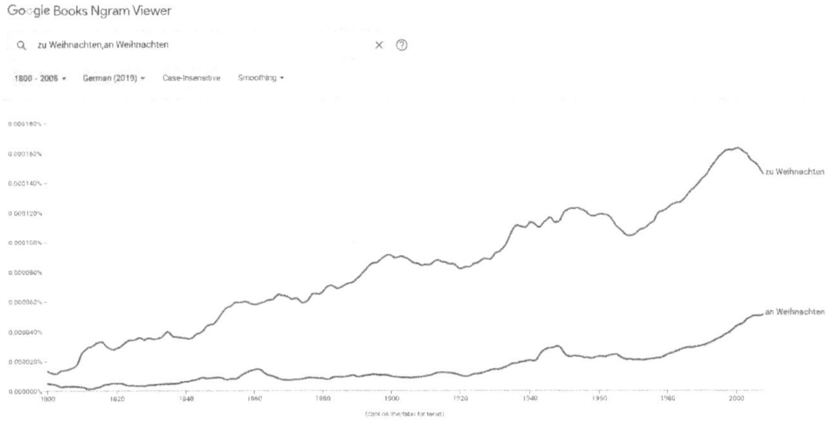

Abb. 7: Trotz gegenteiligen Eindrucks ist „zu Weihnachten“ immer noch vorherrschend.

Regionale Unterschiede weist auch die Rechtssprache auf. Das beginnt bereits beim Studium selbst: Das deutsche „Jurastudium“ knüpft an eine Mehrzahl von Rechten (iura) an, das österreichische und schweizerische „Jusstudium“ an der Einzahl (ius); Letzteres war aber schon gebräuchlich, als der akademische Abschluss noch ein „iuris utriusque doctor“ war, der dann ins deutschsprachige „Doktor der Rechte“ übertragen wurde. Ein weiteres kernjuristisches Beispiel für regionale Diversität der Rechtssprache bietet jene Leistung, die man als Ersatz für einen verursachten Schaden zu geben oder als Ersatz

43 *de Cillia / Ransmayr,* Österreichisches Deutsch 182 ff., 191 ff.; *Bayrhammer,* Österreichisches Deutsch 22.

44 Duden: „sich spießen“; Österreichisches Wörterbuch: „etwas spießt sich“.

45 Ausführlich beschäftigt sich mit solchen Fragen die „Variantengrammatik“ (http://mediawiki.ids-mannheim.de/VarGra/index.php/Start); 23. 12. 2020.

für einen erlittenen Schaden zu erhalten hat. In der deutschen Rechtssprache handelt es sich dabei um den „Schaden**s**ersatz", in der österreichischen Rechtssprache ist hingegen traditionell von „Schadenersatz" die Rede. Am Fugen-s scheinen sich die Geister geografisch zu scheiden, tatsächlich liegt aber zugleich auch ein historischer Wandel vor – darauf kommen wir später noch einmal zurück.

Amüsantere, wenngleich ebenfalls fruchtlose Diskussionen lassen sich über die korrekte Bezeichnung von Behördenschriftgut führen: Während man in Deutschland (und vor den Fernsehschirmen) „die Akte" kennt („Akte X") und sich die Abgrenzung zur bildlichen Darstellung eines unbekleideten menschlichen Körpers wie von selbst ergibt, bleibt in Österreich „der Akt" mehrdeutig. Dies liegt aber nicht an einem gleichartigen Lustgewinn für österreichische Bürokraten, sondern – wieder einmal – an der unterschiedlichen Nähe zur lateinischen Sprache. Die österreichische Verwaltung ist wohl noch stärker vom „actus" geprägt.[46]

4. Sprache als soziales Phänomen

Da die Sprache der Kommunikation dient, ist sie nicht losgelöst von ihren Sendern und Empfängern (Absendern und Adressaten). Auch wenn wir heute nicht mehr in einer ständischen Gesellschaft leben, so bewegen sich doch die meisten Menschen in bestimmten, wenngleich nicht klar abgrenzbaren „Kreisen". Besonders deutlich wird das beim Dialektgebrauch – man denke etwa an Eliza Doolittle in George Bernard Shaws „Pygmalion" oder an das darauf beruhende Musical „My Fair Lady" („The rain in Spain stays mainly in the plain." / „Es grünt so grün, wenn Spaniens Blüten blühen.").[47] Doch auch Wortwahl und Satzbau weisen entsprechende Unterschiede auf. Dabei gibt es Berührungspunkte zur historischen Dimension der Sprache, denn vielfach sickern Ausdrücke von „höheren" in „niedrigere" Schichten durch – ein Beispiel ist etwa das bereits erwähnte Vokabel „Herr". Dabei zeigt sich eine „Tendenz der einzelnen Wörter zum sozialen Abstieg" (wie etwa bei „Weib"/„Frau").[48]

---

46 Für *Hochedlinger*, Aktenkunde 37, ist „die Akte" schlicht „norddeutsch". – Ein ähnliches Beispiel findet man im universitären Bereich beim „Skript", das in Österreich noch als „Skriptum" bezeichnet wird, woraus unterschiedliche Pluralbildungen resultieren: „Skripte" (Deutschland), „Skripten" (Österreich).

47 Bühnenstück und Musical zeigen, wie das arme Blumenmädchen Eliza Doolittle mit der Hilfe des Phonetikers Prof. Higgins die Hochsprache erlernt, eine Voraussetzung für sozialen Aufstieg.

48 *König*, Sprache 113.

Der Fremdwortgebrauch nimmt oftmals Anleihe an der Sprache vermeintlich höherer Schichten, in denen diese Fremdwörter früher verwendet wurden; aus diesem Phänomen resultierte etwa das Vorkommen französischer Lehnworte (z.B.: Trottoir, Lavoir) oder deren Verballhornung im Laufe des zwischenschichtlichen Sickerungsprozesses (bekannt z.B.: Pompfüneberer für Bestatter, aus dem französischen „Pompes funebres"). Der Gebrauch einer fremden Sprache ermöglichte gesellschaftliche Abgrenzung gegenüber niedrigeren Schichten – so konstatierte der französische Philosoph Voltaire bei einer Deutschlandreise, dass alle Französisch sprächen: „Deutsch ist für die Soldaten und die Pferde." Zugleich konnte die fremde Sprache auch als eine Art Geheimsprache dienen, mit der man sich vor den Dienstboten oder – im Sinne eines „Jugendschutzes" – sogar vor den eigenen Kindern über Themen unterhalten konnte, die nicht für deren Ohren bestimmt waren („ne pas avant les enfants", d.h. „nicht vor den Kindern").

Aufgrund dieser Faktoren dient das Kommunikationsmittel Sprache auch als eine Art Code, mit dessen Hilfe das Gegenüber hinsichtlich seiner Schichtzugehörigkeit eingeordnet werden kann. Maßstab sind dabei die zu bewältigenden oder eben nicht zu bewältigenden Sprachbarrieren. Sie bewegen sich zwischen den Extremen restringierter und elaborierter Sprache.[49]

„restringierte" Sprache	„elaborierte" Sprache
kurze, einfache, teilweise unvollständige Sätze	komplexe Satzkonstruktionen
wenige Konjunktionen, wenige untergeordnete Sätze	mehr Konjunktionen, genaue syntaktische Ordnung
wenige Präpositionen	mehr Präpositionen
begrenzter Wortschatz	reicherer, differenzierterer Wortschatz
konkret – direkt	abstrakt – unpersönlich
Verbalstil: Verben / „Tunwörter"	Nominalstil: Substantive / Hauptwörter
aktiv	aktiv und passiv

Tabelle 2: Merkmale restringierter und elaborierter Sprache

49 *König*, Sprache 137.

Im Extremfall dient Sprache also gerade nicht der substanziellen Kommunikation, sondern als Instrument der Gemeinschaftsbildung eines „wir" unter Abgrenzung von den „anderen". Soweit ein über den „allgemeinen Sprachschatz" hinausgehender „Sonderwortschatz" mit spezifischen Begriffsbildungen vorrangig dem Ziel des wissenschaftlich-fachlichen Gedankenaustauschs dient, sind die entsprechenden „Fach-" oder „Berufssprachen" zweifellos zweckmäßig. Der Gebrauch dieser Sprachen innerhalb der Gemeinschaft von Fach- oder Berufsgenossen erleichtert die Kommunikation. Je stärker der Sprachgebrauch aber durch den Wunsch nach Abgrenzung von anderen motiviert ist, desto deutlicher wird der Charakter einer „Kontrasprache", wie sie z.B. in der Jugendkultur oder in Kriminellenkreisen (sog. „Rotwelsch"[50]) anzutreffen ist. Die Übergänge zwischen Fachsprache und Kontrasprache erscheinen zuweilen schwammig oder fließend, etwa bei der „Jägersprache".[51] Manche sprachlichen Codes ermöglichen aber auch eine politische Ein- oder Zuordnung. Dies gilt sowohl für den Fremdwortgebrauch (die an sich harmlose Verdeutschung von „Internet" zu „Weltnetz" wird heute vielfach als politisch rechtslastig wahrgenommen) als auch für vermeintliche Fachbegriffe („Austrofaschismus" versus „Ständestaat").[52] Wer sich der Sprache bedient, sollte sich des Risikos unbeabsichtigter Signalsendung bewusst sein.

In einem weiteren Sinn „politisch" ist die Frage der sogenannten „Gendergerechtigkeit". Hier gerät man rasch in ein Spannungsverhältnis zwischen Verständlichkeit, d.h. Nachvollziehbarkeit der eigenen Gedanken durch Dritte, und dem Postulat einer gendergerechten und geschlechtersensiblen Sprache. Zwar gibt es Studien, die der gendergerechten Sprache bescheinigen, nicht schlechter verständlich zu sein, doch muss man auch nach Gegenbeispielen nicht lange suchen.

> ***Universitätsgesetz § 32. (1)*** *[Satz 2:] Zur Stellvertreterin oder zum Stellvertreter der Leiterin oder des Leiters darf nur eine Universitätsangehörige oder ein Universitätsangehöriger mit entsprechender Qualifikation als Fachärztin oder Facharzt oder als Zahnärztin oder Zahnarzt bestellt werden.*

Das Problem resultiert aus der Mehrzahl möglicher Blickwinkel, d.h. aus dem Verhältnis zwischen dem grammatikalischen Geschlecht (Genus), dem biologischen Geschlecht (Sexus) und dem sozialen Geschlecht (Gender). Es

---

50 *Schmidt-Wiegand*, Rotwelsch 1178 ff.; vgl. z.B.: *Girtler*, Rotwelsch, mit ausführlichem Vokabelverzeichnis nach Lebensbereichen 156 ff.

51 Z.B.: *Numßen*, Handbuch Jägersprache.

52 *Simon*, Austrofaschismus.

ist durchaus strittig, inwieweit sich die nicht sprachlichen Geschlechter auf die Sprache überhaupt auswirken sollen.[53] Diese Diskussion kann an dieser Stelle weder ausführlich dargestellt noch entschieden werden, und sie ist auch schon deshalb nicht abgeschlossen, weil ein „drittes" Geschlecht, grammatikalisch ja längst existent, biologisch und sozial erst seit kurzem thematisiert wird.[54]

„Richtlinien für den Gebrauch gendergerechter Sprache" können, richtig verstanden, durchaus eine Hilfe sein. Primärer Zweck sollte aber stets die Verständlichkeit bleiben, also das, was man vor Einführung der gendergerechten Sprache als „Dienst am Leser" bezeichnet hätte.[55] Diesem Zweck wird dann am besten entsprochen, wenn man das Problem nicht doktrinär nach weltanschaulichen Gesichtspunkten behandelt, sondern sich um Lösungen jeweils in Abhängigkeit vom textlichen Zusammenhang bemüht. Auch die Textsorte wird dabei eine Rolle spielen, wobei „auf die unterschiedlichen Zielgruppen und Funktionen von Texten zu achten" ist.[56] Der Instrumentenkoffer ist reich gefüllt:

- Generisches Maskulinum: Autoren (mit oder ohne Hinweis auf damit gemeinte biologische und/oder soziale Geschlechter)[57]
- Umgehung des Problems durch Partizip Präsens: Studierende [bei „Autoren" nicht möglich, sofern man nicht „Textschaffende" schreiben möchte…]
- Doppelform: Autorinnen und Autoren

---

53 Der deutsch-irakische Schriftsteller *Abbas Khider* hat wegen der mangelnden Logik der deutschen Artikel (d.h. der fehlenden Übereinstimmung von Genus und Sexus wie z.B. „das Mädchen") satirisch vorgeschlagen, einen „Universal-Artikel für die ganze Sprache" einzuführen: *Khider,* Deutsch für alle 31 ff. – Umfragen zeigen keine breite Akzeptanz gendergerechter Sprache: *Schranz,* Bedeutung 184.

54 Vgl. z.B.: *Kommenda,* Lieb* Lesend* 23; *Schurian,* Der neue Genderstern 29. Vgl. auch *Fucik,* Ein Stern geht auf, ÖJZ 2020, 66.

55 *Schranz,* Bedeutung 184, verweist in diesem Zusammenhang auf die Verschärfung von Verständnisproblemen für „bildungsferne Bevölkerungsschichten".

56 Empfehlungen zur „geschlechtergerechten Schreibung". Beschluss des Rats für deutsche Rechtschreibung vom 16. November 2018 (https://www.rechtschreibrat.com/DOX/rfdr_PM_2018-11-16_Geschlechtergerechte_Schreibung.pdf); 25. 11. 2020.

57 Ein solcher Hinweis kann pauschal für einen längeren Text oder jeweils durch einen Zusatz – „(m, w, d)" – erfolgen. In diesem Buch verwenden wir primär das generische Maskulinum ohne individuellen Zusatz. Gelegentlich werden aber, sofern es die Verständlichkeit nicht beeinträchtigt, auch Doppelform und Binnen-I gebraucht, um diese Möglichkeiten zu veranschaulichen. Auf Einheitlichkeit (oben Vorschlag 19) wird somit aus didaktischen Gründen bewusst verzichtet (ein Beispiel für Regelbrechung entsprechend Vorschlag 21).

- Binnen-I: AutorInnen
- Schrägstrich: Autor/innen
- Klammerschreibweise: Autor(inn)en
- Gender Gap: Autor_innen
- Gender-Doppelpunkt: Autor:innen[58]
- Gender-Sternchen „alt“: Autor*inn*en
- Gender-Sternchen „neu“ (einschl. 3. Geschlecht): Autor*[59]

Dieses Kapitel hat viele Aspekte der Sprache nur angerissen und keinesfalls erschöpfend behandelt. Es sollte vor allem verdeutlichen, dass Sprache in Wechselbeziehung zu politischen und gesellschaftlichen Entwicklungen steht. Mit anderen Worten: Was heute modern ist, kann morgen antiquiert (veraltet) erscheinen! Gesprochenes Wort vergeht, geschriebenes Wort besteht – Letzteres ist also auf länger dauernde, daher auch Moden überdauernde Wirksamkeit berechnet. Auf der Grundlage dieses Problembewusstseins sollte man mit dem Schreiben beginnen.

B. Problemfelder

1. Allgemeines: Mut zur Überarbeitung

Jeder Schreibprozess wird also von den im ersten Kapitel skizzierten Grundlagen in der einen oder anderen Weise mitbestimmt werden. Bei diesen Grundlagen handelt es sich um eine Art „Querschnittsmaterie“, die verschiedene Aspekte der Schreibarbeit zu verschiedenen Zeiten des Schreibens betrifft. Das Bewusstsein für den Kommunikationszweck und für die zeitliche, geografische und soziale Prägung der Sprache kann sich also nicht auf einen Arbeitsschritt beschränken. Es kann nicht „abgearbeitet“ und dann zur Seite gelegt werden, sondern es sollte als Maßstab selbstkritischer Reflexion eigentlich den gesamten Schreibprozess begleiten.

Es ist allerdings möglich, dass dieses Bewusstsein im Eifer der Beschäftigung mit einer wissenschaftlichen Fragestellung zeitweise verdrängt wird. (Bei entsprechender Identifikation mit dem Thema ist das sogar sehr wahrscheinlich.) Wenn bei der ersten Niederschrift die Gedanken freien Lauf

58 Diese Variante gilt als „inklusiv“ und „barrierefrei“, weil Vorleseprogramme („Screenreader“) den Doppelpunkt als Sprechpause wiedergeben: vgl. https://de.wikipedia.org/wiki/Gender-Doppelpunkt (30. 12. 2020).

59 Vgl. Genderinklusiver Sprachgebrauch in der Administration der Universität Wien: Leitlinie und Empfehlungen zur Umsetzung; dazu z. B.: *Kommenda*, Lieb* Lesend* 23; *Schurian*, Der neue Genderstern 29.

nehmen und vom gezügelten Trab geradezu in einen ungezähmten Galopp verfallen, dann darf man das durchaus zulassen. Es wäre in der Folge jedoch ein schwerer Fehler, den so entstandenen Text als ein fertiges Produkt anzusehen. Die wissenschaftliche Arbeit ist damit keineswegs erschöpft, ihr mühsamerer Teil beginnt erst. Dem Erfinder Thomas Edison wird das Zitat zugeschrieben, wonach Genie nur zu 1 % Inspiration, zu 99 % Transpiration sei. Etwas Ähnliches könnte auch für das wissenschaftliche Schreiben behauptet werden. Große Teile des Schreibprozesses erfolgen erst nach dem Niederschreiben des (mehr oder weniger genial-originellen) Gedankens. Dann schlägt die Stunde der Selbstkritik, es wird umgruppiert und umformuliert. Vom ersten Entwurf bleibt oft nichts mehr zurück als der Gedanke. Gerade Studierende meinen oft, sich diese Phase ersparen zu können – jeder weitere Aufwand für Textbearbeitung erscheint ihnen als unproduktive Fleißaufgabe.

Letztlich ist niemand davor sicher, die eigenen Gedanken, die man definitionsgemäß kennt, als völlig fertiges Gedankengebäude wahrzunehmen. Man wird dabei von der eigenen Fantasie betrogen: Man blickt auf einen Haufen Steine und sieht schon den fertigen Bau. Schüttet man diese Steine vor dem Leser aus, so ist man enttäuscht, weil dieser die Steine mit seinen eigenen Augen eben nur als Steine sieht, nicht als Gebäude. Ein wissenschaftlicher Text, der als Fundament für die weitere wissenschaftliche Auseinandersetzung geeignet sein soll, muss aber ein festes (d.h. möglichst unzweifelhaftes) Gebäude sein, mit einem Haufen Steine ist es nicht getan. Unverbundene Gedanken sind auch nicht nachprüfbar; sie entziehen sich – assoziativ nebeneinandergestellt – der rationalen Überprüfbarkeit, einem wesentlichen Merkmal von Wissenschaft.

Diese Aspekte des eigenen Schreibens beziehen sich übrigens nicht nur auf die künftigen Leser, sondern auch auf den Autor oder die Autorin selbst. Oft wird nämlich erst beim Versuch, die Steine zu einem tragfähigen Gebäude zusammenzusetzen, deutlich, dass diese Steine nicht zusammenpassen: Argumente widersprechen einander, oder es entstehen Lücken in der Argumentation, die bei der Materialsammlung noch nicht deutlich wurden. Die Überarbeitung von Texten ist also nicht nur Dienst an den künftigen Lesern, sie ist auch ein zentrales Instrument der Selbstkontrolle, sozusagen eine Statik-Prüfung des eigenen Gedankengebäudes. Sehr schön bringt dies der Schriftsteller Karl-Markus Gauß in seinem Buch „Abenteuerliche Reise durch mein Zimmer" (Kap. 20) zum Ausdruck: „Und nur indem ich [bestimmte Texte] schrieb, habe ich über das, worüber ich schrieb, jene Klarheit gewonnen, die durch bloßes Nachdenken zu erreichen mir nicht gegeben ist."

Es braucht daher vor allem Mut zur Überarbeitung des eigenen Textentwurfs (vgl. Abb. 8), kann man doch im Laufe dieses Prozesses zur schmerz-

man aber offenbar vermeiden: die Richtigstellung dieser Laien war ausdrücklich ausgesprochen, die Abstimmung genau geregelt worden. Allerdings wären die Laien in diesen Senaten jedenfalls quantitativ in der Minderheit geblieben weil sie in Summe (einschließlich des Vorsitzenden) drei Berufsrichtern gegenüberstanden. Letztlich wurde diese Idee in der Entmündigungsordnung 1916 jedoch nicht verwirklicht. Vergleiche Sternberg, Entmündigungsrecht.

Vergleichende Bemerkungen: verschiedene Konzepte – gleiche Argumente pro und contra

Vergleicht man nun abschließend die Argumente die für oder gegen die Laienbeteiligung in der Handels und Gewerbegerichtsbarkeit verwendet wurden, so zeigen sich manche Parallelen, aber auch einige Unterschiede. Argumente für die Laienbeteiligung wurden tendenziell eher zur Gewerbegerichtsbarkeit ausdrücklich formuliert, was die Handelsgerichts Laien weniger legitimationsbedürftig erscheinen lässt.

Für die Laienbeteiligung wurden vor allem Volksnähe und Praxisnähe angeführt. Die Volksnähe war das personale Argument; in diesem Zusammenhang sollte die Laienbeteiligung als suggestives Moment der Förderung des Vertrauens in die gerichtliche Entscheidung dienen. Damit war insbesondere eine Skepsis gegenüber dem hauptberuflichen Richter verbunden; besonders deutlich wird dies in der Begründung lichkeit für die Gewerbegerichtsbarkeit, deren Zweck darin bestünde: damit der Arbeiter nicht vor zumeist vertrockneten Berufsrichter steht, die an und für sich jeden für einen Flächen betrachten, die nur auf dem toten Buchstaben des Gesetzes reiten und, was die Hauptsache ist die Arbeitsverhältnisse nicht kennen und von der Art und Weise, wie die Arbeiter zu rackern und vegetieren gezwungen sind – keine blasse Ahnung haben". (Lischka, zehn, zu Gewerbegerichtsgesetz 1869)

Die Praxisnähe bildete den materiellen Aspekt. Die praktischen Erkenntnisse der Laien erschienen zweckmäßig zur Ersparnis des kostspielige Sachverständigenbeweises (Gewerbegerichte 1913/4, zwei) Allerdings nahmen die Sachverständigenbeweise letztlich doch zu, weil und insoweit die Laienrichter nicht berauschend einschlägig waren (Gewerbegerichte 1913, 12,2). Gerade die Zunahme der Bedeutung von Sachverständigengutachten relativierte allerdings das Laien zu: gegenüber Sachverständigen erschien auch der Berufsrichter als Laie! Allerdings führte die Einvernahme von Sachverständigen das Gewerbegericht als Fachgericht ad absurdum (Seidel MGH 1895).

Weitere Perspektiven, die insbesondere einen weiteren Horizont volkswirthschaftlichen oder volkserzieherische Art zum Gegenstand hatten, wurden die besondere hinsichtlich der Gewerbegerichte laut. Die Gewerbegerichte würden der Anforderung gerecht, Anführungszeichen die Unternehmer sowie die Arbeiter zur Achtung der gegenseitigen

13

Abb. 8: Mut zur Überarbeitung – hier traditionell auf Papier

haften Erkenntnis von strukturellen oder argumentativen Fehlern gelangen. In der Angst davor hat manche Schreibblockade ihre mehr oder weniger unterbewusste Ursache. Neben dem erwähnten Mut benötigt die Überarbeitung aber auch Zeit. So wie der Maler vielleicht einige Schritte zurückgeht, um die Wirkung seines Gemäldes zu überprüfen, so sollten auch wissenschaftliche Autorinnen und Autoren ein wenig Distanz gewinnen. Gegen Betriebsblindheit helfen entweder andere Leser, oder man lässt etwas Zeit verstreichen, bis man den eigenen Text mit „fremden Augen" lesen kann.

2. Text

a) Textgliederung

Sowohl der Vorgang des Schreibens an sich als auch die Überarbeitung eines Erstentwurfs sollten, um beim Bild des Gebäudes zu bleiben, mit einem durchdachten Bauplan beginnen. Es hätte wenig Nutzen, an einzelnen Sätzen zu feilen, wenn man noch gar nicht weiß, in welcher Abfolge die Kapitel präsentiert werden. Auch für einen sinnvollen Bauplan muss man wissen, welche Art von Gebäude errichtet werden soll – ein Wohnbau, ein Bürokomplex oder ein Krankenhaus? Nicht anders verhält es sich mit Texten. Es gibt verschiedene Textsorten und jeweils unterschiedliche Regeln und Konventionen zur Textgliederung. Deutsche Jurastudenten werden zum sogenannten „Gutachtenstil"[60] gedrillt, der eine klare Struktur vorgibt: Obersatz, Definition, Subsumtion, Ergebnis. Die feste Reihenfolge verhindert, dass sich die Studierenden in den Sach- und Rechtsproblemen eines Falles verlieren; sie verringert dadurch auch den Korrekturaufwand. Der Gutachtenstil ist eine historisch bedingte Besonderheit der deutschen Juristenausbildung und geht vermutlich auf die Berichterstattung in Kollegialgerichten zurück.[61] Im Gegensatz dazu sind österreichische Jusstudenten zur „Falllösung" mit einer Vielzahl von Fallprüfungsschemata konfrontiert, die sich innerhalb desselben Fachs auch schon einmal orts- oder gar prüferabhängig unterscheiden können.

Gerichtliche und behördliche Textäußerungen unterliegen verfahrensrechtlichen Vorgaben. Ein Urteil enthält daher einen Spruch und Entscheidungsgründe, bei denen weiter in Tatsachenfeststellungen und rechtliche Beurteilung unterschieden wird (siehe dazu unten III. D. 2).

60 Dazu ausführlich und mit zahlreichen Beispielen *Hildebrand*, Gutachtenstil; vgl. auch *Thiel*, Recht und Sprache 255.

61 *Stuckenberg*, Gutachtenstil 168 ff.

Für wissenschaftliche Texte von der Diplomarbeit aufwärts gibt es zwar keine sanktionsbewehrt normierte Struktur, doch werden bestimmte Gliederungspunkte vorkommen müssen, um nicht sogleich den Vorwurf der Unwissenschaftlichkeit zu provozieren. Dazu zählen heute insbesondere Forschungsstand, Forschungsfragen und Methoden.

Von der unverzichtbaren Existenz eines Bauplans ist dessen Offenlegung durch Überschriften zu unterscheiden: Es gibt zwar durchaus Traditionen, in denen einzelne Kapitel oder Abschnitte nur mit Ziffern („ohne Worte") voneinander unterschieden werden. Sie signalisieren der Leserin und dem Leser, dass ein neuer Gedanke seinen Anfang nimmt, ohne diesen Gedanken zu benennen und mit anderen in Beziehung zu setzen. Will man, dass der eigene Text nur als Ganzes rezipiert wird, so kann man eine derartige Textstruktur durchaus vertreten; leserfreundlich ist sie nicht. Eine den Inhalt möglichst treffende Überschrift erleichtert den Überblick, ermöglicht auch partielle Lektüre (mag man dies nun gut finden oder nicht) und erhöht letztlich die Wahrscheinlichkeit der Verbreitung des Inhalts.

Wer einen wissenschaftlichen Text schreibt, kann in diesem Zusammenhang auch von einem Seitenblick auf die Gesetzgebung profitieren. Obwohl Gesetze vor allem numerisch nach Paragrafen gegliedert sind, verzichten insbesondere umfangreichere Gesetzesvorhaben nicht auf Abschnitte mit aussagekräftigen Überschriften. Blickt man ins frühe 19. Jahrhundert, in eine Blütezeit der Gesetzgebungskunst, so findet man (etwa im ABGB) darüber hinaus auch noch sogenannte „Marginalrubriken".[62] Diese Randschriften, in den modernen Gesetzesausgaben in der Regel als Zwischenüberschriften gesetzt, verdichten sich teilweise zu einem extrem verkürzten Paralleltext (vgl. Abb. 9). Das ist heute zwar unüblich,[63] doch wer sich vorstellt, solche Marginalrubriken neben den eigenen Text stellen zu müssen, kann sich dadurch zu einer stringenten Gedankenführung motivieren.

---

62 Vgl. z. B.: *Schmaranzer*, Marginalrubriken 497.

63 Eine wichtige Ausnahme bilden Lehrbücher, zum Beispiel *Barta*, Zivilrecht online [https://www.uibk.ac.at/zivilrecht/buch/].

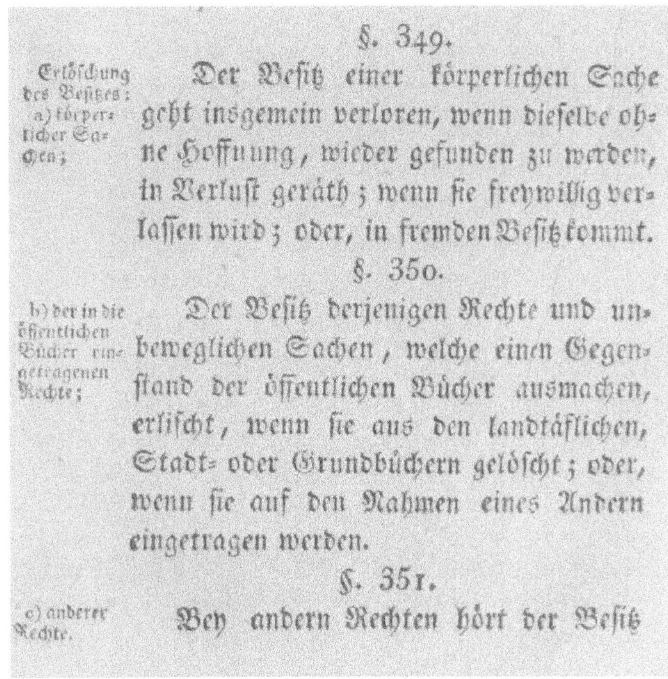

§. 349.

Erlöschung des Besitzes: a) körperlicher Sachen;

Der Besitz einer körperlichen Sache geht insgemein verloren, wenn dieselbe ohne Hoffnung, wieder gefunden zu werden, in Verlust geräth; wenn sie freywillig verlassen wird; oder, in fremden Besitz kommt.

§. 350.

b) der in die öffentlichen Bücher eingetragenen Rechte;

Der Besitz derjenigen Rechte und unbeweglichen Sachen, welche einen Gegenstand der öffentlichen Bücher ausmachen, erlischt, wenn sie aus den landtäflichen, Stadt- oder Grundbüchern gelöscht; oder, wenn sie auf den Nahmen eines Andern eingetragen werden.

§. 351.

c) anderer Rechte.

Bey andern Rechten hört der Besitz

Abb. 9: Marginalrubriken – ein Vorbild für logische Gedankenfolge

Selbst wenn man den Bauplan des eigenen wissenschaftlichen Gedankengebäudes später über den Haufen werfen muss, so ist es doch meist erheblich einfacher, einen solchen Umbau auf der Grundlage eines geordneten Baus vorzunehmen, als völlig planlos zu bauen. Der Aufwand, den man bei der gedanklichen Vorbereitung durch Strukturierung treibt, lohnt sich mehrfach.

Für die Gliederung haben sich zwar verschiedene Standards eingebürgert, stets geht es aber um logische Abfolge und Hierarchie bei größtmöglicher Einheitlichkeit – gleiche Hierarchieebenen sind immer in gleicher Form zu kennzeichnen (meist Großbuchstaben vor Kleinbuchstaben und römische Ziffern vor arabischen Ziffern). Im Gegensatz zu solchen traditionellen Überschriftenformaten scheint die heute beliebte numerische Gliederung (1./1.1./1.1.1./1.1.2. usw.) endlos erweiterbar – gerade darin liegt allerdings eine Gefahr, nicht nur für die Übersichtlichkeit (leserorientiert), sondern auch für die Strukturierung der eigenen Gedanken (autororientiert). Ohne ergänzende thematische Angabe manifestiert sich in einer solchen Gliederung eine dem Verständnis zuwiderlaufende „Sprachlosigkeit“ zwischen Verfasser und Leser – wie soll der Leser die Struktur eines Textes verstehen, dessen einzelne Teile der Verfasser selbst nicht verbal bezeichnen konnte? Besonders bei längeren Texten ist es wichtig, dass die Gliederungspunkte in einem Inhaltsverzeichnis zusammengefasst werden, dem bei stark zerklüfteter Struktur eventuell eine Inhaltsübersicht vorangestellt sein kann. Vorstufen des Inhaltsverzeichnisses können schon beim Ordnen des Stoffs und beim Schreiben eine große Stütze sein.

b) Absatzgliederung

Für das Verständnis des Textes bedarf es nicht nur dessen grober Gliederung in Abschnitte und Kapitel mit Überschriften, sondern auch einer zweckmäßigen und logischen Absatzgliederung. Der Absatz bildet eine Gedankeneinheit mittlerer Ebene, zwischen der Grobstruktur des Textes und den einzelnen Sätzen als kleineren Gedankeneinheiten. An diesem leserorientierten Zweck sollte man sich beim Schreiben orientieren. Die für „vorwissenschaftliche Arbeiten“ an höheren Schulen leider oft ausgesprochene Empfehlung, jeden Absatz mit einer Fußnote zu beenden und daher beim Rückgriff auf eine andere Quelle auch einen neuen Absatz beginnen zu lassen, ist verfehlt: Sie degradiert den Absatz zu einem aus der Sicht eines wirklichen Lesers (nicht eines bloßen Fußnotenkorrektors) fast willkürlich entstandenen Puzzlestein, nimmt ihm den Charakter einer Gedankeneinheit, schadet dadurch dem Verständnis und führt zu einer Fragmentierung des Textes.

Während der Absatz in einem wissenschaftlichen Text also gedanklich Zusammengehöriges umfassen soll, kann er medial auch als Instrument der Leserführung dienen. Endet in einer Tageszeitung nämlich ein Gedanke mit einem Absatz, so vergrößert sich die Gefahr, dass der Leser den Absatzwechsel zum Anlass nimmt, die Lektüre abzubrechen und zu einem anderen Artikel weiterzublättern. Kommt es wiederholt dazu, so verfestigt sich beim Leser möglicherweise der Eindruck, die Zeitung böte nicht ausreichend interessanten Lesestoff. Daher besteht die Tendenz, den Beginn des nächsten Gedankens schon am Ende des vorhergehenden Absatzes unterzubringen und dadurch den Leser zum Weiterlesen zu animieren. Diese Technik erinnert an die Positionierung von Werbepausen im Privatfernsehen oder an die sogenannten „Cliffhanger“ in Streaming-Serien, die ebenfalls zum Weiterkonsum anregen sollen. Das ist übrigens keine neue Mode; so ähnlich hat schon Charles Dickens (1812–1870) gearbeitet.[64]

---

64 *Fröhlich*, Cliffhanger 192 ff.

Unterhalb der Absatz-Ebene bildet die Zeilengliederung, von der lyrisch gebundenen Sprache abgesehen, in der Regel keine Gedankenfolge ab. Zur Schärfung des Problembewusstseins sei in diesem Zusammenhang jedoch auf die bereits erwähnte „Leichte Sprache“ hingewiesen. Deren Regeln empfehlen, auch die Zeilengliederung als Werkzeug für die Gedankenstrukturierung zu verwenden, jeweils Zusammengehöriges in eine Zeile zu schreiben und die Zeilen in linksbündigen Flattersatz zu setzen statt in Blocksatz.[65]

c) Verweise

Mit der Struktur des eigenen Textes stehen Verweise in engem Zusammenhang. Ständige Hin- und Her-Verweise indizieren in der Regel mangelnde Logik; umgekehrt verringert eine logisch durchdachte Struktur des Textes die Notwendigkeit von Verweisen. Denkt man leserorientiert, so wird man (für das Verständnis erforderliche) Verweise „nach oben“, also auf vorangegangene Ausführungen, eher vertreten können als Verweise „nach unten“, auf nachfolgende Abschnitte. Abweichungen davon können sich beim Zusammenwirken mehrerer AutorInnen ergeben. Im Sinne der allgemeinen Überlegungen zur Kommunikation sollte man stets auch den Zweck von Verweisen hinterfragen: Verzichtbar sind Verweise, die nur der Selbstkundgabe dienen, also die eigene Gelehrsamkeit und den eigenen „Durchblick“ beweisen sollen, indem man der Leserschaft in demütigender Weise vor Augen führt, was sie nicht weiß. Als Serviceleistung sind Verweise durchaus vertretbar oder gar nützlich, Leserinnen und Leser sollten aber nicht gezwungen sein, den Verweisen zu folgen, um den verweisenden Text überhaupt zu verstehen. Man sollte sich dabei also nicht an einer Legistik orientieren, die Verweisungen oft nach Art einer Definition verwendet („im Sinne des § XY“)[66] – und auch deshalb kritisiert wurde.[67] Dieser Gefahr verständnisschädlicher Verweisungen tragen übrigens auch die Richtlinien für „Leichte Sprache“ Rechnung; sie empfehlen: „Vermeiden Sie Verweise.“[68]

3. Satz

a) Allgemeines zum Satzbau – geschriebene und gesprochene Sprache

Der Satz ist in der Regel die kleinste Gedankeneinheit und begegnet nicht nur im schriftlichen, sondern auch im mündlichen Gedankenaustausch (für

---

65 Siehe dazu Übungsbeispiel 6.

66 Vgl. die oftmals kritisierten Rückverweisungen der frühneuzeitlichen Gesetzgebung [z.B. „obgemeldter“] in *Hochedlinger*, Aktenkunde 169.

67 *Schönherr*, Hinweise Pkt 19, in *Schönherr*, Sprache 66.

68 BMS, Leichte Sprache 50.

den z.B. Absätze keine Rolle spielen). Dabei folgt der Satzbau nicht nur grammatikalischen Regeln, sondern ist auch davon abhängig, ob der Satz geschrieben oder gesprochen werden soll.

Geschriebene und gesprochene Sprache unterscheiden sich voneinander.[69] In historischer Dimension ist die geschriebene Sprache erheblich jünger als die gesprochene; geschriebene deutsche Sprache begegnet uns erst ab etwa dem 8. Jahrhundert. Doch es vergingen noch mehrere Jahrhunderte, bis die geschriebene Sprache wirklich nennenswerte Bedeutung erlangte. Recht und Sprache waren schon in dieser Zeit eng verknüpft; wie erwähnt, begann die deutsche Prosa mit einem mittelalterlichen Rechtsbuch, dem Sachsenspiegel. Technische Neuerungen des 14. und 15. Jahrhunderts leiteten dann eine Entwicklung ein, mit der die (deutsche) geschriebene Sprache immer wichtiger wurde. Bekannt ist der Buchdruck mit beweglichen Lettern, von Johannes Gutenberg 1445 erfunden, in dessen Folge gedruckte Werke im 16. Jahrhundert die bis dahin vorherrschenden Handschriften überflügelten. Diese Erfindung trug dazu bei, dass das 16. Jahrhundert mit stark zunehmender Norm- und Literaturproduktion zum „juristischen Jahrhundert" wurde. Ein wenig im Schatten des Buchdrucks steht der Wandel des zu beschriftenden Materials vom teureren Pergament zum billigeren Papier. Nicht zu vergessen ist aber auch die im 14. Jahrhundert aufgekommene Lesebrille, die eine Lektüre geschriebener Sprache erleichterte (man denke in diesem Zusammenhang vielleicht an den Protagonisten William von Baskerville in Umberto Ecos Roman „Der Name der Rose"). Im Gefolge dieser heute zum Teil vergessenen technischen Revolutionen kam es zur Umdichtung zahlreicher mittelalterlicher Versepen, die gesprochen oder vorgetragen wurden, also an Hörer adressiert gewesen waren, zu Prosaromanen, die sich an Leser richteten. Gesprochene Sprache wurde zurückgedrängt. Im juristischen Bereich hat sie sich nur durch Rechtssprichwörter (eben Sprich!-wörter) länger erhalten, die mit Versmitteln wie etwa der Alliteration den mnemotechnischen (erinnerungsfördernden) Bedürfnissen des Rechts entgegenkamen (Tat tötet den Mann; Augen auf, Kauf ist Kauf; Was die Fackel verzehrt, ist Fahrnis usw.). Die von Martin Luther angefertigte deutsche Übersetzung der Bibel ordnet sich also in eine wesentlich breitere Entwicklung ein.[70]

Wer sich diese historische Dimension des Verhältnisses von gesprochener und geschriebener Sprache bewusst macht, sollte eigentlich auch erkennen, dass diese Erscheinungsformen nicht beliebig austauschbar sind. Dessen ungeachtet werden immer noch zahlreiche Vorträge in Form des Ablesens pub-

69 Vgl. zur gesprochenen Sprache ausführlich Duden IV – Grammatik 1181 f.

70 *König*, Sprache 91.

likationsreif ausformulierter Texte gehalten. Interessanterweise wird dies sogar seltener kritisiert als die modernen Powerpoint-Vorlese-Vorträge, deren Texte ihren „Hörern“ als „Lesern“ vor Augen gestellt werden.[71] Besser ist es da schon, den umgekehrten Weg zu gehen und auf der Basis einer Vortragsunterlage einen Text zu diktieren (zum Beispiel mittels Diktierprogramms): Bei der ohnehin erforderlichen Überarbeitung des ersten Entwurfs wird man dann auch die Merkmale gesprochener Sprache zurückdrängen oder gänzlich beseitigen können.

b) Satzlänge

Einer der Unterschiede zwischen geschriebener und gesprochener Sprache liegt in der Satzlänge; sie ist aber auch ein Unterscheidungsmerkmal verschiedener Textsorten. Sprachwissenschaftliche Zählungen haben ergeben, dass rund 50 % der Sätze in Filmdialogen (die ja der alltäglichen Sprache möglichst ähnlich sein sollen) mit maximal 12 Wörtern auskommen, bei Verwaltungstexten liegt dieser Anteil bei etwa 15 %, in wissenschaftlichen Texten sogar unter 12 %. Die längsten Sätze in Filmdialogen (etwa 5 %) haben mehr als 16 Wörter, bei wissenschaftlichen Texten sind es über 52 Wörter.[72] Aus der Judikatur hat Roland Schimmel jüngst Beispiele für Sätze mit bis zu 152 Wörtern geliefert.[73] In Verwaltungstexten weisen rund 3 % der Sätze über 49 Wörter auf.[74] Historisch betrachtet nimmt die Satzlänge tendenziell ab: In schöngeistiger Literatur dominierten im 18./19. Jahrhundert noch Sätze mit 25 bis 35 Wörtern, am Ende des 20. Jahrhunderts lag das Schwergewicht (40 %) bereits bei nur mehr 12 bis 23 Wörtern.[75]

Möglichst lange Sätze als Merkmal (rechts-)wissenschaftlicher Sprache hatten satirische Texte für den „Papierstil“ wiederholt empfohlen, und umgekehrt raten die Richtlinien für „Leichte Sprache“ zu kurzen Sätzen.[76] Tatsächlich entsprach der Satzbau des barocken Kanzleistils mit möglichst komplizierten, verschachtelten und langen Perioden der Absicht, die landesfürstlichen Willensäußerungen als etwas Besonderes erscheinen zu lassen, das von der Alltagssprache möglichst weit entfernt war.[77] Doch schon der „Staatsstilist“ Joseph von Sonnenfels wusste: „Das Volk, für welches die Ge-

---

71 Für das Vorlesen wurde bislang kein dem „Powerpoint-Karaoke“ vergleichbarer Veranstaltungstyp erfunden.

72 Eigene Berechnungen auf Grundlage einer Grafik in *König*, Sprache 116.

73 *Schimmel*, Juristendeutsch 25 ff.

74 Eigene Berechnungen auf Grundlage einer Grafik in *König*, Sprache 116.

75 *König*, Sprache 117.

76 Vgl. die Überlegungen zum „Papierdeutsch“ in *Meyer/Schiewe*, Ludwig Reiners Stilkunst; entspricht *Engels*, Deutsche Stilkunst; BMS, Leichte Sprache 44.

77 *Hochedlinger*, Aktenkunde 168.

setze geschrieben sind, versteht nicht, was es nicht auf einmal zu umfassen fähig ist".[78] Dennoch definiert der Duden noch heute „Juristendeutsch" als die „durch komplizierte, pedantisch genaue und oft weitschweifige Formulierungen gekennzeichnete, schwer verständliche Ausdrucksweise der Juristen".[79] Im Sinne der „vier Seiten einer Nachricht" sollte man sich also bei der Überarbeitung des eigenen Textes selbstkritisch fragen, welches Motiv hinter überdurchschnittlich langen Sätzen steht. Oft findet man dann wie von selbst eine Gelegenheit zur Teilung in mehrere Sätze. Allerdings sollte man sich dabei nicht zu sehr von den automatisierten Kennzeichnungen durch die Textverarbeitungsprogramme leiten lassen – sie verstehen nämlich weder Doppelpunkte noch Strichpunkte, sondern messen meist nur schematisch die Länge des Intervalls zwischen zwei Punkten. Besser ist es, sich des Charakters eines Satzes als Gedankeneinheit zu erinnern und die Anzahl der Aussagen pro Satz zu limitieren. Satz-Überlängen verschwinden dann wie von allein.

Für die Leserfreundlichkeit des Satzbaus ist aber nicht nur die in einer Wortanzahl ziffernmäßig ausgedrückte Satzlänge maßgeblich, sondern auch die Stellung der einzelnen Satzglieder zueinander. Die zentrale Aussage sollte innerhalb des Satzes möglichst früh erfolgen. Sogenannte „Verbklammern" (Verbindungen von Verbteilen über andere Satzglieder hinweg) sind kurz zu halten. Lange Verbklammern lassen keinen „Spannungsbogen" entstehen, sondern zwingen zum mehrfachen Lesen. Manche Verbklammer scheint vor allem der Abgrenzung zwischen Laien und Experten zu dienen; man denke etwa an die typische Formel einer Urteilsveröffentlichung: „Das XXXGericht XXX hat in der Rechtssache der klagenden Partei xxx gegen die beklagte Partei xxx wegen xxx nach xxx zu Recht erkannt". Besonders Nebensätze können zur Herausforderung werden, weil sich die Stellung des Verbs nach hinten verschiebt. Das Satzverständnis baut aber auf dem Verb auf; solange man dieses nicht kennt, hängt der gesamte Satz gleichsam in der Luft, Hörer oder Leser sind zum Warten verdammt. Der Schriftsteller Abbas Khider kam zum satirisch überhöhten Befund: „Deutsche Seminarräume sind für viele Studierende riesige Schlafzimmer; sie warten das ganze Studium über auf das Verb im Nebensatz."[80]

78 *Sonnenfels*, Geschäftsstil 367; vgl. *Hochedlinger*, Aktenkunde 168.
79 Duden, „Juristendeutsch".
80 *Khider*, Deutsch für alle 53.

Beispiel:[81] Der OGH schloss sich dieser Ansicht, in Abkehr vom damaligen Verständnis[FN] von § 1500 ABGB, dass „lediglich der Stand des öffentlichen Buches entscheidet"[FN], in seinem Urteil vom 18. Oktober 1851[FN] an.

Vorschlag: Der OGH schloss sich dieser Ansicht in seinem Urteil vom 18. Oktober 1851[FN] an. Er wendete sich damit vom damaligen Verständnis[FN] von § 1500 ABGB ab, wonach „lediglich der Stand des öffentlichen Buches entscheidet"[FN].

Verfehlt ist aber auch das andere Extrem. Der Versuch, längere Sätze durch unvollständige Formulierungen zu vermeiden (sog. „Skriptenstil"), führt mangels Gedankenverbindung zu einem bloß assoziativen Nebeneinander von Begriffen oder Wortgruppen. Das Ergebnis ist in der Regel mehrdeutig, sodass die Verantwortung für die Herstellung von Zusammenhängen den Rezipienten überlassen wird. Wissenschaftlicher Gedankenaustausch und Weiterentwicklung sind auf dieser Grundlage nicht möglich.

c) Satzverbindungen

Für die möglichst exakte Nachvollziehbarkeit der Gedanken des Autors oder der Autorin kommt der Verbindung von Sätzen oder Satzteilen besondere Bedeutung zu. Durch Auswahl der passenden Konjunktionen können zum Beispiel Gegensätze geschärft oder verwischt, Parallelen gezeigt oder versteckt werden – alles jeweils auch ein Zeichen dafür, wie weit das behandelte Thema geistig durchdrungen wurde. Abwechslung wirkt dabei lebendiger als Eintönigkeit; ein reiner Aufzählungsstil (z.B. „danach …, dann …") sollte daher vermieden werden. Noch schlechter sind falsche Anbindungen durch Auswahl einer unrichtigen Konjunktion (z.B. eines „aber" trotz fehlenden Gegensatzes).

---

81 Beispiele sind in der Folge oft studentischen Arbeiten entnommen. Verbesserungsvorschläge liefern keine perfekte Neuformulierung, sondern sollen nur die Richtung andeuten, in die der Text jeweils weiterentwickelt werden könnte.

Beispiel:	Bei der Fusion schließen sich zwei oder mehrere Staaten zu einem neuentstehenden Staat zusammen, während bei der Inkorporation ein Staat in einen anderen aufgenommen wird und der aufnehmende Staat mit größerem Staatsterritorium weiterexistiert und der inkorporierte Staat völkerrechtlich untergeht.
Vorschlag:	Bei der Fusion schließen sich zwei oder mehrere Staaten zu einem neuentstehenden Staat zusammen. Im Gegensatz dazu wird bei der Inkorporation ein Staat in einen anderen aufgenommen, wobei der aufnehmende Staat mit größerem Staatsterritorium weiter existiert, während der inkorporierte Staat völkerrechtlich untergeht.

Bei manchen Textsorten ist darüber hinaus auch auf die Vermeidung unpassender Konjunktionen zu achten, die textsortenspezifischen Konventionen widersprechen. So wird für „Gutachten" im Sinne der deutschen Juristenausbildung empfohlen, die Worte „weil" und „da" zu vermeiden, weil sie begründenden Charakter haben: Ein „weil" leitet einen Nebensatz ein, der ein im vorhergehenden Hauptsatz enthaltenes Ergebnis begründet. Diese Abfolge wird nur für Urteile als angemessen erachtet. Ein Gutachten beruht hingegen auf Schlussfolgerungen, das Ergebnis steht also am Schluss. Dazu werden Konjunktionen wie „folglich" oder „somit" empfohlen.[82] Kurz gefasst: [Ergebnis] „weil" [Begründung] versus [Voraussetzung] „folglich" [Schlussfolgerung] – die Konjunktion dient als Indikator für die Abfolge der Gedanken.

Satzlänge und Satzverbindung stehen in engem Verhältnis. Die Bildung von Nebensätzen erhöht zwar die Satzlänge, muss aber bei treffender Konjunktion dem Verständnis keineswegs schaden. Umgekehrt sind bloß aneinandergereihte Sätze ohne Konjunktionen trotz geringerer Satzlängen nicht zwingend verständnisfördernder. Bei der Überarbeitung des eigenen Textes sollte man die Funktion des jeweiligen Nebensatzes hinterfragen sowie die Vor- und Nachteile von Nebensatzkonstruktionen im Vergleich zu Fachbegriffen, mehrgliedrigen Substantiven oder unübersichtlichen Nominalphrasen abwägen. Generell zeigte sich allerdings schon gegen Ende des 20. Jahrhunderts die Tendenz, Relativsätze zurückzudrängen.

82 *Hildebrand*, Gutachtenstil 34, 37.

Beispiel: Zum Gesetz vom 13. Juli 1920 wurde vom Staatssekretär für Justiz eine Vollzugsanweisung erlassen. Mit dieser Vollzugsanweisung wurde der Text des Urheberrechtsgesetzes vom 26. Dezember 1895, RGBl 197 wie er sich durch das Gesetz vom 13. Juli 1920 StGBl Nr 325 ergibt, mit verbindlicher Kraft kundgemacht.

Vorschlag: Zum Gesetz vom 13. Juli 1920 erließ der Staatssekretär für Justiz eine Vollzugsanweisung, mit welcher der Text des Urheberrechtsgesetzes 1895 in der Fassung vom 13. Juli 1920 wiederverlautbart wurde. (FN mit Details wie z.B. Gesetzblattnummern)

d) Interpunktion

Das Verständnis von Sätzen jeglicher Länge und Komplexität kann durch falsche Interpunktion erheblich erschwert, durch richtige und „gefühlvolle" Interpunktion hingegen wesentlich erleichtert werden. Dabei reichen die Kategorien „falsch" und „richtig" zur Erfassung der Probleme gar nicht aus: Verständnisschwierigkeiten entstehen bei fehlender Interpunktion nämlich ebenso wie bei zu häufiger, bei ungleichmäßig-unvollständiger ebenso wie bei unpassender. Schon (manche) Volksschüler wissen, dass zwischen den Sätzen „Wir essen, Opa!" und „Wir essen Opa." ein gewaltiger Unterschied besteht. Nicht nur in juristischen Texten kann also die unterschiedliche Positionierung eines Satzzeichens die Aussagekraft völlig verändern.[83]

Satzzeichen kennzeichneten ursprünglich Sprechpausen; sie haben ihre Entstehung also der Übertragung gesprochener Sprache in geschriebene Sprache zu verdanken. Große Vortragskünstler finden etwa bei der Aufnahme von Hörbüchern mit den üblichen Satzzeichen nicht das Auslangen, sondern ergänzen den geschriebenen Text durch eine Vielzahl individueller Zeichen. Eine solche Ausdifferenzierung der Interpunktion fand auch historisch auf dem Weg von der gesprochenen zur geschriebenen Sprache statt. Das älteste Zeichen ist der Punkt für ein Satzende. Zunächst wurde dieser Punkt je nach Dauer der vorgesehenen Sprechpause am unteren Rand (im Sinne des heutigen Kommas), in der Mitte (colon) oder am oberen Rand der Zeile (im Sinne des heutigen Punkts) gesetzt. Das heutige Komma entwickelte sich ab dem 13. Jahrhundert aus der sogenannten Virgel (/), die man

83 Ein Beispiel finden Sie unten in Teil III, Seite 156 (Vertragsgestaltung). – Auch in der englischen Sprache ist das nicht anders; vgl. *Truss*, Eats, Shoots and Leaves.

noch in obrigkeitlichen Patenten des 18. Jahrhunderts findet. Alle anderen Satzzeichen sind jünger: Das Fragezeichen kommt seit dem 14. Jahrhundert vereinzelt, häufiger erst seit dem 16. Jahrhundert vor, das Ausrufezeichen seit dem 17. Jahrhundert, ebenso der Strichpunkt (Semikolon in Anlehnung an das alte colon), der Doppelpunkt in seiner heutigen Bedeutung erst im 18. Jahrhundert.[84]

Diesen Hintergrund sollte man auch bei der Überarbeitung der eigenen Texte im Auge behalten. Selbst wer einen Text in mäßiger Geschwindigkeit lautlos liest, bewegt dabei seine Stimmbänder und kann sich so in die Atemfrequenz der künftigen Leser versetzen. Dann kann man meist darauf verzichten, irgendwelche abstrakten Interpunktionsregeln nachzuvollziehen. Allerdings kommt man zum gleichen Ergebnis, wenn man den Text analysiert und Kommas (nur) dort setzt, wo Haupt- und Nebensätze (auch in Form von Einschüben) aufeinandertreffen[85] – man wird rasch feststellen, dass diese Brüche im Textfluss auch zum Atemholen genützt werden. Der wichtige Arbeitsschritt einer solchen Korrekturlesung wird von vielen Studierenden auf dem Altar der Zeitersparnis geopfert: Bei der Lektüre studentischer Qualifikationsarbeiten fühlt man sich daher vielfach ins 13. Jahrhundert zurückversetzt, weil die historisch gewordene Vielfalt an Interpunktionszeichen kaum genützt wird.

Beispiel: Die wichtigsten Schritte die im Endeffekt zum Untergang der Monarchie geführt hatten waren das kaiserliche Manifest vom 16. Oktober 1918 in dem er den einzelnen Volksstämmen die Möglichkeit zusicherte sich in eigenen Nationalräten zu organisieren und so schließlich zu Herausbildung von einzelnen Nationalstaaten führte und die Verzichtserklärung vom 11. November in der der Kaiser auf alle Anteile an den Staatsgeschäften verzichtete.

84 *König*, Sprache 109.
85 Vgl. *Sick*, Dativ II 50 ff.

Vorschlag 1: Wichtige Schritte, die im Endeffekt zum Untergang der Monarchie führten, waren das kaiserliche Manifest vom 16. Oktober 1918, das den einzelnen Volksstämmen die Möglichkeit eröffnete, sich in eigenen Nationalräten zu organisieren, was schließlich zur Herausbildung einzelner Nationalstaaten führte, und die Verzichtserklärung vom 11. November, worin der Kaiser auf jeden Anteil an den Staatsgeschäften verzichtete.

Vorschlag 2: Das kaiserliche Manifest vom 16. Oktober 1918 eröffnete den einzelnen Volksstämmen die Möglichkeit, sich in eigenen Nationalräten zu organisieren, und führte schließlich zur Herausbildung einzelner Nationalstaaten. Mit der „Verzichtserklärung" vom 11. November verzichtete der Kaiser auf jeden Anteil an den Staatsgeschäften. Dies waren zwei wichtige Schritte auf dem Weg zum Untergang der Monarchie.

An dieser Stelle sei ein kurzes Apropos gestattet, auch wenn es nicht direkt um ein Satzzeichen geht: In der deutschen Sprache wird das Genitiv-s ohne Apostroph gebildet. Der Gebrauch eines solchen „Apostroph's" ist ein (völlig) unnötiger Anglizismus.[86]

4. Wortgruppen

a) Allgemeines: Satzglieder und ihre Abfolge

Der einzelne Satz besteht in der Regel aus mehreren Wortgruppen (Satzgliedern), deren Anzahl nicht zu groß sein sollte (vgl. schon oben 3b). Besonderes Augenmerk verdient aber auch die Abfolge der Wortgruppen. Dafür gibt es zahlreiche miteinander konkurrierende Regeln und Konventionen. So sollten bereits bekannte „Hintergrundinformationen" tendenziell eher früher platziert werden, neue oder hervorzuhebende Informationen sowie Elemente, die enger zum Verb gehören, näher an diesem, also gegen Ende des mittleren Satzfelds.

---

86 Vgl. *Sick*, Dativ I 33 f., mit einem praktischen Überblick über den Gebrauch des Apostrophs.

Beispiel: Gelegentlich ließ sich der Wohnungseigentumsorganisator bzw Verkäufer der Liegenschaft die Zustimmung der Käufer in den Kauf- und Anwartschaftsverträgen zur Umwidmung allgemeiner Teile in Zubehörwohnungseigentum geben.

Vorschlag: Gelegentlich ließ sich der Wohnungseigentumsorganisator bzw Verkäufer der Liegenschaft [schon] in den Kauf- und Anwartschaftsverträgen die Zustimmung der Käufer zur Umwidmung allgemeiner Teile in Zubehörwohnungseigentum geben.

Im juristischen Bereich begegnen als Wortgruppen vielfach inhaltliche Aussagen neben begründenden „Quellenangaben", oft in der Abfolge „Fundstelle" vor „Aussage". Ein Beispiel dafür ist etwa der Satz: „Sie werden gemäß § 161 Abs. 3 BDG 1979 zum Disziplinaranwalt … bestellt." Im Justiz- und Verwaltungsschriftgut spiegelt sich in diesem Stil das Legalitätsprinzip, wonach jedes Verwaltungshandeln einer gesetzlichen Grundlage bedarf. So positiv dieses Bemühen um Begründung an sich sein mag, so sehr kann dieser Stil doch auch zur Zurückdrängung der Sachebene verwendet werden. Der Satz „Gemäß § 1295 ABGB sind Sie meinem Mandanten zum Schadenersatz verpflichtet." verwirklicht weder das Legalitätsprinzip noch bezweckt er eine inhaltliche Information, selbst wenn er eine solche enthält; im Vordergrund steht wohl der Charakter einer Drohgebärde (siehe oben II. A. 1). Im Hinblick auf die künftig zu erwartenden beruflichen Schwerpunkte wird dieser Stil jedoch schon während des Studiums der Rechtswissenschaften unterschwellig vermittelt und verstärkt sich noch während der ersten Schritte in der Praxis. Infolge dieser Sozialisierung glauben Studierende früher oder später, dass diese Abfolge von Wortgruppen jenen spezifisch juristischen Stil ausmacht, der auf alle Texte unabhängig von ihrem Zweck anzuwenden ist. Tatsächlich steht wissenschaftlichen Texten ein Anmerkungsapparat zur Verfügung, in dem die meisten Quellenbelege viel besser aufgehoben sind, weil dadurch der Text entlastet und leserfreundlicher gestaltet werden kann. In der Wissenschaft zwingt weder das Legalitätsprinzip noch intellektuelles Imponiergehabe im Klientenauftrag dazu, jeden zweiten Satz mit einem Paragrafenverweis zu beginnen.

Beispiel: Unter den Voraussetzungen des § 10 Abs. 3 WEG 2002 kann auf die Errichtung der Titelurkunde verzichtet werden.

Allenfalls kann auf die Errichtung der Titelurkunde verzichtet werden, wenn die Voraussetzungen für die Anwendung des § 10 Abs. 3 WEG 2002 vorliegen.

Vorschlag: Unter bestimmten Voraussetzungen kann auf die Errichtung der Titelurkunde verzichtet werden.

Bei geringfügigen Berichtigungen der Miteigentumsanteile kann auf die Errichtung der Titelurkunde verzichtet werden. (FN: Der gesetzliche Grenzwert beträgt für die betroffenen Miteigentumsanteile jeweils 10 %: Siehe im Detail § 10 Abs. 3 WEG 2002.)

Ein anderes Problem der Satzgliederabfolge besteht darin, dass der Leser oder die Leserin die Wortgruppen eines Satzes erst an dessen Ende vollständig überblickt. Auch lassen sich nicht alle Wortgruppen problemlos in Verbindung setzen, vor allem bei Unterschieden hinsichtlich der verwendeten Wortformen. Grammatikalisch nicht falsch, aber zumindest ein Fallstrick für den Leser ist die Verbindung von Substantiven, die teils im Singular, teils im Plural stehen, aber – evtl. im Bemühen um Kürze oder als Ergebnis anderer Bearbeitung – durch nur ein Verb abgedeckt werden. Ein Beispiel für diese problematische „Singular-Plural-Kongruenz" lieferte sogar Fritz Schönherr, dessen Verdienste um die Juristensprache nicht hoch genug geschätzt werden können. In seinem sehr lesenswerten Buch „Sprache und Recht" berichtete er von einem einst verfassten Text: Diesen „sandte ich meinem Anwaltskollegen Dr. Alfred Gleiss, Stuttgart, mit dem mich nicht nur jahrelange berufliche Kontakte, sondern auch die Liebe zur Sprache verbinden." Mehrere Subjekte verlangen ein Verb in seiner auf den Plural abgestimmten Form – „Max (Subjekt 1) und Moritz (Subjekt 2) dachten (Verb entsprechend dem Plural) nun …" (Wilhelm Busch). So verstanden, scheint Schönherrs Satz grammatikalisch korrekt. Da die Satzteile aber nicht durch ein „und" verbunden werden, sondern durch die Phrase „nicht nur – sondern auch", werden sie in ihrer Vereinzelung betont. Hätte Wilhelm Busch „nicht nur Max, sondern auch Moritz dachten" geschrieben? Das wirkt beim Lesen „unrund". Das Substantiv unmittelbar vor dem Verb steht im Singular und ist mit diesem in einer Wortgruppe verbunden: „Liebe zur Sprache verbinden". Der Leser „stolpert", weil der den Plural begründende Mittelteil des Satzes in seiner Bedeutung schon wieder zurückgetreten ist. Daher gilt die Regel, dass sich das Verb am Satzende nach dem näher stehenden Subjekt richtet. Um diese Wirkung zu erproben, kann man die Subjekte jeweils einzeln wegstreichen und das Resultat prüfen – man wird fast immer zum Ergebnis kommen, dass sich ein Plural und ein Singular nicht reibungslos von einem Verb erfassen lassen. In solchen Fällen sollte man überlegen, ob der Vorteil der Kürze wirklich den Nachteil der „Holprigkeit" aufwiegt.[87]

Beispiel:	Ein Eingriff in das Urheberrecht gemäß § 31 ist die Herausgabe von Auszügen, Potpourris und Arrangements und unrechtmäßige Aufführungen.
Vorschlag:	Eingriffe in das Urheberrecht gemäß § 31 sind die Herausgabe von Auszügen, Potpourris und Arrangements sowie unrechtmäßige Aufführungen.

Ähnliche Probleme zeigen sich bei der Kombination von Aktiv und Passiv oder von Affirmation und Negation. So wurde die deutsche Bundeskanzlerin Angela Merkel in der Corona-Krise mit folgender Aufforderung an die Bevölkerung zitiert: „Lassen Sie uns jetzt das Erreichte nicht verspielen und einen Rückschlag riskieren."[88] Dies hat sie vermutlich nicht gemeint. Eine Analyse dieses Satzes zeigt nämlich drei Felder: Die Aufforderung bezieht sich auf zwei mit der Konjunktion „und" verbundene Ziele, die in zwei Verbgruppen jeweils ein eigenes Substantiv enthalten, das Erreichte und den Rückschlag. Die Verneinung ist nur in eine dieser Verbgruppen integriert („das Erreichte nicht verspielen"), während die andere Verbgruppe („einen Rückschlag riskieren") davon nicht umfasst ist. Die Aufforderung bezieht sich in ihrer zitierten Formulierung also darauf, einerseits das Erreichte nicht zu verspielen, andererseits einen Rückschlag zu riskieren: „Lassen Sie uns jetzt das Erreichte nicht verspielen und einen Rückschlag riskieren." Tatsächlich sollte die Negation natürlich in die Aufforderung integriert sein, im Sinne von „lassen wir nicht – den Kopf hängen". Richtig wäre demnach folgende Formulierung: „Lassen Sie uns jetzt nicht das Erreichte verspielen und einen Rückschlag riskieren."

Den Satzbau betrifft schließlich noch ein anderes Problem, das besonders häufig in juristisch-bürokratischen Texten anzutreffen ist – die Inversion. Darunter versteht man Satzkonstruktionen, in denen die Normalabfolge eines Satzes umgestellt wurde, insbesondere durch Positionierung des Verbs vor dem Subjekt. Ein solcher Satz entsteht oft durch Diktieren oder durch das

87 Zu den Regeln dieser Kongruenz im Detail: Duden IV – Grammatik 1014 ff.
88 https://orf.at/#/stories/3162998/ (23. 4. 2020); abgerufen am 16. 11. 2020.

Protokollieren einer Aussage.[89] Das Ergebnis ist reines Bürokratendeutsch, widerspricht den deutschen Satzbauregeln und sollte daher – schon im Sinne der Verständlichkeit für Nichtbürokraten – vermieden werden. Das folgende Beispiel stammt aus einer Mahnklage, die im Oktober 2020 an einem österreichischen Bezirksgericht eingebracht wurde:

Beispiel: Der Beklagte und ich sind Brüder und haben wir eine Vereinbarung über die Auflösung der Erbengemeinschaft nach unserem verstorbenen Vater getroffen. Ich erhielt eine Liegenschaft in Mauer zugesprochen und hat hier der Beklagte für die Monate Juli 2018 bis inkl. Jänner 2019 Beträge in Klagshöhe kassiert, aber nicht an mich weitergeleitet.

Unseres Erachtens spricht das Beispiel für sich selbst und halten wir einen Verbesserungsvorschlag deshalb nicht für notwendig …

b) Zitate und Paraphrasen – Konjunktiv

Eine Wortgruppe besonderer Art ist das Zitat. Dessen Einbau in den Text muss im Sinne der Leserorientierung vollständig erfolgen, wenn es nicht vom eigenen Text abgesetzt für sich allein stehen kann. Perspektivenwechsel, verschiedene Subjekte, Zeiten etc. sind daher nicht zulässig. Stellen wir uns folgende Aussage über ein Schönherr-Zitat vor:

Beispiel: Schönherr berichtete von einem einst verfassten Text, den „ich meinem Anwaltskollegen Dr. Alfred Gleiss“ sandte.

Wer ist hier „ich“?
Solche Verknüpfungen eigener und fremder Ausführungen sind potenziell missverständlich und daher zu vermeiden. Satzanfänge eines Originals können meist nicht friktionsfrei in eigene Texte eingebaut werden; dies betrifft nicht nur die Groß-/Kleinschreibung, sondern vor allem die unterschiedliche Wortstellung in Haupt- und Nebensätzen. Darüber hinaus gibt es Wörter, die wegen ihrer Zeit- oder Ortsbezogenheit beim Zitateinbau nicht einfach übernommen werden können, weil sonst Verwirrung entsteht: „hier“, „heute“, „gegenwärtig“ etc. werfen ebenso die Frage nach ihrem Bezugspunkt auf wie „ich“, „meines Erachtens“ etc.

Zur Vermeidung von Unklarheiten empfehlen sich Zusätze, die meist in

89 Vgl. *Schranz*, Bedeutung 183.

eckige Klammern gesetzt werden. Allerdings kann man derartige Probleme auch zum Anlass nehmen, die Aussagekraft des Zitats und damit dessen Notwendigkeit zu überprüfen:

Beispiel:	Schönherr berichtete von einem einst verfassten Text, den „ich meinem Anwaltskollegen Dr. Alfred Gleiss“ sandte.
Vorschlag 1:	Schönherr berichtete von einem einst verfassten Text, den „ich [= Schönherr] meinem Anwaltskollegen Dr. Alfred Gleiss“ sandte.
Vorschlag 2:	Schönherr berichtete von einem einst verfassten Text, den er „[s]einem Anwaltskollegen Dr. Alfred Gleiss“ sandte.
Vorschlag 3:	Schönherr berichtete von einem einst verfassten Text, den er seinem Anwaltskollegen Dr. Alfred Gleiss sandte.

Vielfach will man die Aneinanderreihung allzu vieler Zitate aber auch vermeiden und nimmt dann zur Wiedergabe von Aussagen Dritter Zuflucht bei der indirekten Rede. Dies ist ein grammatikalisch besonders heikles Feld: Die deutsche Sprache kennt zwei Konjunktive, Konjunktiv I (früher als Konjunktiv Präsens bezeichnet) und Konjunktiv II (früher Konjunktiv Präteritum). Für die indirekte Rede ist zunächst Konjunktiv I zu verwenden. Nur wenn dieser nicht eindeutig als Konjunktiv erkennbar ist, wird auf Konjunktiv II ausgewichen, eventuell auf eine Ersatzkonstruktion mit „würde“.

Beispiel:	„Der Zeuge erklärte, der Angeklagte habe ihn nicht gesehen.“ (K I) „Der Zeuge erklärte, die Angeklagten hätten ihn nicht gesehen.“ (K II, weil „haben“ hier den Eindruck eines Indikativs erwecken könnte.)

Wieder einmal ein Apropos: Der Konjunktiv II, der im Alltag vor allem als Ausdruck von Höflichkeit begegnet und deshalb gelegentlich als „Handwerkerkonjunktiv“ bezeichnet wird („ich wäre jetzt fertig“), hat auch noch ein spezifisch juristisches Anwendungsgebiet. Im Gutachtenstil der deutschen Juristenausbildung ist er nahezu unverzichtbar, weil er eine Möglichkeit ausdrückt, also die erst zu prüfende Frage im Obersatz prägt: „A könnte an B einen Mord begangen haben.“[90]

---

90 Alternativ dazu kann ein „Möglichkeitswort“ mit dem Indikativ kombiniert

5. Zeit (Tempus)

Ein Satz besteht (in der Regel) aus Subjekt, Prädikat und Objekt. Daher stellt sich (spätestens!) auf der Ebene des Satzes auch noch die Frage, welche Zeitform dem Thema angemessen ist. Dogmatische Ausführungen sind meist in der Gegenwart (Präsens) abgefasst, jedenfalls soweit eine Auseinandersetzung mit annähernd gleichzeitig vorgebrachten Argumenten stattfindet. Historische Argumente oder Sachverhalte werden meist in einer Vergangenheitsform ausgedrückt, wobei für geschriebene (nicht nur wissenschaftliche) Texte der Mitvergangenheit (Präteritum) der Vorzug gegenüber der „einfachen" Vergangenheit (Perfekt) zu geben ist. Zwar gilt das Perfekt wegen seines Vorkommens in der gesprochenen Sprache als besonders verständlich, doch liegt ein Nachteil des Perfekts in seiner Mehrgliedrigkeit – z.B.: „Zeiller hat diesen Kommentar 1811 veröffentlicht" vs. „Zeiller veröffentlichte diesen Kommentar 1811". Beim Perfekt entstehen also leserunfreundliche „Verbklammern", die das für das Verständnis wichtige Verb an das Ende des Satzes schieben und die Aussage bis dahin in der Schwebe halten – vielleicht sollte der Satz ja auch lauten: „Zeiller hat diesen Kommentar 1811 verbrannt". Dessen ungeachtet kann man natürlich auch historische Sachverhalte in der Gegenwart ausdrücken (historisches Präsens), wenn man der Leserschaft beispielsweise einen „packenderen" Eindruck unmittelbaren Erlebens vermitteln will: „Nach drei Tagen Meeresstille und glücklicher Fahrt, am 7. April 1521, nähert sich die Flotte der Insel Sebu."[91]

Beispiel: Die Neuformulierung des § 7 Abs. 2 Z 5 – Eigenbedarfskündigung – war umstritten. Häufig ist dieser Kündigungsgrund dazu verwendet worden, den Mieter zu kündigen und das Bestandsobjekt an einen Dritten zu vermieten.

Vorschlag: Die Neuformulierung des § 7 Abs. 2 Z 5 – Eigenbedarfskündigung – war umstritten. Häufig wurde dieser Kündigungsgrund dazu verwendet, den Mieter zu kündigen und das Bestandsobjekt an einen Dritten zu vermieten.[92]

Wie bei anderen Fragen sollte auch hinsichtlich der Zeitform eine gewisse Einheitlichkeit beachtet werden. Unbegründete Zeitwechsel von einem Satz

werden – „Fraglich ist, ob A an B einen Mord begangen hat.": *Hildebrand*, Gutachtenstil 15 f.

91 *Zweig*, Magellan 223.

92 Aufgrund der Passivkonstruktion bleibt eine Verbklammer erhalten, die man in einem zweiten Schritt beseitigen könnte.

zum nächsten oder von einem Absatz zum nächsten verwirren die Leser und erschweren das Verständnis des Textes. Gelegentlich indizieren sie auch mangelnde Verarbeitung, wenn die unterschiedlichen Zeitformen aus verschiedenen Ursprungstexten resultieren, die lediglich kompiliert wurden. Einheitlichkeit der Zeitform ist auch Voraussetzung für die (verständnisfördernde!) Verdeutlichung historischer Abläufe durch Gebrauch der richtigen Zeitenfolge. Ganz zu Unrecht wird das Plusquamperfekt (Vorvergangenheit) immer seltener verwendet: „Der Täter gestand, dass er den Mord begangen hatte“ (Präteritum – Plusquamperfekt). „Der Täter gestand, dass er den Mord beging“ (Präteritum – Präteritum) würde hingegen Gleichzeitigkeit des Geständnisses und des Mords suggerieren; „Der Täter gestand, dass er den Mord begangen hat“ (Präteritum – Perfekt) wäre ein uneinheitlicher Gebrauch von Zeitformen.

Beispiel:	Es etablierten sich die ersten Massenparteien, die christlich-soziale Partei und die sozialdemokratische Arbeiterpartei. Es kommt zu einem Vorantreiben der Demokratie. Die sozialdemokratische Partei hat sich selbst zu dieser Zeit vehement für ein allgemeines und gleiches Wahlrecht eingesetzt. (Präteritum – Präsens – Plusquamperfekt)
Vorschlag:	Es etablierten sich die ersten Massenparteien, die christlich-soziale Partei und die sozialdemokratische Arbeiterpartei. Es kam zu einem Vorantreiben der Demokratie. Die sozialdemokratische Partei setzte sich selbst zu dieser Zeit vehement für ein allgemeines und gleiches Wahlrecht ein. (Präteritum)

6. Ausdruck

a) Grundlegende Überlegungen

Der zentrale Wortschatz der deutschen Sprache besteht aus rund 70.000 Wörtern, der „Große Duden“ enthielt 2013 rund 140.000 Wörter. Vor diesem Hintergrund sind zwei Hauptrichtungen des verfehlten Ausdrucks zu unterscheiden: „zu wenig“ und „zu viel“. Ersteres liegt vor, wenn der Schreibende von der reichen Vokabelauswahl der deutschen Sprache (und dabei ist noch gar nicht von der in juristischen Texten zu vermeidenden Umgangssprache die Rede) keinen Gebrauch macht und immer nur dieselben Wörter verwendet: Das ist leserunfreundlich, weil die Lektüre dadurch langweilig wird und weil das Verständnis leidet, wenn nicht ein möglichst treffendes Wort gewählt wird. „Zu viel“ kennzeichnet einen aufgeblähten, unnötig komplizierten Stil mit entbehrlichen Fremdwörtern und sinnlosem Wortballast: Das ist leserunfreundlich, weil es dazu zwingt, die eigentliche Aussage aus dem Text erst herauszuschälen, wofür unter Umständen mehrere Lektüredurchgänge erforderlich sind. Da ist dann „Entschlacken“ heilsam – oder gar entlarvend, wenn letztlich nur eine sehr einfache Aussage übrigbleibt.

Beispiel: Der klassische Kündigungsschutz im Sinne des Mietrechts stellt die zweite große Säule des Mieterschutzes dar.

Vorschlag: Der Kündigungsschutz ist die zweite Säule des Mieterschutzes.[93]

Eine überladene Sprache gilt seit Jahrhunderten als typisch juristisch. Zum Teil hat das damit zu tun, dass die Verfasser von Rechtstexten allen Eventualitäten Rechnung tragen wollen – wer sich mit diesem Anspruch auf eine Reise begibt, hat meist zu viel Gepäck. So entstanden etwa die detailreichen Aufzählungen von Adressaten frühneuzeitlicher Normen. Daneben ist aber auch die Beziehungsebene relevant: Der bürokratische „Kanzleistil“ unterschied sich durch komplexe Satzkonstruktionen und Sondervokabular zum Teil ganz bewusst vom alltäglichen Sprachgebrauch, zog dadurch eine Grenze zwischen der hoheitlich-amtlichen und der „gewöhnlichen“ („ordinären“) außeramtlichen Welt und vermittelte, diesseits dieser Grenze, ein Gefühl der Zugehörigkeit.[94] Letzteres gilt bis heute und trifft in ähnlichem Ausmaß auch auf einen spezifischen „Wissenschaftsstil“ zu (dazu später mehr).

Ein Merkmal des Kanzleistils ist der Fremdwortgebrauch, der vielfach auf lateinische Wortstämme zurückgeht. Die sogenannte „populäre Rechtsliteratur“ des 19. Jahrhunderts[95] lieferte daher gelegentlich „Verdeutschungswörterbücher“. Das führende Werk dieses Genres in Österreich, Andreas Haidingers „Selbstadvokat“, enthielt eine „Alphabetisch geordnete Erklärung aller in der Gerichts- und Gesetzessprache vorkommenden eigenthümlichen Wörter und Redensarten [z]um besseren Verständnisse der gesetzlichen Erlässe und gerichtlichen Verhandlungen“.[96] Manches darin enthaltene Wort ist für gebildete Leser heute unproblematisch, z.B. Absenz oder Analogie.

---

93 Das „Mietrecht“ ergibt sich ohnehin aus dem „Mieterschutz“; „klassisch“ ist ein unnötiges Füllwort; „kleine“ Säulen gibt es nicht (jedenfalls nicht bei bildhaftem Gebrauch des Wortes „Säule“).

94 *Hochedlinger*, Aktenkunde 167 f.

95 *Kohl*, Populäre Rechtsliteratur; vgl. z.B. auch *Schmidter*, Schmidters Haus- und Geschäfts-Briefsteller.

96 *Haidinger*, Selbstadvokat (bis zur 11. Auflage 1872, nicht mehr ab der 12. Auflage 1876).

Andere Vokabel haben sich in Akten- und Kanzleivermerken der Verwaltungssprache bis in die zweite Hälfte des 20. Jahrhunderts gehalten (z.B. „skartieren" für „Akten vernichten"), bevor sie an der Jahrtausendwende durch neue Begriffe ersetzt wurden. Aus dem universitären Bereich sind exemplarisch zu nennen: Zulassung (statt Immatrikulation), Meldung der Fortsetzung des Studiums (statt Inskription) – entgegen einer sogar im Duden enthaltenen Erläuterung handelte es sich bei Immatrikulation und Inskription nicht um Synonyme.[97]

Daneben werden im Rahmen des Kanzleistils aber auch deutsche Worte verwendet, die außerhalb der Bürokratie unüblich (geworden) sind, etwa „vermögen", „bedürfen" oder „darstellen".[98] Das Wort „seitens" wurde schon wiederholt karikiert: „Am Anfang erfolgte seitens Gottes die Erschaffung des Himmels und der Erde".[99] „Hinsichtlich" und „rücksichtlich" brachten es über die Kabarett-Beamtenfiguren Hinsichtl und Rücksichtl einst zu gewisser Popularität.[100] Damit man es sich merkt, haben wir uns vorhin selbst einer beliebten Formulierung bedient. Die Zeichnung zeigt, was wirklich „im Rahmen des Kanzleistils" steckt.

„Im Rahmen des Kanzleistils …"

97 Duden, „Inskription"; neuere Beispiele bei *Pichler*, Amtsdeutsch.

98 *Schimmel*, Juristendeutsch 47 ff., 61 ff.

99 *Schönherr*, Amtsdeutsch 24, mwN. Vgl. auch *Fucik*, Seitensstechen, ÖJZ 2015, 136.

100 Sie begegnen noch heute in den Medien, z.B. *Burtscher*, Zauderer.

Typisch für den bürokratischen Stil ist auch die ausgiebige Verwendung von Funktionsverben statt einfacher Verben (z. B. „zur Anwendung bringen" statt „anwenden"; dazu sogleich)[101] und tendenziell längerer statt kürzerer Formulierungen.[102] Wie so oft macht auch hier die Dosis das Gift: Wer solche Formulierungen ständig verwendet, produziert einen fast monströsen Text; wer gänzlich darauf verzichtet, läuft Gefahr, seine Leser durch einen eintönigen Stil zu langweilen. In diesem Sinne stellte schon Fritz Schönherr fest: „Gewiß ist nichts dagegen einzuwenden, manche der hier kritisierten Wendungen, wenn sie nicht wirklich falsch sind, gelegentlich zu verwenden; das kann sich schon empfehlen, um etwas Abwechslung in die Rede oder ‚Schreibe' zu bringen. Diese Hinweise sollen nur das Sprachgefühl schärfen…".[103]

Beispiel: Fernerhin mangelte es an diesem verschneiten Abend an fachkundigen Personal, welches die notwendigen Maßnahmen im entscheidenden Moment hätte ergreifen und ein geordnetes Verlassen des Theaters seitens der Zuschauer bewirken können.

Vorschlag: Ferner mangelte es an diesem verschneiten Abend an fachkundigem Personal, das im entscheidenden Moment die notwendigen Maßnahmen ergreifen und den Zuschauern ein geordnetes Verlassen des Theaters ermöglichen hätte können.

Ein typisches Merkmal der Juristen- und Verwaltungssprache ist der Nominalstil, also der gehäufte Gebrauch von Substantiven.[104] Die deutsche Sprache weist schon im Allgemeinen eine große Zahl von Substantiven auf. Im Gegensatz zu vielen anderen Sprachen ist es nämlich möglich, neue (komplexe) Substantive durch Zusammensetzung zu bilden (Komposita), aus Verben oder Adjektiven abzuleiten (Derivation, erkennbar an Endungen wie „-ung", „-keit", „-heit", „-tum", „-nis") oder andere Wortarten in Substan-

101 Zahlreiche Beispiele bei *Schönherr,* Amtsdeutsch 24 ff. Vgl. *Fluck,* Verwaltungssprache 431.

102 „im Hinblick darauf, dass" statt „da" und viele weitere Beispiele bei *Schönherr,* Amtsdeutsch 26 f.

103 *Schönherr,* Amtsdeutsch 27.

104 Dazu und zum Folgenden: *Fandrych/Thurmair,* Grammatik 65 ff.; *König,* Sprache 117 ff.; *Schimmel,* Juristendeutsch 89 ff. Der Nominalstil begegnet auch in anderen Sprachen: *Fluck,* Verwaltungssprache 433.

tive umzudeuten (Konversion). Während im Mittelalter nur zweigliedrige Wortzusammensetzungen bekannt waren, nahm die Häufigkeit mehrgliedriger Substantive in der Neuzeit ständig zu: Die seit dem 19. Jahrhundert begegnende Dreigliedrigkeit erscheint heute bereits alltäglich („Umweltverträglichkeitsprüfung"), und es brauchte schon doppelt so viele Wortglieder, um ein absurdes Wortungetüm („Donaudampfschifffahrtsgesellschaftskapitän"[105]) zu kreieren – allerdings wurde auch dieses inzwischen von der Realität eingeholt („Hochwasserrisikomanagementplanverordnung" oder „Rindfleischetikettierungsüberwachungsaufgabenübertragungsgesetz"[106]). Während also die Mehrgliedrigkeit seit Jahrhunderten zunimmt, ist die Tendenz zur Substantivierung insbesondere von Verbgruppen ein Phänomen der letzten Jahrzehnte. Damit ist eine gewisse „Distanzierung" verbunden, die möglicherweise mit den immer unpersönlicher werdenden Lebensverhältnissen zusammenhängt (z.B.: „Es besteht ein steigender Bedarf an Schutzmasken" statt „wir brauchen mehr Schutzmasken").

Die generell zu beobachtenden Substantivierungstendenzen werden durch die Verwendung von Funktionsverben noch weiter verschärft: Ein Substantiv und ein nahezu sinnentleertes, dienendes Funktionsverb treten dabei an die Stelle eines aussagekräftigen Verbs, so z.B. „zur Entscheidung bringen" statt „entscheiden". Gerade dieses Beispiel verdeutlicht aber, dass eine solche Formulierung auch sinnvoll sein kann, etwa wenn dadurch ein länger dauernder Vorgang der Entscheidungsfindung „zum Ausdruck gebracht" = „ausgedrückt" werden soll.

Beispiel:	Auch dann, wenn Zweifel bestanden, ob ein Vermögen anzumelden war, hatte die Anmeldung zu erfolgen.
Vorschlag:	Im Zweifel waren Vermögen anzumelden.

105 Vgl. https://de.wikipedia.org/wiki/Donaudampfschiffahrtsgesellschaftskapit%C3%A4n (30.12.2020)

106 BGBl. II 2016/268; http://www.landesrecht-mv.de/jportal/portal/page/bsmvprod.psml?showdoccase=1&doc.id=jlr-RkReÜAÜGMVrahmen&st=lr (30.12.2020); https://de.wikipedia.org/wiki/Rindfleischetikettierungs%C3%BCberwachungsaufgaben%C3%BCbertragungsgesetz (30.12.2020); *Trumpf,* Beschluss.

Von diesen Entwicklungen ist die juristische Fachsprache besonders betroffen, die ohnehin durch die Bildung abstrakter Oberbegriffe gekennzeichnet ist. Auf diese Weise verstärkt sich also der Nominalstil (z.B. „Lebenshaltungskostenindex"), wodurch sich die Juristensprache von der Alltagssprache breiterer Bevölkerungsschichten entfernt.[107] Dazu kommt vielfach noch die Tendenz, einfachere Substantive durch künstlich aufgeblähte zu ersetzen: „Begrifflichkeit" (eigentlich ein System von Begriffen kennzeichnend) statt „Begriff", „Räumlichkeiten" statt „Räume", „Örtlichkeiten" statt „Orte" usw.[108]

Die Substantivierung führt zu einer formalen und inhaltlichen Konzentration und damit zu einer sprachlichen und intellektuellen Verdichtung. Eine größere Zahl von Substantiven erfordert daher höhere Aufmerksamkeit, vergleichbar dem Jonglieren mit mehreren Bällen. Verben gelten hingegen wegen der durch sie ausgedrückten Aktivität im Vergleich zu den eher abstrakteren Substantiven als anschaulicher; nicht zufällig empfehlen Richtlinien für „Leichte Sprache" daher, vorrangig Verben zu verwenden.[109]

Für die Verwaltungssprache ist weiters die häufigere Verwendung der passiven Verbform charakteristisch. Sprachwissenschaftliche Untersuchungen zeigen, dass Ende des 20. Jahrhunderts in der Verwaltungssprache zu 26 % das Passiv gebraucht wurde, während dies allgemeinsprachlich nur zu 15 % der Fall war. Einerseits kann man darin, wohlwollend, das Bemühen um eine distanzierte Objektivität „ohne Ansehen der Person" erblicken, wobei das Subjekt des einzelnen Entscheidungsträgers in den Hintergrund tritt. Andererseits spiegelt die passive Verbform den Verlust von Freiheit – der Mensch wird zum Objekt. Schon Karl Kraus mokierte sich über die Formulierung von Einrückungsbefehlen, deren Adressaten „einrückend gemacht" wurden: „Das Partizipium der Gegenwart allein würde noch eine Willenstätigkeit bekunden und darum muß schon ein Partizip der Vergangenheit dabei sein."[110] Auch wenn dies ein Extrembeispiel ist, so können verschiedene Verbformen persönliche Verhältnisse doch unterschiedlich akzentuieren: „NN wurde promoviert" lässt den Promovierten weniger verdienstvoll erscheinen als „NN promovierte". Eine akademische Ebene höher gibt es sogar drei Varianten: „NN wurde habilitiert" betont nahezu gönnerhaft die Aufnahme in den Kreis der Lehrbefugten. „NN habilitierte" kann, ergänzt durch „bei XY", ähnlichen Charakter haben oder z.B. mit einem Ortszusatz

---

107 Vgl. *König*, Sprache 119; *Schranz*, Bedeutung 183.

108 Vgl. *Fucik*, Bäumlichkeiten 68.

109 BMS, Leichte Sprache 28.

110 *Kraus*, Die letzten Tage der Menschheit, II. Akt, 10. Szene. – Zum Passivgebrauch *König*, Sprache 119.

eher neutral erscheinen. Der reflexive Gebrauch des Verbs – „NN habilitierte *sich*" – legt das Schwergewicht schließlich auf die Leistung des Habilitierten und erinnert ein wenig an Münchhausen, der sich angeblich am eigenen Schopf aus dem Sumpf ziehen konnte.

Zurück zum Passiv: Die eben genannten Beispiele haben bereits illustriert, dass die passive Verbform keinen Akteur nennt, Passivkonstruktionen die handelnden Personen meist überhaupt verschleiern. Daran entzündet sich Kritik von ganz verschiedenen Seiten: Einerseits macht es das Passiv dadurch schwerer, einen Handlungsablauf zu verstehen. Der Vorteil stärkerer Anschaulichkeit des Verbs – eben eines „Tun-Wortes", nicht eines „Getan-werden-Wortes" – geht damit verloren. Daher empfehlen Richtlinien für „Leichte Sprache" nicht nur Verben an sich, sondern auch: „Benutzen Sie aktive Wörter."[111] Andererseits sollte man auch in den „Gutachten" der deutschen Juristenausbildung auf das Passiv verzichten: Soll ein konkreter Sachverhalt beurteilt werden, ist es wichtig, wer handelt.[112] Eine passive Konstruktion verleitet dazu, diese Information zu vergessen.

Beispiel:	Es könnte ein Verzicht erklärt worden sein. (Passiv ohne Akteur) Es könnte durch X ein Verzicht erklärt worden sein. (Passiv mit Akteur)
Besser daher:	X könnte verzichtet haben. (Aktiv)

b) Zur Wortwahl im Allgemeinen

Sowohl im Sinne der Leserorientierung als auch im Interesse möglichster Verbreitung der eigenen Gedanken sollte man sich bei der Wortwahl auf die Standardsprache beschränken. Dialekte und regionale Umgangssprachen scheiden zur Verbreitung wissenschaftlicher Gedanken aus. Soweit sich eine Arbeit vor allem an Berufs- oder Fachgenossen richtet, ist (sachbezogene) Fachsprache angemessen und gerechtfertigt. Gruppenbildende Sondersprachen und primär der Abgrenzung dienende Kontrasprachen sind hingegen keine taugliche Grundlage zur Verbreitung wissenschaftlicher Gedanken. Die Grenzen zwischen diesen Sprachschichten sind gelegentlich fließend; wer etwa Begriffe der Fachsprache exzessiv verwendet, darf sich nicht wundern, wenn der Verdacht sondersprachlicher Selbstdarstellung aufkommt.

---

111 BMS, Leichte Sprache 29.
112 *Hildebrand*, Gutachtenstil 3.

Bei der Wortwahl ist übrigens zu bedenken, dass manche Wörter in Sondersprachen eine abweichende Bedeutung haben: „Löffel" ist nicht nur ein Werkzeug zur Nahrungsaufnahme,[113] sondern auch ein jägersprachliches Wort für die Ohren des Hasen. Das Verb „parieren" wird einerseits im Sinne eines widerspruchslosen Gehorsams verwendet, sodass es eher bei der Hundeabrichtung als bei der Kindererziehung gebraucht wird; damit verwandt ist „parieren" für den Gangwechsel bei der Pferdedressur („Parade"). Andererseits bedeutet es auch – vom Fechten abgeleitet und fast gegensätzlich – „dagegenhalten" oder „Vorkehrungen treffen" (X parierte den Schlag des Y). Mit dem „Vorkehrungen treffen" hängt schließlich der Küchenfachbegriff „parieren" zusammen, mit dem das koch- bzw. bratfertige Zuschneiden von Fleisch oder Fisch, d.h. das Wegschneiden der ungenießbaren oder sonst unerwünschten Teile, ausgedrückt wird.[114] Es wird also auf den Leserkreis ankommen, welche Worte man ohne einschlägigen Hinweis verwenden kann.

Sprache vermittelt neben Inhalten auch Einstellungen und Wertungen; bei der Wortwahl sollte stets die historische, geografische und soziale Dimension der Wörter bedacht werden (vgl. oben B).

Unreflektierte Wortwahl zeigt die Grenzen der gedanklichen Auseinandersetzung mit einem Thema auf, zuweilen sogar deutlicher als kleine Mängel im Literaturverzeichnis. Besonders in den letzten Jahren sind die Gefahren einer unsensiblen Wortwahl größer geworden, nachdem, von den USA ausgehend, die Idee der PoliticalCorrectness auch in Europa an Boden gewonnen hat. Bei rechtshistorischen Arbeiten gerät diese Forderung leicht in Konflikt mit historischer Quellentreue. Wer etwa in einer Seminararbeit bloß „Juden" schreibt, setzt sich rasch dem Verdacht eines latenten Antisemitismus aus; andererseits ist es verharmlosend bis historisch absurd, dem Nationalsozialismus die Kategorie „jüdischer Mitbürger" zuzuordnen, weil eben gerade die Leugnung der Mitbürgereigenschaft Ausdruck der rassistischen Ideologie des Nationalsozialismus war. Hier kann eine stärker juristische Ausdrucksweise, auch wenn sie sonst übertrieben wäre, Zuflucht bieten (z.B.: „Juden im Sinne der nationalsozialistischen Rassengesetzgebung"). Das deutsche Grundgesetz, das Diskriminierung unter anderem wegen der „Rasse" verbietet, ist schon wegen der Verwendung dieses Wortes in

---

113 Seine zentrale Bedeutung für die lebensnotwendige Nahrungsaufnahme (insbesondere in der agrarisch dominierten Gesellschaft des Mittelalters) prädestinierte den Löffel übrigens zum Symbol des Lebens. Dessen Ende drückte sich in der Nichtverwendung des Löffels aus – „den Löffel abgeben" bedeutete „sterben". MwN: Woher kommt die Redewendung „den Löffel abgeben"? Der Sprachdienst 2/2016, 84f,

114 Duden Universalwörterbuch; *Plachutta*, Kochschule 491.

die Kritik geraten.[115] Die Probleme sensibler Begriffsbildung zeigt auch der in den letzten Jahrzehnten erfolgte Wandel von der „Reichskristallnacht“ über die „‚Reichskristallnacht‘“ (mit Anführungszeichen) zur „sogenannten ‚Reichskristallnacht‘“ und über die „Reichspogromnacht“ zu den „Novemberpogromen“. Es sind also Aufmerksamkeit und Einfühlungsvermögen zur Vermeidung von Missverständnissen dringend geboten – auch wenn es manchmal schwierig ist, einheitliche Tendenzen festzustellen: Während die Umstellung auf das Bologna-Modell immer mehr akademische Abschlüsse als „Master“ hervorgebracht hat, streicht ein großer Internetdienstleister das Wort „Master“ als potenziell rassistisch aus seiner Terminologie und ersetzt „Master-Passwort“ durch „Hauptpasswort“.[116] Auch abseits großer Themen muss man sich Sensibilität täglich neu erarbeiten. Beispielsweise zeigt eine Nachrichtenschlagzeile „Shooting-Star erschossen“[117] in dieser Hinsicht durchaus Verbesserungspotenzial.

Umgekehrt sind auch die Empfänger von Sprachbotschaften gefordert, quellenkritisch zu hinterfragen, welche Wirkung bei der Wortwahl beabsichtigt war. Denn mit Worten werden nicht nur Dinge benannt, sondern auch Begriffe besetzt und Fakten in ein bestimmtes Licht gerückt. Die Geschichte ist voll von Beispielen euphemistisch-manipulativer Sprache; man denke etwa an die „Frontbegradigung“ (tatsächlich Rückzug) oder die „Sonderbehandlung“ (tatsächlich Mord). Auch das Wort „liquidieren“, das im kaufmännischen Bereich ursprünglich für das Flüssigmachen von Geld in Verbindung mit einem Kontoabschluss stand, wurde zur Beschönigung des Mords verwendet. Einen etwas anderen Akzent setzten manche Medien in den letzten Jahren mit dem Wort „hinrichten“ für besonders kaltblütige Morde; darin spiegelt sich wohl die gesamtgesellschaftliche Ablehnung der Todesstrafe, für deren Vollzug dieses Wort ursprünglich gebraucht wurde. Auch abseits verbrecherischer Hintergründe bedient man sich sprachlicher Neuschöpfungen, um gleichbleibende Inhalte zu beschönigen oder veränderte Einstellungen zu kennzeichnen. So führt in der öffentlichen Verwaltung der Weg vom „Arbeitsamt“ über die „Arbeitsagentur“ zum „Jobcenter“, aus dem „Sozialhilfeempfänger“ soll ein „Bürgergeldbezieher“ werden, und

115 Vgl. z. B. Die Presse, 19. 6. 2020, 27; https://jura-online.de/blog/2020/06/16/soll-der-begriff-rasse-in-art-3-gg-abgeschafft-werden/ (16. 6. 2020); abgerufen am 16. 11. 2020; *Cremer*, Grundgesetz.

116 https://support.mozilla.org/de/kb/hauptpasswort-statt-master-passwort (16. 11. 2020).

117 ORF online, Bolsonaros Familie im Zwielicht, 13. 3. 2019, https://orf.at/stories/3115043/ (16. 11. 2020): „Shootingstar […] erschossen“.

ein „Erstaufnahmezentrum" für Flüchtlinge wurde zeitweise zum „Ausreisezentrum" umetikettiert. Eine „Gebührenerhöhung" drängt die Politik in eine aktiv-verantwortliche Rolle, bei einer „Anpassung" haben sich lediglich die Umstände geändert, eine „Bepreisung" klingt geradezu nach verwirklichter Gerechtigkeit.[118] Selbst die Universitäten folgen diesem Trend; das dem historisch-ehrwürdigen „Dekanat" entwachsene bürokratische „Prüfungsamt" mutierte zum kundenorientierten „StudienServiceCenter". In der Privatwirtschaft kommt es zu „Freisetzungen" statt zu „Kündigungen", und wenn Verluste drohen, wird eine (aus dem englischen „profit warning" übersetzte) „Gewinnwarnung" (vgl. Abb. 10) ausgegeben – obwohl etwa eine Lawinenwarnung vor Lawinen warnt.

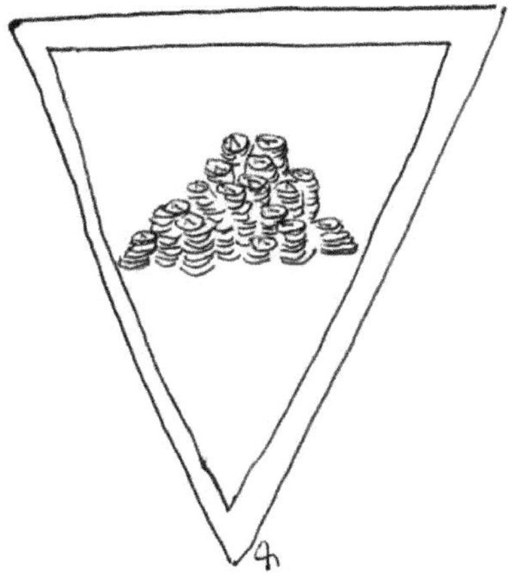

„Gewinnwarnung"

Schon George Orwell kannte in seiner 1949 erschienenen Dystopie „1984" ein „Ministry of Truth" für die Propaganda, ein „Ministry of Peace" für den Krieg, ein „Ministry of Love" für die Unterdrückung von Opposition (im Sinne des seinerseits euphemistischen DDR-Begriffs „Staatssicherheit") und ein „Ministry of Plenty" für die wirtschaftliche Mangelverwaltung. Und wer sich nicht traut, eine Antwort „bald" zu erhoffen, fordert sie (ohne Bedenken) „zeitnah" ein – was auch immer das eigentlich heißen soll.[119]

118 *Kocina*, Lexikon der Politiksprache 18.

119 Noch Ende des 20. Jahrhunderts kannte der Duden dieses Wort nur in der Bedeutung „gegenwartsnah (und zeitkritisch)" mit dem Beispiel „ein zeitnahes

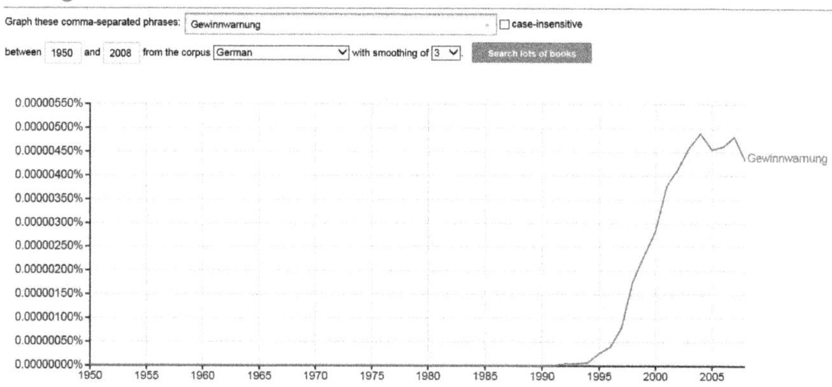

Abb. 10: Vor 1991 war das Wort „Gewinnwarnung" unbekannt.

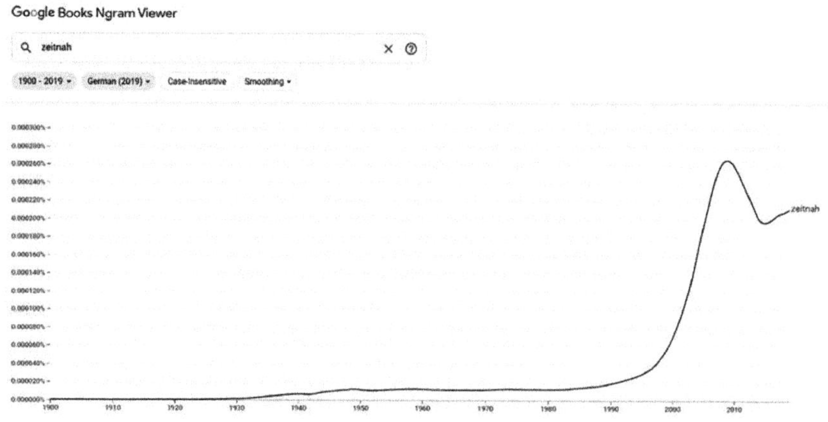

Abb. 11: Erst im 21. Jahrhundert beginnt das Wort „zeitnah" explosionsartig seine Karriere als Synonym für „bald".

In den letzten Jahren haben Tendenzen zum manipulativen Sprachgebrauch unter der (von der englischsprachigen Kommunikationswissenschaft geprägten) Bezeichnung „Framing" eine etwas subtilere Fortsetzung gefunden. „Framing bedeutet, einige Aspekte einer wahrgenommenen Realität

Bühnenstück". Erst im 21. Jahrhundert beginnt explosionsartig seine Karriere als Synonym für „bald".

auszuwählen und sie in einem Kommunikationstext so hervorzuheben, dass eine bestimmte Problemdefinition, kausale Interpretation, moralische Bewertung und / oder Handlungsempfehlung für den beschriebenen Gegenstand gefördert wird."[120] Medien, Politiker oder PR-Agenturen reduzieren dabei also die Komplexität von Themen durch Auswahl von Teilaspekten, um bei den Adressaten der „geframten" Botschaft eine bestimmte Reaktion auszulösen.[121] Ein Beispiel liefert die Diskussion über das Klima auf unserem Planeten: Der vergleichsweise neutrale Begriff „Klimawandel" suggeriert eine unbeeinflusste (vielleicht sogar unbeeinflussbare) Veränderung und wirkt harmloser als das Wort „Klimakrise". Mit „Erderwärmung" wird zwar stärker ein aktuell ablaufender Vorgang ausgedrückt, doch ist „Wärme" ein für die meisten Menschen positiv besetzter Begriff. Daher wurde bereits vorgeschlagen, man solle besser von „Erderhitzung" sprechen, um die Menschheit aufzurütteln.[122] Framing konzentriert sich somit auf die Appellwirkung einer Nachricht, Wissenschaft hingegen auf die Sachebene.

Nachdem sich in der Gesetzgebung politische Interessen niederschlagen, bietet auch die Rechtsordnung durchaus Gelegenheit zu solchen sprachkritischen Überlegungen: Lange vor der Erfindung des Begriffs „Framing" wurden z.B. die Begriffe „Arbeitgeber" und „Arbeitnehmer" geprägt. Obwohl der Arbeitgeber eine Arbeitsleistung annimmt, so wird doch als Arbeitnehmer bezeichnet, wer diese Arbeit schuldet und gibt. Dies ist zwar historisch durch die Anlehnung des Arbeitsbegriffs an den Dienstbegriff erklärbar und wird sprachlich dadurch erleichtert, dass sich hinter dem Begriff „Arbeit" eben verschiedene Komposita („Arbeitsplatz" und „Arbeitsleistung") verbergen können – dennoch wurde Mitte des 19. Jahrhunderts noch kritisiert, dass sich die Bezeichnung Arbeitgeber „namentlich die Fabrikherren im Gegensatz zu den Arbeitern beilegen".[123]

Auch aus dem 20. Jahrhundert gibt es Beispiele: In der Wohnungsnot der Nachkriegszeit wurde der Begriff „Wohnungseigentum" erfunden, obwohl man bei diesem Rechtsinstitut in Österreich kein Eigentum an einer Wohnung erlangt, sondern „nur" Miteigentum an einer Liegenschaft samt dinglichem Nutzungsrecht an einer Wohnung. Das bis in die Gegenwart nachwirkende autoritäre Verwaltungskonzept des österreichischen WEG 1948 wurde durch den positiv besetzten Begriff „Eigentum" bewusst ver-

---

120 *Entman,* Framing 51 ff.
121 Dazu umfassend *Matthes,* Framing.
122 Österreichische Energieagentur (Hrsg.), Energie-Handbuch 14 f.
123 *Karassek,* „Arbeitnehmer" 106 ff. (mwN); vgl. *Wehling,* Framing 131 f.

deckt.[124] Der heute gebräuchliche Begriff „Antibabypille“ wurde von der deutschen Bundesregierung 1964 noch als „grob anstößig“ empfunden: Die „Verbindung ‚Anti-‘ und ‚Baby‘“ würde sich „gegen den Menschenbegriff als solchen wenden“ und sei ein „sprachliche[r] Missbrauch“. Obwohl das Wort Kritikern sogar als „untermenschlich“ und „barbarisch“ erschien, setzte es sich doch durch; der Vorschlag „Wunschkindpille“ wäre wohl etwas irreführend gewesen.[125] Ein Beispiel aus jüngerer Zeit bietet das zunächst unter dem Titel „Standortsicherungsgesetz“ diskutierte Vorhaben der damaligen österreichischen Bundesregierung, das schließlich in ein – „optimistischeres“ – „Standort-Entwicklungsgesetz“ mündete.[126]

Wer wissenschaftliche Texte verfasst, sollte bestrebt sein, sich nicht nur selbst jeder Form manipulativer Sprache zu enthalten, sondern auch die verwendeten Quellen dahingehend zu prüfen und kritisch zu beurteilen. Daher ist stets zu überlegen, was mit einem bestimmten Wort gesagt oder bewirkt werden soll und welche Wortwahl sachlich angemessen ist.

Die Selbstreflexion hinsichtlich der beabsichtigten Aussage empfiehlt sich auch bei einem Sonderfall der Wortwahl, nämlich beim Personalpronomen „ich“. Dessen Vermeidung war sowohl im barocken Kanzleistil als auch noch im Briefstil des 20. Jahrhunderts ein Ausdruck der Devotion gegenüber dem Empfänger (d.h. dem übergeordneten Beamten oder gar dem Landesfürsten, später dann jedem Adressaten eines Privatbriefs).[127] Auch heute wird das „ich“ vielfach vermieden; in wissenschaftlichen Publikationen ist es infolge von vermehrter Zusammenarbeit in Teams ohnehin hinter ein weniger kritisch beäugtes „wir“ zurückgetreten. (Diese Form begegnete einem früher nur als Majestäts- oder als Bescheidenheitsplural.) Gerade wegen des kooperativen Aspekts von Wissenschaft hinterlässt ein demonstratives „ich“ bei vielen Leserinnen und Lesern immer noch einen befremdlichen Eindruck, sodass auch ohne doktrinären Zwang nicht dazu geraten werden kann.[128] Eine Vermeidung des „ich“ birgt zwar die Gefahr vermehrter Passivkonstruktionen, hat aber auch einen „Kollateralnutzen“: Sie ist ein

---

124 *Barta*, Geschichte 234 f., 244 f., 363 ff.; *Kohl*, Stockwerkseigentum 196 ff. (mwN).

125 *Dose*, Antibabypille 25 ff.; vgl. Deutscher Bundestag, Plenarprotokoll 04/140 vom 22. 10. 1964, 7014. Zum Thema „unerwünschte Schwangerschaft“ auch *Wehling*, Framing 145 ff.

126 Standort-Entwicklungsgesetz (StEntG), BGBl. I 2018/110; Wiener Zeitung, 21. 11. 2018.

127 Vgl. *Hochedlinger*, Aktenkunde 169.

128 Vgl. auch *Hildebrand*, Gutachtenstil 2.

gutes Vorbeugungsmittel gegen das Ausufern eines „Regiestils", bei dem die Leser gezwungen sind, Arbeitsschritte, Überlegungen oder andere „Selbstbespiegelungen" des Verfassers oder der Verfasserin im Detail mitzuverfolgen („An dieser Stelle möchte ich zeigen, dass ...", „Später werde ich untersuchen, ob ...", „in diesem Zusammenhang habe ich mir überlegt, wie das zu verstehen ist" usw.). Solche Formulierungen sind entbehrlich; der Text sollte für sich selbst sprechen.

Schließlich sind auch bei der Wortwahl die vier Seiten einer Nachricht zu bedenken. Wissenschaftliche Texte sollten zwar besonders die Sachebene betonen, dennoch ist es vielfach notwendig, dabei auf andere Ansichten einzugehen und sich zu wissenschaftlichen Meinungen oder Ideen anderer zu äußern. Bei eigenen Arbeiten zum gleichen Thema erfolgt dies oft in Fußnoten „versteckt", eventuell sogar in Form von Abkürzungen (zum Beispiel „a. A". = „anderer Ansicht" – nicht, wie Zyniker unterstellen, „abwegiger/absurder Ansicht"). Besonders empfindlichen Gemütern erscheint schon das Wort „Meinung" als ein Ausdruck von Subjektivität, sodass im Sinne der Neutralität die Begriffe „Ansicht" und „Auffassung" empfohlen werden.[129] Bei Rezensionen (Buchbesprechungen) ist die Qualifikation hingegen (neben der Inhaltsangabe des besprochenen Werkes) ein Hauptmerkmal der Textgattung. In jedem Fall sind persönlich angriffige, abwertende Formulierungen (z.B.: „NN hat nicht verstanden, dass...") zu unterlassen. Trotzdem kann mit sozusagen „feiner Klinge" differenziert werden, vom apodiktisch-kämpferischen „dieser verfehlten Ansicht ist nicht zu folgen" über ein eher neutrales „dieser Ansicht kann nicht gefolgt werden" bis zum subjektiven „dieser Ansicht vermag der Rezensent nicht zu folgen"; Letzteres ist, weil es ja auch ein individuelles Unvermögen des Rezensenten zum Ausdruck bringen könnte, am wenigsten verletzend.[130] Wer die Auseinandersetzung mit wissenschaftlichen Ansichten Dritter dazu benützt, vor allem seine eigene Befindlichkeit auszudrücken (Selbstkundgabe), verlässt den Boden der Wissenschaftlichkeit und richtet sich damit selbst.[131]

---

129 *Hildebrand,* Gutachtenstil 56 f.

130 In der Kommunikationspsychologie ist bekannt, dass sich sogenannte „Ich-Botschaften" konfliktentschärfend auswirken. Kritisch zum „Vermögen" *Schimmel,* Juristendeutsch 47 ff. Gerade bei der oben genannten Formulierung wäre „können" vielleicht ein wenig zu plump – aber das ist wirklich Geschmackssache.

131 Diese Aussage sollte ursprünglich durch ein persönlich erlebtes Beispiel belegt werden. Im Sinne der im Text enthaltenen Warnung wird darauf aber verzichtet ...

c) Einzelprobleme der Wortwahl

Selbst wer weder „zu wenige" noch „zu viele" Worte verwendet, steht vor dem Problem der Wahl des treffendsten Wortes. Voraussetzung einer treffenden Wortwahl ist Klarheit des Gedankens. Was „schön gesagt werden soll, muß vorher schön gedacht sein".[132] Mit diesem Thema betreten wir ein weites Feld; einige Beispiele, die in Diplomarbeiten immer wieder vorkommen, sollen die Schwierigkeiten illustrieren.

Oft wird man in juristischen Arbeiten vor die Aufgabe gestellt, Argumente gegeneinander abzuwägen, also zu vergleichen. Besteht ein Unterschied, so kennzeichnet man diesen (in der Regel) mit „als": Das Argument X ist z.B. „älter als" das Argument Y. Im Falle von Gleichheit oder Gleichrangigkeit wird hingegen „wie" verwendet: Das Argument X ist „so alt wie" das Argument Y. Selbstverständlich kann ein Unterschied auch durch die Negation der Gleichrangigkeit ausgedrückt werden (dann bleibt es beim „wie": Der Zeuge A war „nicht so glaubwürdig wie" der Zeuge B), eine Gleichrangigkeit auch durch Negation des Unterschieds (dann bleibt es beim „als": Der Zeuge A war „nicht glaubwürdiger als" der Zeuge B).[133]

Die Wörter „anscheinend" und „scheinbar" sind keine Synonyme, auch wenn sie umgangssprachlich so verwendet werden.[134] Ein Zeuge, der „anscheinend" nicht Deutsch spricht, ist dieser Sprache wahrscheinlich wirklich nicht mächtig; die anzunehmende Tatsache ergibt sich aus dem Anschein. Versteht der Zeuge hingegen „scheinbar" nicht Deutsch, so verstellt er sich und erweckt einen trügerischen Schein. „Anscheinend verliebt" ist also, wer seine Gefühle vor seiner Umwelt nicht gänzlich verbergen kann, „scheinbar verliebt" ist der Heiratsschwindler.

Noch viel häufiger ist die falsche Verwendung des Wörtchens „beziehungsweise", das (neben seiner konkretisierenden Verwendung) vielfach als Synonym für „und" herhalten muss. Tatsächlich kennzeichnet es aber eine Beziehung zu verschiedenen zuvor genannten Bezugspunkten: Hatten also „die Zeugen A und B nichts gehört bzw. nichts gesehen", so erfährt man vielleicht doch mehr, als wenn „die Zeugen A und B nichts gehört und nichts gesehen" hatten. Ersteres bedeutet nämlich, dass der Zeuge A nichts gehört, der Zeuge B nichts gesehen hat – so wie zwei der drei berühmten Affen. Letzteres lässt sich mit Affen eigentlich gar nicht darstellen, denn diese bräuchten dann jeweils vier Arme, um sich Augen und Ohren zuhalten zu

---

132 *Engelhardt,* Wiener Sekretär 41.
133 Vgl. dazu *Sick,* Dativ I 201 ff.
134 Vgl. dazu *Sick,* Dativ I 139 ff.

können – unser Kollege Robert Fucik hat das aber geschafft, damit man es sich besser merkt.[135]

„… nichts gehört bzw. nichts gesehen."

„… nichts gehört und nichts gesehen."

Schwierigkeiten bereitet auch die Wortwahl zur Kennzeichnung von Zeitdauer oder von Zeitintervallen. Wann schreibt man also „-jährlich", „-monatlich", „-wöchentlich", „-täglich", „-stündlich", wann hingegen „-jährig", „-monatig", „-wöchig", „-tägig", „-stündig"? Das ist gar nicht so schwierig:[136] Die auf „-lich" endenden Wörter kennzeichnen das jeweils wiederkehrende Intervall – für Cineasten leicht zu merken mithilfe des zur Redewendung gewordenen Filmtitels „Und täglich grüßt das Murmeltier". Dieses niedliche Säugetier grüßt nämlich nicht den ganzen Tag lang, sondern wiederkehrend. Ist eine Zeitdauer gemeint, so sind die auf „-ig" endenden Wörter richtig – man denke an den „Dreißigjährigen Krieg", der glücklicherweise nicht alle 30 Jahre wiederkehrt, sondern nur einmal (1618–1648) 30 Jahre dauerte. Obwohl also kein großes Geheimnis mit dieser Frage verbunden

135 *Hinger,* und oder oder oder bzw. 748; *Goldmann,* Aktendeutsch 835.
136 *Sick,* Dativ II 118 f.

ist, muss man nach Fehlern selbst im juristischen Kontext nicht lange suchen: So enthält die Burgenländische Heizungs- und Klimaanlagenverordnung 2019 folgende Regelung: „Bei der Lagerung flüssiger Brennstoffe in Bereichen, die bei einem hundertjährigen Hochwasser überflutet werden, ist sicherzustellen, dass bei Überflutung ein Austritt dieser Stoffe verhindert wird …".[137] Das wird bei einem 100 Jahre anhaltenden Hochwasser gar nicht so einfach werden. Dabei hätte sich der burgenländische Landesgesetzgeber nur an der „Nationalen HochwasserrisikomanagementplanVO 2015"[138] orientieren müssen, die korrekt „30-jährliche", „100-jährliche" und „300-jährliche" Hochwasserereignisse unterscheidet. Die Frage treibt sogar einen Keil zwischen die österreichischen Höchstgerichte: Der Verwaltungsgerichtshof stellte Überlegungen unter anderem zu einem „50-jährigen Hochwasser" an.[139] Als der Oberste Gerichtshof dieses Erkenntnis in einer Entscheidung berücksichtigte, setzte er (süffisant?) nur „50-jähriges" unter Anführungszeichen.[140]

Weniger schwierig scheint die Wahl zwischen „binnen" und „bis", oder?

Beispiel: Entwurf einer Novelle zum UG 2002 (2020):
§ 143 Abs. 67: Der Betriebsrat für das wissenschaftliche und künstlerische Universitätspersonal sowie der Betriebsrat für das allgemeine Universitätspersonal sind nach den Bestimmungen der §§ 50 ff ArbVG binnen längstens 31. Dezember 2022 zu wählen.

Das Beispiel zeigt, dass die Sache doch nicht so einfach sein dürfte. Tatsächlich bezieht sich „binnen" auf eine Zeitdauer, innerhalb der zum Beispiel etwas geschehen soll: „binnen 24 Stunden", „binnen eines Monats". (In dieser Bedeutung begegnet uns „binnen" auch abseits von Zeitangaben: Das Binnenland liegt innerhalb der Landmasse, grenzt also nicht ans Meer; das Binnen-I steht innerhalb des Wortes.) Ist hingegen ein Termin gemeint, so ist „bis" zu wählen: „bis 31. Dezember". Natürlich könnte man auch eine Zeitdauer durch Angabe des Enddatums definieren; das wäre dann „binnen einer Frist, die am 31. Dezember endet". Damit wird aber eine einfache Sache unnötig kompliziert – und sie wird dies erst recht, wenn dann noch ein

137 Bgld. LGBl. 2019/60, § 14.
138 BGBl. II 2016/268.
139 VwGH 2005/06/0101 VwSlg 17041 A/2006 (hier auch „10-jähriges Hochwasser"); vgl. auch VwGH 2003/07/0162 VwSlg 17074 A/2006.
140 OGH 1 Ob 144/09x bbl 2010,30/28 - bbl 2010/28 = MietSlg 61.816.

„längstens“ hinzukommt. Denn es liegt im Wesen eines Endtermins, dass etwas vorher geschehen darf, nicht aber danach.

Vorschlag: § 143 Abs. 67: Der Betriebsrat für das wissenschaftliche und künstlerische Universitätspersonal sowie der Betriebsrat für das allgemeine Universitätspersonal sind nach den Bestimmungen der §§ 50 ff ArbVG bis 31. Dezember 2022 zu wählen.

d) Fremdwörter

Kritische Selbstreflexion ist auch bei Fremdwörtern[141] geboten: Wer ein Fremdwort gebraucht, sollte sich stets fragen, ob dies notwendig ist und warum gerade dieses Fremdwort verwendet wird. Worin liegt etwa der Vorteil des Wortes „akzeleriert“ gegenüber dem gewöhnlichen „beschleunigt“? Erscheint man schon dadurch schlanker, dass man die „akzelerierte Expansion des individuellen Korporalvolumens“ beklagt? Man erinnere sich an die „vier Seiten einer Nachricht“: Ist die Entscheidung für ein Fremdwort auf der Sachebene erforderlich, weil es etwas besonders treffend bezeichnet, oder dient es bloß dazu, die eigene „Gelehrsamkeit“ (oder „Internationalität“) zu beweisen und andere damit zu beeindrucken? Oder, noch schlimmer, wird ein Fremdwort nur verwendet, um eine Banalität so kompliziert auszudrücken, dass sich niemand mehr findet, der – analog zum Märchen von „des Kaisers neuen Kleidern“ – die gedankliche Nacktheit auch als solche benennt? Dann würde Sprache gerade nicht dem Gedankenaustausch dienen.

Studentische Qualifikationsarbeiten leiden sehr oft unter einem überbordenden Fremdwortgebrauch. Studierende wollen beweisen, dass sie „dazugehören“, Beurteilende, die viel zu oft gar nicht die ganze Arbeit lesen, begnügen sich mit einem oberflächlichen Eindruck, für den die Beherrschung des „Jargons“ ein wichtiges Kriterium ist. Hoffnungen und Erwartungen schaukeln sich immer mehr auf, sodass man heute nicht mehr generell zu Verständlichkeit raten könnte, ginge es nur um eine positive Beurteilung. In entlarvender Weise – und zweifellos satirisch überhöht – beschrieb der Schriftsteller Abbas Khider eine während seines Studiums der Literaturwissenschaft entwickelte „Strategie, die einfach bei allen Dozenten funktioniert hat“:

„Erstens: Man muss die zwanzig bis dreißig Seiten der schriftlichen Arbeit möglichst schnell mit einfachen Worten füllen. Am besten an einem Tag. Der Inhalt ist

141 Vgl. dazu *Schimmel*, Juristendeutsch 34 ff.

dabei ziemlich egal. Zweitens: Man muss die einfache Sprache des Textes verändern und so schwer wie möglich machen. Eine Woche benötigt man mindestens für diesen Schritt der Verkomplizierung. Alle Adjektive und Adverbien müssen hierbei entfernt werden. Man macht sich auf die Suche nach deutschen und fremdsprachlichen, also englischen, französischen oder lateinischen, jedenfalls nach komplizierten Begriffen aus Lexika und Fachwörterbüchern. Nach und nach werden die einfachen Nomina und Komposita durch diese Begriffe ersetzt. Wenn man selbst den ganzen Text nur noch mit größter Mühe versteht und sogar die einfachste Idee durch die vielen Begriffe hochkomplex erscheint, ist die schriftliche Arbeit fertig. (…) Ich war immer auf der Jagd nach komplizierten Begriffen aus allen Bereichen der Wissenschaft, die ich in irgendeiner schriftlichen Hausarbeit verwenden konnte. Wie beim Garnieren eines Obstkuchens hatte ich einen bunten Vorrat an Fachbegriffen angehäuft, den ich bei Bedarf ausstreuen konnte, als wären es Früchte."[142]

In die gleiche Kerbe schlägt eine Arbeit des Wissenschaftskarikaturisten Tom Gould, der ein „Feedback"-Gespräch zwischen Professorin und Student zeigt: „Die Prämisse Ihrer Arbeit ist mangelhaft, die Daten sind fragwürdig, die Schlussfolgerungen gefährlich. Positiv ist hingegen zu vermerken, dass das Ganze so hermetisch formuliert ist, dass es nie jemand verstehen wird."[143]

Beispiel: Bei Uneinigkeit führen beide Ehepartner nunmehr ihren eigenen Familiennamen automatisch weiter. Diese Bestimmung ist eine Reflektion der gesellschaftlichen Intention, ihren eigenen Nachnamen auch nach Eheschließung weiter behalten zu können.

Vorschlag: Bei Uneinigkeit führen beide Ehepartner nun ihren eigenen Familiennamen automatisch weiter. Diese Bestimmung spiegelt den in der Gesellschaft zunehmenden Wunsch, den eigenen Namen zu behalten.

Die Frage nach der Verständlichkeit stellt sich besonders für noch nicht verbreitete Neuschöpfungen, bei denen die Gefahr der Leserüberforderung mit dem Reiz der Selbststilisierung von Modernität konkurriert. Eine modische Wortwahl erregt leichter Aufmerksamkeit und präsentiert den Verfasser oder die Verfasserin als Person mit wachem Gespür für aktuelle Trends, als gesellschaftlichen Vorreiter; in Zeiten der Globalisierung haftet Fremdwör-

---

142 *Khider*, Deutsch für alle 80.

143 Karikatur abgedruckt in: Die Presse, 10. 10. 2020, Spectrum, VIII.

tern der Nimbus von Internationalität an. Andererseits veralten Moden oft sehr schnell, und mit ihnen geraten auch Vokabel wieder in Vergessenheit.[144]

Die Herkunft der Fremdwörter zeigt in historischer Perspektive die in einzelnen Lebensbereichen jeweils dominierenden Kulturkreise. Gesellschaftlich war dies vom 16. bis zum 18. Jahrhundert das Französische, das sich, wie schon oben gezeigt, insbesondere auf Sektoren ausdehnte, die vor allem von höheren Gesellschaftsschichten frequentiert wurden (Verkehr, Mode). Englisch, bis in die Frühneuzeit nur für die Seefahrt prägend, nahm seit dem 17. Jahrhundert vermehrt Einfluss auf politische Begriffe, etwa im Bereich des Parlamentarismus (z. B. „House of Lords" – „Herrenhaus") oder im Gefolge der industriellen Revolution (z. B. „strike" – „Streik").[145] Seit dem Durchbruch des „amerikanischen Zeitalters" werden englische Fremdwörter geradezu inflationär verwendet: Ein Grazer „Public-Health-Experte" wurde mit dem bislang völlig unbekannten Verb „monitoren" zitiert;[146] ein Experte für das öffentliche Gesundheitswesen hätte wohl eher von „beobachten" oder „kontrollieren" gesprochen. Es wurden sogar Scheinanglizismen erfunden wie das „Handy", mit dem man Personen englischer Muttersprache erheitern kann. Schwerer zu erkennen ist etwa der fälschliche Gebrauch von „Administration" (eigentlich: Verwaltung) für „Regierung" (z. B.: „Mit der Pandemie verspielt die Trump-Administration den letzten Rest an Glaubwürdigkeit"[147]), eine Folge der stärker politisierten Verwaltung in den USA. Selbst manche Formulierungen werden aus dem Englischen übersetzt. So findet man als Jahresangabe immer öfter „in 2020" anstelle von „im Jahr 2020" oder der bloßen Jahreszahl.[148] Das von der englischen Redewendung „it makes sense" abgeleitete „es macht Sinn" verdrängt sukzessive das traditionelle „es hat Sinn", obwohl zwischen ursprünglicher Sinnhaftigkeit (Sinn haben) und Sinnstiftung (Sinn machen, Sinn geben) ein Unterschied wäre.[149]

---

144 *Cnyrim*, Wörter.

145 *König*, Sprache 105. – Vgl. *Kohl*, Karl May.

146 Man könnte „monitoren, was es bewirkt, wenn Schulen und Kindergärten wieder aufsperren": https://orf.at/stories/3161961/ (17. 4. 2020); abgerufen am 16. 11. 2020.

147 *Stimeder*, US-Kleptokraten; vgl. *Sick*, Dativ I 205.

148 *Kocina*, Deutsch 17.

149 Vgl. *Sick*, Dativ I, 47 ff.

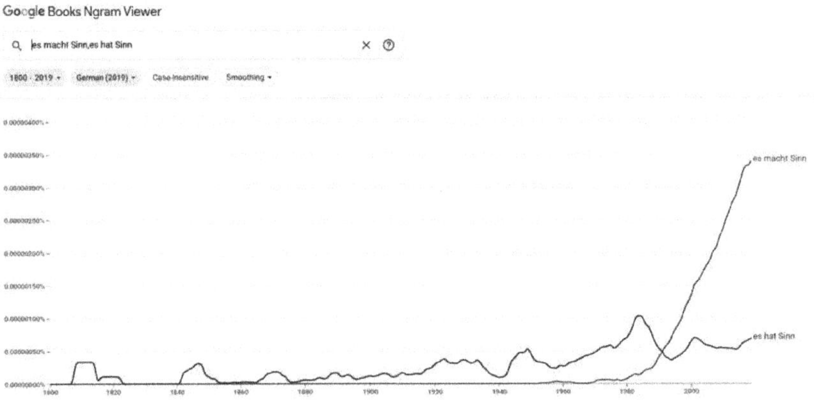

Abb.12: Der bis ca. 1970 unbekannte Anglizismus „Sinn machen" ist auf dem Vormarsch.

Kritik an diesem „Denglisch" ist also zum Teil gerechtfertigt,[150] doch kann auch sie übertrieben oder politisch-ideologisch überhöht werden.[151] Sprache verändert sich eben auch. Einem historisch sensibilisierten Menschen ordnet sich der Kampf um das „Denglisch" in eine Reihe von Wellen des Sprachpurismus ein, die seit dem 17. Jahrhundert wiederholt den deutschen Sprachraum erfassten.[152] Von der nach dem deutsch-französischen Krieg 1870/71 im neu gegründeten Deutschen Reich entstandenen Bewegung zur Zurückdrängung französischer Terminologie war schon eingangs die Rede („Fahrschein" statt „Billet", „Bahnsteig" statt „Perron" etc.). Noch viel umfassender und nachhaltiger waren die von Joachim Heinrich Campe (1746–1818) vor dem Hintergrund der napoleonischen Kriege ab 1801 veröffentlichten Verdeutschungswörterbücher. Damals wurden zahlreiche (über 10.000) deutsche Begriffe erst „erfunden", die heute unauffällig zum allgemeinen Wortschatz gehören: „Hochschule" für „Universität", „Lehrgang" für „Kursus", „Streitgespräch" für „Debatte", „Randbemerkung" für „Glosse", „Freistaat" für „Republik", oder „tatsächlich" für „faktisch". Selbst die deutsche Begriff-

150 Am Beispiel von „so tickt XY": *Grimm*, Kleine Zornespredigt 9.

151 Vgl. auch *Fucik*, Denglisch 60.

152 *Kirkness*, Sprachreinigung (1975); *Schwinn*, Sprachpurismus 55 ff.

lichkeit[153] der deutschen Grammatik wurde erst damals geschaffen (z.B.: „Einzahl“ für „Singular“, „Mehrzahl“ für „Plural“).[154]

Eine solche „Sprachpolitik“ ist übrigens keine Besonderheit des deutschen Sprachraums. Frankreich etwa sah nicht nur die „Europäische Charta der Regional- oder Minderheitensprachen“ (1992) als Gefahr für die Staatssprache Französisch und damit für die staatliche Einheit an, sondern schuf 1994 mit der „Loi Toubon“ die Grundlage für eine planmäßige Zurückdrängung englischer Fremdwörter. Ursprünglich sollte deren Gebrauch sogar im Privatleben verboten werden; dies hätte jedoch gegen die Grundrechte verstoßen. Doch immerhin müssen englische Werbeslogans seither mit französischen Untertiteln versehen werden, und amtliche Neologismenkommissionen führten teils erfolgreich französische Begriffe ein (z.B.: „ordinateur“ für „Computer“, „logiciel“ für „Software“, „matériel“ für „Hardware“).[155] Es bedarf aber auch gar keiner normativen Grundlage für Politik mittels Sprache: Als Frankreich während des Irakkriegs 2003 den Vereinigten Staaten die Unterstützung verweigerte, wurden auf vielen Speisekarten in den USA die „French Fries“ („Pommes frites“) durch „Freedom Fries“ ersetzt.

e) Abkürzungen

Abkürzungen, an sich seit der Antike bekannt, finden sich in manchen Bereichen des Rechts- und Wirtschaftslebens in so großer Zahl, dass sie fast schon eine eigene „Fremdsprache“ bilden.[156] Bürokratische Organisationen greifen gerne auf sie zurück, weil sie intern die Kommunikation erleichtern, doch dienen sie gelegentlich auch ganz bewusst der Abgrenzung, d.h. dem Ausschluss Dritter von den abgekürzten Informationen. So verwendete das Ministerium für Staatssicherheit der DDR („Stasi“) rund 2.500 Abkürzungen (z.B. IM = Inoffizieller Mitarbeiter).[157] Ein europapolitisches Abkürzungsverzeichnis des schweizerischen Außendepartements umfasste 2019 zehn Seiten und enthielt neben allgemein bekannten Abkürzungen (wie EU für Europäische Union) auch solche, die eher nur Insidern vertraut sind (z.B. ECHA für die Europäische Chemikalienagentur, EU-1 für das 2013 allein beigetretene Kroatien oder SES für den Einheitlichen Europäischen Luftraum).[158]

---

153 Hier ist das Wort „Begrifflichkeit“ angemessen, das die Summe eines Satzes von Fachbegriffen kennzeichnet. Oft wird dieses Wort aber auch dort verwendet, wo „Begriff“ alleine genügen würde; vgl. *Fucik*, Bäumlichkeiten 68.

154 *Campe*, Wörterbuch zur Erklärung und Verdeutschung 482, 557.

155 Wikipedia, Loi Toubon; vgl. APA, Académie française 23.

156 Vgl. *Hinger*, Abgekü 6.

157 Vgl. Bundesbeauftragter für die Stasi-Unterlagen, Abkürzungsverzeichnis.

158 EDA, Abkürzungsverzeichnis.

Diese Beispiele zeigen, dass für die Verwendung von Abkürzungen die gleichen Empfehlungen gelten wie für Fremdwörter: Sie sollen die Lektüre und damit das Verständnis erleichtern, nicht aber der intellektuellen Selbstdarstellung des Verfassers oder der Verfasserin dienen. In diesem Sinne werden bei der Entscheidung für oder gegen eine Abkürzung die Textsorte und der zu erwartende Leserkreis maßgeblich sein. Für wissenschaftliche Qualifikationsarbeiten hat es sich bewährt, Akademiker anderer Studienrichtungen als Adressaten ins Auge zu fassen. Ist für den Autor abesehbar, dass Abkürzungen für die Leser nicht verständlich sind, sollte dem Text ein spezielles Abkürzungsverzeichnis beigegeben oder auf jenes Abkürzungsverzeichnis verwiesen werden, dem man die eigenen Abkürzungen entnommen hat.[159] Werden dagegen nur gebräuchliche Abkürzungen verwendet ist ein Abkürzungsverzeichnis unseres Erachtens nicht notwendig.

f) Rechtschreibung – Rechtschreibkontrolle und ihre (geografischen) Grenzen

Dieses Buch liefert selbstverständlich kein Lexikon der deutschen Rechtschreibung. Dass wissenschaftliche Texte keine Rechtschreibfehler aufweisen sollen, sei dennoch betont. Auch bei der Vermeidung von Rechtschreibfehlern geht es primär um die Leserfreundlichkeit und damit um eine Maßnahme zur Erleichterung des Verständnisses. Daneben denke man wieder an die vier Seiten einer Nachricht: Ein mangelhaft redigierter Text drückt – zumal in Zeiten der elektronischen Rechtschreibkontrolle – eine gewisse Gleichgültigkeit des Autors oder der Autorin aus und verändert schon dadurch die Wahrnehmung der verschriftlichten Gedanken.

Auch die Rechtschreibkontrolle von Textverarbeitungsprogrammen bedarf aber einer kritischen Bedienung. So ist etwa das Fugen-s kein Rechtschreibproblem, sondern eine Frage der geografischen und zeitlichen Umstände; es gibt dabei keine festen Regeln, sondern bestenfalls Konventionen. Ursprünglich ist es aus einem Genitiv entstanden: Die „Urteilsbegründung" ist die Begründung eines Urteils, der „Regierungsbeschluss" der Beschluss der Regierung, die „Regierungsvorlage" die Vorlage der Regierung (im Sinne von „durch die Regierung"). Ob eine solche Genitivbildung angemessen ist, kann aber unklar sein. So gibt es Wörter, die etwa in Österreich traditionell ohne Fugen-s auskommen, z.B. der „Adventkalender", der tatsächlich ein Kalender für den Advent, keiner des Advents ist. Er mutierte erst in den letzten Jahren zum „Adventskalender", weil die Erzeuger zwischen dem deut-

---

159 Gängige Abkürzungsverzeichnisse sind etwa *Friedl/Loebenstein/Dax/Hopf/Maier*, Abkürzungs- und Zitierregeln; *Byrd/Lehmann*, Zitierfibel; *Kirchner*, Abkürzungsverzeichnis; *Jahnel/Sramek*, Zitierregeln.

schen und dem österreichischen Markt nicht differenzieren wollen und der deutsche Markt erheblich höhere Konsumentenzahlen verspricht. Auf dem Gebiet der Rechtskultur ist in diesem Zusammenhang der traditionell österreichische „Schadenersatz" zu nennen, der ohne das „s" im BGB-Schadensersatz auskommt. Bevor man diesen Unterschied zu einem Kulturkampf hochstilisiert, sollte man einen Blick in das frühe ABGB werfen (Buchausgabe oder Justizgesetzsammlung): Dort lautet der Titel des 30. ABGB-Hauptstücks „Von dem Rechte des Schadensersatzes ...". Schon Franz von Zeiller schrieb aber in einer 1811 in den „Vaterländischen Blättern für den österreichischen Kaiserstaat" erschienenen Artikelserie vom „Schadenersatz".[160] In der Folge kannte dann die offizielle ABGB-Ausgabe für Ungarn ebenso den „Schadenersatz" wie etwa der Stubenrauch-Kommentar, der sogar den ursprünglichen Gesetzestext stillschweigend an die Literatur anpasste. Dessen ungeachtet setzt sich, wer heute in Österreich von „Schadensersatz" schreibt, leicht dem Vorwurf eines Rechtskultur-Imperialismus aus.[161]

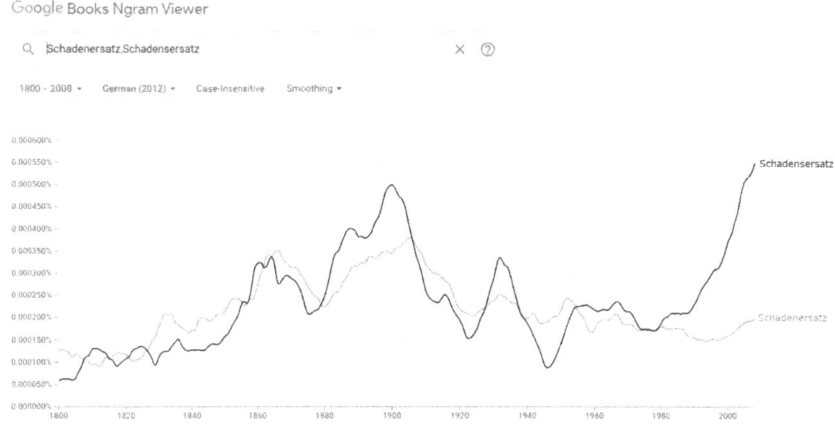

Abb. 13: Knapp vor Inkrafttreten des ABGB 1812 dominierte noch „Schadenersatz", beim Inkrafttreten des BGB 1900 „Schadensersatz".

Ähnliches gilt für einen speziellen Anwendungsfall des Schaden(s)ersatzes im Fall erlittener Schmerzen: „Schmerzensgeld" oder „Schmerzengeld"?

160 *Kohl/Gmoser,* Zeiller 79. Zum Folgenden Allgemeines österreichisches bürgerliches Gesetzbuch (1853); *Stubenrauch,* Commentar II 594.

161 Auch in Deutschland wird „Schadensersatz" nicht lückenlos verwendet: *Sick,* Dativ I 100 ff.

Nachdem es sich um eine Geldleistung handelt, die zum Ausgleich für die Schmerzen gegeben wird, ist – analog zum Adventkalender als Kalender für den Advent – „Schmerzengeld“ dort anzunehmen, wo es „Adventkalender“ heißt. Tatsächlich kennt das ABGB die Variante ohne Fugen-s und erinnert damit an den Plural „Schmerzen“. Die Genitivform „Schmerzensgeld“ orientiert sich am lateinischen „pecunia doloris“ und damit am Singular „Schmerz“; ihre Verwendung nimmt – parallel zum „Schadensersatz“ – immer mehr zu.[162]

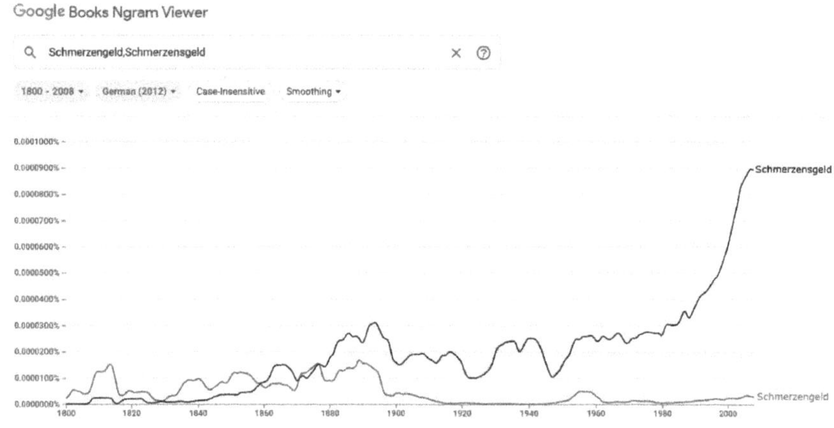

Abb. 14: Beim Inkrafttreten des ABGB 1812 überwog „Schmerzengeld“ deutlich; seit den Vorarbeiten zum BGB ist „Schmerzensgeld“ vorherrschend und weiter auf dem Vormarsch.

g) Wortwahl im Kontext: grammatikalische Aspekte

Die Wahl eines bestimmten Wortes hat über dieses hinaus Konsequenzen, worauf insbesondere bei der Überarbeitung von Texten zu achten ist. Bestimmte Wörter „verlangen einander“ nämlich oder passen umgekehrt eben gerade nicht zusammen; dies kann grammatikalische oder inhaltliche Gründe haben. Dieser Aspekt der deutschen Sprache fällt in studentischen Arbeiten häufig als problematisch auf. Einige Beispiele sollen dies illustrieren: Ein Gesetz wird „erlassen“ oder „beschlossen“, ein Vertrag wird „geschlossen“, aber nicht „beschlossen“. Ein Aufruf wird „verlautbart“, nicht „verlautet“, ein Urteil „ergeht“, wird „gefällt“ oder „verkündet“, es wird aber nicht „verlautbart“. Ein Beschluss wird „gefasst“ und „verkündet“, eher nicht „erlas-

162 Vgl. *Fucik*, Fuge 61. Historisch etwa *Rumpel*, De pecunia doloris.

sen"; und wenn ein „Beschluss beschlossen" wird, zeugt dies von mangelnder redaktioneller Sorgfalt. Ein Buch wird „herausgegeben", ein Gesetz wird „ausgegeben", für ein Urteil passen beide Verben nicht. Zur Abwechslung ein Beispiel aus den Medien: „Von den Öbag-Verantwortlichen wird verlautet, dass man sich bei der Ausschreibung am Aufgabenfeld der künftigen Öbag-Führung orientiert habe."[163] Nur offiziell Bekanntgegebenes aber „wird verlautbart", dabei hat jemand eine sehr aktive Rolle, z.B. „die Regierung verlautbart". Was bloß „durchsickert", „verlautet" (ohne „wird"); die Quelle bleibt im Hintergrund, eventuell „lässt sie verlauten".

Zusammenpassen sollten auch Substantiv und Artikel. Letztere sind geografisch und zeitlich variabel, wie etwa der/die Butter, der/das/die Joghurt, der/das Monat oder – aus jüngerer Zeit – die/das E-Mail beweisen. Nicht selten bestimmt der Artikel die Bedeutung des Wortes: Seit die Straßen unserer Städte mehr von Autos verstopft als von Rittern bevölkert werden, sind „Schilder" (Singular: „das Schild") auf dem Vormarsch, während man „Schilde" (Singular: „der Schild") nur mehr im Museum bewundern konnte, bis 2020 die Plexiglasschilde in unser Leben traten.[164] Für viele scheint heute „das Tor" (nämlich das Fußballtor) den Nabel der Welt darzustellen; daher ist „der Tor" zumindest sprachlich auf dem Rückzug. Dem Rechtsleben gehört „das Erkenntnis" (etwa für Entscheidungen des österreichischen Verfassungsgerichtshofes) an, während „die Erkenntnis" jeden Lebensbereich betreffen kann.[165] Daraus resultiert die zynische Einsicht: „Nicht jedes Erkenntnis enthält eine Erkenntnis." (Stellen Sie mit diesem Satz einmal die Rechtschreibkontrolle Ihrer Textverarbeitung auf die Probe!) – Fast noch berühmter ist seit 2005 die Frage nach dem Geschlecht des juristischen Begriffs „Servitut". Während man in Deutschland meist „das" Servitut (Plural „die Servitute") kennt, wird in Österreich dieses Wort als weiblich angesehen: „die" Servitut, Plural „die Servituten".[166] Dabei schlägt sich vermutlich wieder die stärkere Bedeutung des Lateinischen in der Geschichte des österreichischen Bildungswesens nieder. Für die „Auffassung, ‚Servitut' sei grammatikalisch sächlichen Geschlechts", unterzog ein Senat des OGH nicht nur eine Partei (genau genommen deren Vertreter) einer veritablen „Kopfwäsche" über drei Absätze, sondern übte auch scharfe Kritik am „Österreichischen Wörterbuch".[167]

---

163 *Kordik*, Erfolgreich 8.

164 Vgl. *Sick*, Dativ I 222.

165 Auf „die Akte" vs. „der Akt" wurde schon oben S. 38 hingewiesen.

166 In der Schweiz ist das Bild uneinheitlich. In der NZZ dominierte bis 1970 die weibliche Form, dann die sächliche: Freundlicher Hinweis von Dr. Georg Grünstäudl.

167 OGH 31. 12. 2005, 3 Ob 125/05m (mit etymologischen Überlegungen zum Genus im Lateinischen); vgl. Österreichisches Wörterbuch, „Servitut".

Und weil wir schon beim Thema „zusammenpassen“ sind: Die deutsche Sprache unterscheidet Adverbien, die Verben näher bestimmen, und Adjektive, die als „Eigenschaftswörter“ zu Substantiven gehören. Es gibt zwar viele Wörter, die sowohl adjektivisch als auch adverbial verwendet werden können, doch sind die beiden Wortgattungen nicht beliebig austauschbar. Eine „gerechte Entscheidung“ (gerecht als Adjektiv) folgt der Maxime „handle gerecht“ (gerecht als Adverb). Im Sinne der Gerechtigkeit ist ein Schaden gelegentlich von mehreren Personen zu tragen, und zwar jeweils „teilweise“ (Adverb). Dennoch handelt es sich nicht um einen „teilweisen Schadenersatz“, weil das Wort „teilweise“ eben kein Adjektiv ist – übrigens typisch für Wörter, die auf „-weise“ enden, weil diese eben ein Tun (Verb) charakterisieren. Allerdings kann ein Geschädigter mit seinem „teilweise erhaltenen Schadenersatz“ auf Urlaub fahren, weil sich das „teilweise“ dann eben auf das Verb „erhalten“ bezieht.[168]

Eine weitere Fehlerquelle bildet die Deklination, also die Wahl des richtigen Falles (Kasus). Von den vier Fällen der deutschen Sprache ist besonders der Genitiv interessant, dessen Zurückdrängung durch den Dativ (der seinerseits übrigens vom Akkusativ bedrängt wird) zum mittlerweile legendären Buchtitel „Der Dativ ist dem Genitiv sein Tod“ geführt hat.[169] Tatsächlich ist generell ein Rückgang des Genitivs festzustellen, der dann aber nicht nur durch den Dativ, sondern durch Präpositionalkonstruktionen ersetzt wird. Die Häufigkeit des Genitivs hängt darüber hinaus auch von der jeweiligen Textgattung ab. In der gesprochenen Sprache wird der Genitiv in weniger als 0,3 % der Fälle verwendet; dieser Wert bezieht sich auf eine Auszählung von Filmdialogen aus dem Jahr 1947. In Normen macht der Genitiv fast 10 % aller Fälle aus, im deutschen Grundgesetz sogar über 22 %.[170] Der Rückgang des Genitivs betrifft daher juristische Textsorten besonders, nicht zuletzt weil die Verwendung des Genitivs die aus ihrem Alltag immer weniger daran gewöhnten Autorinnen und Autoren vor besondere Probleme stellt. Gegenläufig zu diesem allgemeinen Rückgang des Genitivs scheinen sich lediglich Aneinanderreihungen von Genitiven ungebrochener Beliebtheit zu erfreuen (z. B.: „Die Zeugin fuhr mit dem Wagen des Vaters des Sohns der Zeugin“). Dass es sich beim Genitiv um einen Indikator für elaborierte Sprache handelt, zeigen *e contrario* die Richtlinien für „Leichte Sprache“; sie empfehlen: „Vermeiden Sie den Genitiv“.[171]

168 Vgl. *Sick*, Dativ I 110 ff.

169 *Sick*, Dativ I 17 f. (mit einer Tabelle, die verschiedenen Präpositionen den Genitiv oder den Dativ zuordnet).

170 Vgl. Häufigkeit der verschiedenen Fälle in *König*, Sprache 118.

171 BMS, Leichte Sprache 30.

Stark zuzunehmen scheinen Probleme bei der Auswahl der jeweils richtigen Präposition (und des dazu passenden Falles). Nur zum Teil in Verbindung mit Kasusfehlern begegnet die Verwendung von falschen Präpositionen. Der Gebrauch vielfältiger Präpositionen ist ein Merkmal elaborierter Sprache, der Verzicht auf Präpositionen kennzeichnet hingegen restringierte Sprache. Klischeehaft wurde eine solche Ausdrucksweise zunächst vor allem Personen mit Migrationshintergrund zugeschrieben, vielleicht weil die slawischen Sprachen und das Türkische keine Artikel kennen.[172] Inzwischen hat der Verzicht auf Präpositionen in der Jugendkultur um sich gegriffen („ich geh' Aldi/Billa"). Das könnte ein Grund dafür sein, warum die Verwendung falscher Präpositionen auch im universitären Rahmen auffallend zunimmt: Man kann sich „für" eine Lehrveranstaltung zwar anmelden, aber nicht abmelden; möchte man dies, so meldet man sich „von" ihr ab. Die passende (unterschiedliche Richtungsbewegungen ausdrückende) Präposition hängt also vom Verb ab. In anderen Fällen gibt es eine solche Unterstützung nicht, und dennoch drücken verschiedene Präpositionen Unterschiedliches aus. Bastian Sick lieferte dafür ein schönes juristisches Beispiel: Ein Streit „um" einen Gegenstand drückt konkreten Besitzanspruch aus, ein Streit „über" etwas wird ohne solches Motiv geführt – es kann also sprachlich korrekt einen Streit „über des Kaisers Bart" geben, jedoch nicht „um" ihn.[173] Wenn man aber bedenkt, dass gerichtliche Auseinandersetzungen gelegentlich nur aus Prinzip geführt werden, so erscheint das rechtssprachliche „wegen" zur Kennzeichnung des Streitgegenstandes gar nicht so unklug …

Beispiel:	Schließlich gelang es durch zahlreiche Verhandlungen die dritte Finanzverfassungsnovelle zu verabschieden. Durch die neu geschaffene Regelung des § 7 F-VG wurde dem Bund ein Vetorecht in Abgabengesetzen der Länder eingeräumt.
Vorschlag:	Schließlich gelang es <u>nach</u> zahlreichen Verhandlungen, die dritte Finanzverfassungsnovelle zu verabschieden. Durch die neu geschaffene Regelung des § 7 F-VG wurde dem Bund ein Vetorecht <u>gegen</u> Abgabengesetze der Länder eingeräumt.

Übrigens unterliegen auch Präpositionen regionalen Unterschieden. Legendär ist der boshafte Hinweis darauf, dass man in Deutschland bloß „zur Schule" gehe, in Österreich hingegen „in die Schule", also auch hinein – des-

172 *Hoffmann/Kameyama/Riedel/Sahiner/Wulff* (Hrsg.), Deutsch 198, 201, 209.
173 *Sick*, Dativ I 114 ff. liefert dazu auch eine übersichtliche Tabelle, 117 f.

sen ungeachtet sind signifikante Unterschiede im Bildungsniveau wohl nicht festzustellen.

Als weitere Problemfelder seien schließlich exemplarisch erwähnt: falsche Pronomen (seine/ihre vs. dessen/deren), falsche Steigerungsformen („bestbezahlteste Sängerin") und falsche Pluralbildung („Lexikons" statt „Lexika").

h) Wortwahl im Kontext: stilistische Aspekte

Bei der Wortwahl ist auch die Stellung des Wortes im Satz zu bedenken. Damit kann man in der geschriebenen Sprache Akzente setzen, die in der gesprochenen Sprache schon durch veränderte Betonung ausgedrückt werden (können). Einen Eindruck davon vermittelt die folgende Tabelle mit einigen Varianten des einfachen Satzes „Er hat nichts getan."

Betonung	im Sinne der Bedeutung	Vorschläge für geschriebene Sprache (Perfekt/Präteritum)
Er hat nichts getan.	… aber andere haben etwas getan.	Er (selbst) hat nichts getan, aber … Er (selbst) tat nichts, aber …
Er **hat** nichts getan.	1) … sondern tut immer noch nichts. 2) wirklich nicht!	Er tat und tut nichts. Er tat wirklich nichts.
Er hat **nichts** getan.	… obwohl er sollte.	Nichts hat er getan. Nichts tat er.
Er hat nichts **getan**.	… aber z.B. etwas unterlassen.	Getan hat er nichts.

Ein anderes konkretes Beispiel liefert ein Aushang in einem Mehrparteienhaus:

Restmüll gehört **in** die Restmülltonne.	… und nicht daneben.
In die Restmülltonne gehört **Restmüll**.	… und nichts anderes.

Wie man an diesen Beispielen erkennt, sind keineswegs alle Betonungen der gesprochenen Sprache ohne weitere Worte in geschriebene Sprache zu übersetzen. Die Wortstellung im Satz kann in einigen Fällen weitere Worte ersparen, in anderen Fällen die Akzentsetzung zumindest fördern. Auch in dieser Hinsicht ist die kritische (evtl. halblaute) Lektüre des eigenen Textes zu empfehlen, um Stellen zu ermitteln, in denen die Wortstellung die beabsichtigte Aussage nicht unterstützt.

Mit der Suche nach dem treffendsten Wort und dessen bestmöglicher Positionierung ist es aber noch nicht getan. Einerseits wird nämlich selbst das optimale Wort bei zu häufigem Gebrauch die Leserschaft ermüden und damit möglicherweise das Verständnis doch wieder erschweren, andererseits sollte Gleiches nicht unterschiedlich bezeichnet werden. Dies ist ein fast schon klassisches Dilemma, das sich einer allgemein anwendbaren Lösung entzieht. Man wird daher auf Wortwiederholungen besonders achten, mögliche Synonyme vor Verwendung als solche definieren und überdies versuchen, andere sprachliche Mittel wie z.B. Pronomen und Konjunktionen einzusetzen. Wer auf diesen Aufwand verzichtet, gerät rasch in einen „referierenden Stil" (z.B. „danach ...", „danach ...", „danach ...") und setzt sich dem Vorwurf mangelnder intellektueller Durchdringung des Themas aus.

Beispiel: [Die Wirklichkeit war jedoch eine andere, da der Unternehmer in den großen Produktionseinheiten der Fabriken eine beherrschende Stellung erlangte und gleichzeitig der Arbeiter leichter austauschbar war als in der kleinbetrieblichen Organisation vor der industriellen Revolution.] Es kam zu einer Ausspielung der wirtschaftlichen Überlegenheit. In Österreich kam es seit Ende des Vormärz zu einer rapiden Verschlechterung der Arbeitsverhältnisse. Es kam zu Stürmen auf Fabriken und Vernichtung von Maschinen.

Vorschlag: [wie oben] Dies führte dazu, dass die Unternehmer ihre wirtschaftliche Überlegenheit ausspielen konnten. In Österreich verschlechterten sich die Arbeitsverhältnisse seit Ende des Vormärz rapide. Es kam zu Stürmen auf Fabriken und zur Vernichtung von Maschinen.

Eine Wortwiederholung besonderer Art entsteht durch die Aufeinanderfolge des gleichen Artikels, wie sie schon oben im Zusammenhang mit Wortgruppen und dem Genitiv genannt wurden („A der B der C der D"). Der juristische Nominalstil ist dafür besonders anfällig. Gerade in dessen Auflösung z.B. zu Nebensätzen kann daher ein Weg zur Vermeidung dieses Problems liegen. Der Vermeidung von Wortwiederholungen dient übrigens auch die Wahl des Präteritums anstelle des Perfekts („... hat, hat ..."). Das Zusammentreffen eines Relativpronomens mit einem Artikel kann durch eine Änderung des Pronomens oder eine weiterreichende Umformulierung des Satzes vermieden werden, was den Lesefluss erleichtert.

Beispiel:	Die Zeugin, die die deutsche Sprache nicht versteht …
Vorschlag 1:	Die Zeugin, welche die deutsche Sprache nicht versteht …
Vorschlag 2:	Die Zeugin, die der deutschen Sprache nicht mächtig ist ...
Vorschlag 3:	Die Zeugin, die nicht Deutsch versteht …

Aufmerksamkeit verdienen aber auch „Quasi-Wortwiederholungen", wie sie durch Wahl eines mit dem Substantiv eng verwandten Verbs entstehen (z. B. „Gewinn gewonnen", „Beschluss beschlossen", „Versammlung versammelt", „Erlass erlassen"; vgl. oben).

Beispiel:	Nach diesen Worten Adlers wurde dem Antrag, über den Beschluss einer selbständigen Arbeiterinnen-Zeitung, einstimmig zugestimmt.
Vorschlag:	Nach diesen Worten Adlers wurde der Antrag auf Gründung einer selbständigen Arbeiterinnen-Zeitung einstimmig angenommen.

Dieses Kapitel konnte die sprachlichen Problemfelder natürlich nur im Überblick und ohne Anspruch auf Vollständigkeit aufzeigen. Bevor wir uns den Herausforderungen einzelner Anwendungsgebiete (Gesetzgebung, Vertragsgestaltung, Rechtsberatung, Rechtsprechung, Journalismus) zuwenden, soll zunächst noch die formale Seite der Textarbeit betrachtet werden.

C. Formale Textgestaltung

1. Warum die Form wichtig ist

Das Design eines Produkts beeinflusst unsere Kaufentscheidung, das Aussehen einer Speise beeinflusst den Geschmack – das Auge isst bekanntlich mit. So ähnlich ist es auch mit Sprache und Texten. Leserinnen und Leser werden vom Design des Textes – oder sagen wir besser der formalen Gestaltung – beeinflusst. Wer einen Text verfasst, sollte diesen als Produkt sehen, das den Lesern schmackhaft gemacht werden soll.[174] Erstreckt sich ein Text

174 Auch das gehört zu leserfreundlichen Texten; siehe oben Kapitel I. – Vorschlag 1.

ohne jegliche Gliederung über mehrere Seiten, werden Leser zu Recht abgeneigt sein, diesen zu lesen. Eine solche Lektüre ist schlicht und einfach mühsam. Eine klare Form erweckt dagegen den Anschein, dass auch der Inhalt klar und verständlich ist. Form und Erscheinungsbild unterstützen die inhaltlichen Aussagen eines Textes visuell.

Wir wollen damit nicht sagen, dass die Form wichtiger als der Inhalt ist. Im Gegensatz zum Wert des Inhalts wird die Bedeutung der richtigen Form aber oft unterschätzt.

Auf den folgenden Seiten möchten wir veranschaulichen, welche Auswirkungen die Form darauf hat, ob der (erste) Eindruck eines Textes positiv oder negativ ist. Vieles wird Ihnen bekannt vorkommen, einiges sogar selbstverständlich. Manche Dinge werden Ihnen sogar so selbstverständlich erscheinen, dass Sie diese bisher noch nie hinterfragt haben.

Welchen Unterschied die Form eines Textes machen kann, möchten wir anhand eines Beispiels zeigen, auf das wir in diesem Kapitel noch mehrmals zurückkommen werden:

Beispiel: Ein Mandant schreibt seiner Anwältin ein E-Mail.[175] Er möchte wissen, ob der Verkauf eines Unternehmens an ein anderes Unternehmen als anmeldepflichtiger Zusammenschluss im Sinne der österreichischen Fusionskontrolle zu qualifizieren ist.

Wir können Sie an dieser Stelle beruhigen. Es spielt keine Rolle, ob Sie mit dem System der österreichischen Fusionskontrolle vertraut sind. Im Grunde gilt: Je weniger Sie davon wissen, desto besser. Im Folgenden steht nur die Form im Vordergrund, nicht der Inhalt (bei Interesse finden Sie in der Fußnote eine kurze Erklärung der österreichischen Fusionskontrolle).[176]

175 Es wurde bereits darauf hingewiesen: Beim Wort „E-Mail" ist im deutschsprachigen Raum ein Nord-Süd-Gefälle zu beobachten: Je südlicher die Region (also Bayern, Österreich und die Schweiz), desto geläufiger scheint „das" E-Mail statt „die" E-Mail zu sein (vgl. https://www.duden.de/rechtschreibung/Mail; 24. 10. 2020).

176 Ein *Zusammenschluss* liegt vor, wenn ein Unternehmen an einem anderen Unternehmen *Kontrolle* erlangt (z.B. durch Erwerb der Anteile an der das Unternehmen betreibenden Gesellschaft). Überschreiten die *beteiligten Unternehmen* gewisse Umsatzschwellen, muss der Zusammenschluss bei einer Wettbewerbsbehörde angemeldet und freigegeben werden. Die Zusammenschluss- oder Fusionskontrolle will verhindern, dass Unternehmen eine marktbeherrschende Stellung erreichen und dadurch den Wettbewerb behindern. Eine genauere Übersicht finden Sie auf der Homepage der Bundeswettbewerbsbehörde:

2. Die Wahl der Schriftart

Beginnen wir mit der Wahl der Schriftart. Diese hängt maßgeblich von „den Umständen" ab. Es ist selbstverständlich, dass wir einen hochoffiziellen Brief nicht in der Schriftart Comic Sans verfassen. Und schon gar nicht in der Schriftart Harlow Solid. Das würde dem Schriftstück die notwendige Ernsthaftigkeit nehmen.

Neben derartigen Extrembeispielen gibt es jedoch einen großen akzeptierten Graubereich. Ob Sie ein E-Mail in der Schriftart Times New Roman, in der Schriftart Verdana oder in der Schriftart Helvetia verfassen, wird für die meisten Leser keinen weltbewegenden Unterschied machen.[177] Und doch beeinflusst die Wahl der Schriftart die Leser unterbewusst.

Denken wir zum Beispiel an den Unterschied zwischen Serifenschriften und serifenlosen Schriften. Serifen sind jene feinen Linien, die einen Buchstabenstrich am Ende, quer zu seiner Grundrichtung, abschließen, also quasi Reste von Schnörkeln bilden (vgl. das Wort „schnörkellos" für schlicht).[178] Serifenschriften (z.B. Times New Roman) vermitteln dem Leser ein Gefühl von Tradition, sie sollen vertrauenerweckend wirken. Sie erleichtern auch den Lesefluss, weil Buchstaben miteinander optisch stärker verbunden sind (die meisten Bücher, Zeitungen und Magazine verwenden daher Serifenschriften). Will man es negativ formulieren, so könnte man Serifenschriften im Vergleich zu serifenlosen Schriften (z.B. Verdana) auch als altmodischer bezeichnen. Serifenlose Schriften wirken dagegen moderner und – im wahrsten Sinne des Wortes – geradliniger.

Es ist zwar keine der Schriften richtig oder falsch, die Wahl wird aber einen gewissen – wenn auch vielleicht nicht großen – Eindruck bei den Lesern und Leserinnen hinterlassen. Dessen sollten Sie sich bewusst sein.

Aufgabe: Vergleichen Sie die Website der Modemarke Ralph Lauren (www.ralphlauren.eu) mit jener von Apple (www.apple.com). Was fällt Ihnen auf?

---

https://www.bwb.gv.at/zusammenschluesse/ (16. 11. 2020).

177 Der unterschiedliche Tonerverbrauch verschiedener Schriftarten bleibt hier ausgeklammert; vgl. Computergenealogie 2020/4, 13.

178 Wikipedia, Serife (https://de.wikipedia.org/wiki/Serife; 31. 5. 2020). Siehe allgemein auch *Cheng*, Buchstaben.

3. Die Wahl der Schriftgröße (Schriftgrad)

Selbstverständlicher als die Wahl der Schriftart scheint die Wahl der passenden Schriftgröße zu sein:

Zu große Schriften wirken marktschreierisch und daher unseriös.

Zu kleine Schriften wirken – je nach Verwendungszusammenhang – entweder unsicher oder hinterlistig-verschlagen. Das „Kleingedruckte" gehört nicht zufällig zum Klischee unseriöser Geschäftspraktiken.

Beide Schriftgrößen wirken eher absurd. Dazu müssen wir nicht mehr viel sagen.

Wie bei der Wahl der Schriftart können Sie sich jedoch auch bei der Schriftgröße überlegen, auf welcher Seite des akzeptierten Spektrums Sie sein möchten. Die Wahl der richtigen Schriftgröße hängt auch mit der Schriftart zusammen. Die Schriftgröße 10 befindet sich bei der Schriftart Calibri am unteren Ende des Spektrums, die Schriftgröße 13 wohl eher am oberen Ende.

Bei Ihrer Entscheidung sollten Sie sich zudem an der Zielgruppe orientieren. Ältere Menschen sind Ihnen in der Regel dankbar, wenn Sie eine größere Schrift verwenden, jüngere Menschen verkraften vielleicht auch kleinere Buchstaben.

Was eben zur Größe der Schrift gesagt wurde, gilt auch für deren Farbe. Kommt ein Text bunt wie ein Clown daher, so wird man ihn nicht ernst nehmen; fehlt der Schrift hingegen Kontrast zum Trägermedium (z.B. hellgraue Buchstaben auf weißem Grund), so wird das ähnlich unseriös empfunden wie zu kleine Schrift.

4. Textausrichtung – Blocksatz oder linksbündig?

Für die Ausrichtung eines Textes kommen eigentlich nur zwei Varianten in Frage: Blocksatz oder linksbündige Ausrichtung. Von einer zentrierten oder rechtsbündigen Ausrichtung ist abzuraten – bestenfalls können so Überschriften oder Beschriftungen (z.B. von Abbildungen) ausgerichtet werden.

Ob Sie einen Text linksbündig oder als Blocksatz ausrichten, ist eine Geschmacksfrage. Bei kürzeren Texten macht es im Wesentlichen keinen Unterschied. E-Mails werden traditionell linksbündig verfasst. Manche gehen sogar davon aus, dass ein linksbündiger Text besser lesbar ist, da er dem

Auge bessere Anhaltspunkte und Abwechslung bietet.[179] Gerade bei längeren Texten gibt es jedoch eine klare Tendenz zum Blocksatz. Ein Text im Blocksatz wirkt einheitlicher und damit ordentlicher. Achten Sie im Blocksatz jedoch auf die richtige Wort- und Silbentrennung. Wird ein Satz im Blocksatz in die Länge gezogen, können Sie das erste Wort der nächsten Zeile abteilen. Dazu bieten Textverarbeitungsprogramme die Funktion automatischer Silbentrennung an.[180]

5. Hervorhebungen

Was wir hier „Hervorhebungen“ nennen, heißt eigentlich „Schriftauszeichnung“. Dabei werden einzelne Begriffe oder Textpassagen unterstrichen oder *kursiv* oder **fett** gesetzt. Daneben kann Text durch BLOCKBUCHSTABEN (Caps) oder Kapitälchen (Small Caps) hervorgehoben werden. Da solche Effekte einen Text besser lesbar – und damit verständlicher – machen können, stehen wir Hervorhebungen grundsätzlich positiv gegenüber. Es gilt jedoch einige Grundregeln zu beachten:

Erstens: Hervorhebungen sollten nicht in jeder Textsorte verwendet werden. Was in einem E-Mail in Ordnung oder sogar wünschenswert ist, ist in einem Gesetz unüblich bis undenkbar.

Zweitens: Die Dosis macht das Gift. Zu viele Hervorhebungen haben den gegenteiligen Effekt und verwirren den Leser (zur „einheitlichen Form“ etwas später).

Beispiel: § 1 Abs. 1 Universitätsgesetz:
Die Universitäten sind **berufen**, der *wissenschaftlichen Forschung* und Lehre, der Entwicklung und der Erschließung der Künste sowie der **Lehre der Kunst** *zu dienen* und hiedurch auch **verantwortlich** zur *Lösung der Probleme* des Menschen sowie zur gedeihlichen **Entwicklung der Gesellschaft** und der **natürlichen Umwelt** beizutragen.

Achten Sie darauf, welches Wort oder welche Textpassage Sie tatsächlich hervorheben wollen. Sie zeigen damit an, dass das hervorgehobene Wort erhöhte Aufmerksamkeit verdient oder fordert. Stellt sich die hervorgehobene Passage als belanglos heraus, ist der Leser irritiert.

---

179 Siehe z. B. BMS, Leichte Sprache.

180 Die Leistungsfähigkeit der automatischen Silbentrennung ist allerdings begrenzt, sodass manchmal „Lücken im Text“ entstehen.

Drittens: Bewahren Sie die Einheitlichkeit. Dies betrifft vor allem längere Texte. Wenn Sie sich dazu entscheiden, Hervorhebungen zu verwenden, sollten Sie darauf achten, dass diese gleichmäßig und einheitlich verwendet werden. Ein <u>unterstrichener</u> Satz am Beginn, ein **fett** hervorgehobenes Wort in der Mitte und ein *kursiver* Begriff am Ende eines Textes werfen Fragen auf. Warum wurden unterschiedliche Hervorhebungen verwendet? Sind das alle wichtigen Aussagen im Text? Sind andere Aussagen unwichtig? Kann auf die Lektüre nicht hervorgehobener Textpassagen vielleicht sogar verzichtet werden? Diesen Eindruck sollten Sie vermeiden.

Als Grundregel gilt: Weniger ist mehr. Richtig eingesetzt, können Hervorhebungen einen Text aber besser und verständlicher machen.

6. Die Einheitlichkeit der Form

Wir haben in diesem Buch schon an verschiedenen Stellen darauf hingewiesen, wie wichtig Einheitlichkeit ist. Dies betrifft nicht nur den Inhalt, sondern auch die Form. Formale Einheitlichkeit ist für Texte das Gleiche wie Gesundheit für den Menschen: Es ist ihr Fehlen, das auffällt. Wenn Absätze einmal 2 cm und einmal 2,5 cm eingerückt sind, wirkt das unordentlich.[181] Wenn Sie unterschiedliche Schriftarten verwenden oder Begriffe unterschiedlich abkürzen, wirkt das sorglos. Noch schlimmer: Die Verwendung verschiedener Schriftarten oder anderer uneinheitlicher Standards deutet meistens darauf hin, dass der Text zusammenkopiert wurde.

Mit dem folgenden Beispiel wollen wir Sie testen – wir kommen zur österreichischen Fusionskontrolle zurück: Was fällt Ihnen *in puncto* Einheitlichkeit auf? Wir empfehlen Ihnen, die Lösung in einem ersten Schritt zu verdecken und Ihr Ergebnis erst in einem zweiten Schritt mit der Fehlerliste und unserem Vorschlag zu vergleichen. Vielleicht haben Sie sogar noch weitere Fehler entdeckt?

Beispiel: Der Zusammenschluss wäre nach § 9 KartG in AUT anmeldungspflichtig, wenn Alpha GmbH und die Beta Aktiengesellschaft die folgenden Umsatzerlöse im letzten Geschäftsjahr überschritten haben: weltweit zusammen mehr als Euro 300 Millionen, in Österreich gemeinsam mehr als EUR 30 Mio und jeweils ww mehr <u>als EUR fünf Mio</u>.

[Lösung abdecken!]

---

181 Unternehmen und Organisationen entwerfen daher eigene Richtlinien (*Style Guides*), um eine einheitliche Form sicherzustellen.

Lösung:

1) In Zeile 1 werden zwischen „Der“ und „Zusammenschluss“ mehrere Leerzeichen verwendet.
2) In Zeile 1 wird die Abkürzung „AUT“ verwendet, in Zeile 5 wird dagegen „Österreich“ verwendet.
3) In Zeile 2 wird „GmbH“ als Abkürzung verwendet, aber „Aktiengesellschaft“ ausgeschrieben.
4) Für die Wörter „die Beta Aktiengesellschaft“ wird eine andere Schriftart verwendet (Calibri anstatt Meridien). Zudem befindet sich vor „Beta“ ein Artikel, vor „Alpha“ aber nicht.
5) In Zeile 4 wird „weltweit“ nicht abgekürzt, in Zeile 6 wird die Abkürzung „ww“ verwendet.
6) In Zeile 5 wird „Euro“ ausgeschrieben, in Zeile 6 wird „EUR“ abgekürzt.
7) Dies gilt auch für „Millionen“ und „Mio“ (Zeile 5–7).
8) In Zeile 4 wird das Wort „zusammen“ verwendet, in Zeile 5 von „gemeinsam“ gesprochen. Gibt es einen Unterschied?
9) In Zeile 3 werden Zahlen in Ziffern angegeben („300“), in Zeile 4 werden diese einmal in Ziffern angegeben („30“), einmal ausgeschrieben („fünf“).[182]
10) In Zeile 4 haben die Wörter „zusammen mehr“ die Schriftgröße 10 anstatt 11.
11) In Zeile 6 werden zwischen „und“ und „jeweils“ drei Leerzeichen verwendet.
12) In Zeile 6 und 7 sind die Wörter „als EUR fünf Mio“ unterstrichen. Es ist nicht klar, warum dies der Fall ist.

Vorschlag: Der Zusammenschluss wäre nach § 9 KartG in Österreich anmeldungspflichtig, wenn die Alpha GmbH und die Beta AG die folgenden Umsatzerlöse im letzten Geschäftsjahr überschritten haben: weltweit zusammen mehr als EUR 300 Millionen, in Österreich zusammen mehr als EUR 30 Millionen und jeweils weltweit mehr als EUR 5 Millionen.

---

182 Der Duden kannte früher die Regel, dass Zahlen bis zwölf ausgeschrieben werden. Diese Regel gibt es mittlerweile nicht mehr (vgl. Duden, https://www.duden.de/sprachwissen/sprachratgeber/Schreibung-von-Zahlen-0; 6. 11. 2020).

Sie sollten versuchen, derartige „Uneinheitlichkeiten" zu vermeiden, denn die Lesenden werden dadurch vom Text abgelenkt. Zudem werden Fragen und Zweifel provoziert: Hat sich der Verfasser den Text nicht durchgelesen? Sind möglicherweise noch weitere Fehler enthalten? Kann ich den Aussagen des Textes überhaupt vertrauen?

7. Die richtige Gliederung

Die Gliederung soll den Text verständlicher machen. Ohne Gliederung wird es schwer(er), dem Inhalt zu folgen – davon war oben schon die Rede. Die logische inhaltliche Gliederung eines Textes sollte sich auch in der äußeren Form ausdrücken. Besonders deutlich wird dies bei Aufzählungen. Eine visuelle Darstellung der Aufzählung kann dabei helfen, den Inhalt schneller zu erfassen.

Beispiel: Der Zusammenschluss wäre nach § 9 KartG in Österreich anmeldungspflichtig, wenn die Alpha GmbH und die Beta AG die folgenden Umsatzerlöse im letzten Geschäftsjahr überschritten haben: **(i)** weltweit zusammen mehr als EUR 300 Millionen, **(ii)** in Österreich zusammen mehr als EUR 30 Millionen UND **(iii)** jeweils weltweit mehr als EUR 5 Millionen.

Die Leser wissen auf einen Blick, dass es für eine Anmeldepflicht drei[183] Voraussetzungen gibt.

Die Gliederung eines Textes erfolgt jedoch nicht vorrangig in Aufzählungen, sondern in Absätzen. Mehrere Wörter bilden einen Satz und mehrere Sätze einen Absatz.[184] Aus formaler Sicht bieten Absätze dem Leser eine optische Orientierung und erleichtern den Überblick. Richtig verwendet, helfen sie den Lesenden auch beim inhaltlichen Verständnis.

Welche Sätze einen Absatz formen, hängt vom Inhalt des Textes ab.[185] Wenn Sie auf eine Grundregel bestehen, könnte diese folgendermaßen lauten: Pro Absatz ein Gedanke (Themenaspekt), pro Satz eine Aussage. Sprache lässt sich jedoch selten durch allgemeine Regeln binden.

183 Im Fließtext können Zahlen auch ruhig ausgeschrieben werden. Auch gegen „3" wäre jedoch nichts einzuwenden.

184 Siehe oben Kapitel II. B. 2. – Text.

185 Siehe oben Kapitel II. B. 2. b – Absatzgliederung.

8. Ergebnis

Im letzten Abschnitt dieses Kapitels wollen wir die Früchte unserer harten Arbeit ernten. Die folgenden Texte sind Antworten der Anwältin an ihren Mandanten und – bis auf unsere bisherigen formalen Änderungen – ident(isch)[186] (siehe Beispiel und Sachverhalt am Beginn des Kapitels). Wir hoffen, dass Sie zustimmen: Der formal veränderte rechte Text ist leichter zu lesen als die ursprüngliche Fassung links. Leichter zu lesen heißt im Endeffekt auch leichter zu verstehen.

<table>
<tr><th>Text 1</th><th>Text 2
(mit formalen Änderungen)</th></tr>
<tr><td>Hallo Herr Ziegler,

Danke für Ihre Nachfrage. Unsere Einschätzung fassen wir untenstehend kurz zusammen: Der Zusammenschluss wäre in Österreich nach § 9 KartG in AUT anmeldungspflichtig, wenn Alpha GmbH und die Beta Aktiengesellschaft die folgenden Umsatzerlöse im letzten Geschäftsjahr überschritten haben: weltweit zusammen mehr als Euro 300 Millionen, in Österreich gemeinsam mehr als EUR 30 Mio und jeweils ww mehr als EUR 5,- Mio. Bei allfälligen Fragen stehen wir jederzeit gerne zur Verfügung.

Mit freundlichen Grüßen,
…</td><td>Hallo Herr Ziegler,

Danke für Ihre Nachfrage. Unsere Einschätzung fassen wir untenstehend kurz zusammen:

Der Zusammenschluss wäre in Österreich nach § 9 KartG anmeldungspflichtig, wenn Alpha GmbH und Beta AG die folgenden Umsatzerlöse im letzten Geschäftsjahr überschritten haben:
(i.) weltweit zusammen mehr als EUR 300 Millionen;
(ii.) in Österreich zusammen mehr als EUR 30 Millionen; <u>UND</u>
(iii.) jeweils weltweit mehr als EUR 5 Millionen.

Bei allfälligen Fragen stehen wir jederzeit gerne zur Verfügung.

Mit freundlichen Grüßen,
…</td></tr>
</table>

186 „Ident" wird üblicherweise in Österreich verwendet, „identisch" in Deutschland.

In diesem Kapitel haben wir uns nur mit der Form eines Textes beschäftigt. Die sprachlichen Bedürfnisse eines gelungenen Textes haben wir bewusst nicht behandelt. Am Ende des Kapitels wollen wir die Karten aber auf den Tisch legen und eine sprachliche Verbesserung des Textes vorschlagen. Urteilen Sie selbst:

Text 2	Text 3 (mit sprachlichen Änderungen)	Erklärung
Hallo Herr Ziegler,	Sehr geehrter Herr Ziegler,	Als Anrede scheint uns „Hallo" nur im sehr privaten Umfeld passend.
Danke für Ihre Nachfrage. Unsere Einschätzung fassen wir untenstehend kurz zusammen:	vielen Dank für Ihre Anfrage.	Der erste Satz nach dem Komma beginnt mit einem Kleinbuchstaben. Es handelt sich um eine „Anfrage", keine „Nachfrage". Dass es einer rechtlichen Einschätzung bedarf, ergibt sich aus dem Kontext und bedarf keiner weiteren Erklärung.

Text 2	Text 3 (mit sprachlichen Änderungen)	Erklärung
Der Zusammenschluss wäre in Österreich nach § 9 KartG **anmeldungspflichtig**, wenn *Alpha GmbH* und *Beta AG* die folgenden Umsatzerlöse **im letzten Geschäftsjahr** überschritten haben:	Der Zusammenschluss ist in Österreich [nach § 9 KartG] **anmeldepflichtig**, wenn *Alpha GmbH* und *Beta AG* die folgenden Umsatzerlöse **im letzten Geschäftsjahr** überschritten haben:	Verwenden wir doch „ist" statt „wäre". Das Wort „wenn" macht den Zusammenschluss bereits von einer Bedingung abhängig. **Optional:** Auf den Paragrafenhinweis könnte man wohl auch verzichten. Geläufiger: „anmeld<u>e</u>pflichtig" statt „anmeld<u>ungs</u>pflichtig". **Optional:** Je nachdem, ob man „Umsatz" oder „Geschäftsjahr" betonen möchte, sollte eines vorangestellt werden.
(i.) weltweit zusammen mehr als EUR 300 Millionen; (ii.) in Österreich zusammen mehr als EUR 30 Millionen; <u>UND</u> (iii.) jeweils weltweit mehr als EUR 5 Millionen.	(i.) weltweit zusammen mehr als EUR 300 Millionen; (ii.) in Österreich zusammen mehr als EUR 30 Millionen; <u>UND</u> (iii.) jeweils weltweit mehr als EUR 5 Millionen.	

Text 2	Text 3 (mit sprachlichen Änderungen)	Erklärung
	Auf Basis der vorliegenden Umsatzzahlen gehen wir daher von einer Anmeldepflicht in Österreich aus.	Wir haben ein Ergebnis eingefügt. Dieses ist zwecks Vermeidung anwaltlicher Haftung bewusst vorsichtig formuliert („gehen … aus“) und nicht apodiktisch („besteht Anmeldepflicht“) Das ist natürlich Geschmackssache.
Bei allfälligen Fragen stehen wir jederzeit gerne zur Verfügung.	Für Fragen stehen wir jederzeit gerne zur Verfügung.	Optional und ebenfalls reine Geschmackssache. Es ist aber logisch, dass beim Fehlen von Fragen kein weiterer Kontakt erforderlich sein wird; „allfällig“ ist daher entbehrlich.
Mit freundlichen Grüßen, …	Mit freundlichen Grüßen …	Laut Duden folgt nach der Grußformel am Ende kein Komma.

III. Besonderer Teil: Anwendungsgebiete

A. Recht und Sprache in der Gesetzgebung *(Robert Fucik)*

1. Einleitung

a) Begriffe und Grundsätze

Unter Legistik (in Deutschland auch Rechtsförmlichkeit) versteht man das Verfassen generell-abstrakter Normen. Diese Normen werden von Körperschaften geschaffen, aber in der Regel von Spezialisten vorformuliert, eben den Legisten. Damit ist die Normgebung eine spezielle Aufgabe der juristischen Praxis. Sie kann sich auf nationale Gesetze und Verordnungen, Verordnungen und Richtlinien der EU, bilaterale Staatsverträge (Abkommen) oder multilaterale Staatsverträge (Übereinkommen) beziehen. So wie die Verhandlungsleitung und Entscheidung in einem Einzelfall (sei es Zivil-, Straf- oder Verwaltungsrecht), die Vertretung von Parteien, die Verfassung von Verträgen oder Notariatsurkunden ist auch die Legistik eine Aufgabe mit besonderen Zielen und Methoden.[187]

Im Folgenden wird die Normwerdung in den Grundzügen geschildert. Davor stehen ein paar Überlegungen zu Zielen und Methoden, am Ende folgen konkrete Beispiele, die die spezifischen Aufgaben plastisch machen sollen.

i. Gemeinsamkeit mit anderer juristischer Textarbeit

Keine große Besonderheit ist dabei, dass auch die Normgebung den Grundlagen der Kommunikation folgt. Deren wichtigstes Gebot ist die Verständlichkeit.[188] Der Inhalt einer Norm muss als Botschaft bei den Rechtsunterworfenen ankommen, damit die Norm den Zweck einer Handlungsanleitung erfüllen kann.

---

187 Grundlegende Untersuchungen finden sich insb. in Sammelbänden, etwa BMJ, Sozialintegrierte Gesetzgebung; *Winkler/Schilcher*, Gesetzgebung; *Öhlinger*, Methodik; *Schäffer/Triffterer*, Rationalisierung; *Hugger*, Gesetze; *Fleiner-Gerster*, Gesetze; *Schäffer*, Theorie; *Bachmann/Jahnel/Lienbacher*, Gesetzgebungsverfahren; *Holoubek/Lienbacher*, Rechtspolitik.

188 Vgl. Regel 9 der Legistischen Richtlinien 1990: „Rechtsvorschriften sollen leicht lesbar sein. Grundsätzlich soll sich die Formulierung von Rechtsvorschriften am allgemeinen Sprachgebrauch orientieren; wenn Begriffe in einer davon abweichenden Bedeutung oder wenn Fachbegriffe verwendet werden, so ist dies im Text der Rechtsvorschrift deutlich zu machen (vgl. Richtlinie 30). Auf den Adressatenkreis der betreffenden Rechtsvorschrift ist Bedacht zu nehmen."

Auch die Legistik kennt die beiden Dimensionen Inhalt und Form. Etwas konkreter formuliert: Was will ich inhaltlich bestimmen, und wie formuliere ich es?

Ganz wichtig scheint dabei Folgendes: Es ist leider ganz gut möglich, klare Inhalte so zu formulieren, dass sie unverständlich und kaum nachvollziehbar sind. Das mag auf Zeitdruck oder sprachliches Unvermögen zurückzuführen sein, und diese Ursachen muss man hier nicht untersuchen. Praktische Beispiele – etwa aus den Zeiten der COVID-19-Turbo-Gesetz- und Verordnungsgebung – kann jeder finden. In solchen Fällen liegt das Verbesserungspotenzial tatsächlich in der Form, also der geschriebenen Sprache, die dieses Werk zu verbessern versucht.

Umgekehrt aber geht es gar nicht. Liegt dem Normtext kein klarer Inhalt zugrunde – anders gesagt: weiß ich nicht, was ich will – dann kann der brillanteste Beherrscher der deutschen Sprache auch nichts ausrichten. Niemand spinnt inhaltliches Stroh zu Gold! Die oberste Maxime brauchbarer Gesetzgebung ist daher das Wissen um den Zweck und die Ziele der Regelung. Nur auf dieser Grundlage ist es sinnvoll, die Rechtssprache zu verbessern.

ii. Einflüsse auf den Normtext

Einen Normtext verfasst, wenn man von ersten Diskussionsentwürfen absieht, niemand allein.[189] Es gibt Einflüsse von außen, meist durchaus konstruktiv, aber nicht selten auch von eigenen Interessen getragen. Es gibt Stakeholder, die ihre Aufgabe (mitunter auch zu Recht) darin sehen, „das Schlimmste zu verhindern“, und das geht naturgemäß nicht immer nur konstruktiv. Eine große Gefahr liegt hier im Eingehen von Kompromissen, die einen partiellen Konflikt auflösen, einen Streitpunkt in der Diskussion nur scheinbar lösen, aber beim Blick auf das große Ganze zu Widersprüchen, Reibungen, Inkonsistenzen führen. Da braucht man eine Menge Erfahrung, Autorität, aber oft auch Zeit, um etwas als Scheinlösung zu identifizieren, das eine Lösung für ein Detailproblem liefert und umso größere Probleme im Großen schafft.

Um nicht missverstanden zu werden: Legisten sind nicht der Gesetzgeber. Die persönliche politische Meinung derjenigen, die einen Gesetzestext abfassen, tut nichts zur Sache. Souverän ist das Parlament, nicht die Legisten. Ob eine Norm politischen Konsens im Parlament findet, haben die Legisten nicht zu bestimmen, sondern sie sind davon abhängig. Andernfalls produzieren sie für die Schublade. Das kann – ändern sich nach Wahlen die Mehr-

---

189 Siehe nur *Stabentheiner*, Rechtspolitik 41; *Stabentheiner*, Träger 433.

heiten im Parlament – eines Tages nützlich sein, hat aber kurzfristig wenig Relevanz.

Die Politik kommt mitunter auch mit ganz speziellen Wünschen: Tierschützer empören sich über die Qualifikation der Tiere als „Sachen", Landwirte darüber, dass sie für ihre Mutterkühe haften können, Feministinnen über Freisprüche oder milde Strafen im Gewaltschutz- oder Sexualstrafrecht, Behindertenorganisationen darüber, dass ihre Klientel juristisch nicht für voll genommen wird. Das sind alles redliche, verständliche Anliegen. Ob und wie man daraus Gesetze macht, ist aber nicht bloß von der Redlichkeit und Verständlichkeit der Anliegen abhängig und braucht ein Höchstmaß an Sensibilität und Augenmaß, aber auch Nüchternheit.

iii. Wer sind die Adressaten?

Eine wesentliche Frage ist es, an wen sich ein Normtext wenden soll. Verfasst man ein Gesetz für die Bürgerinnen und Bürger, die sich an die Norm halten sollen, für ihre Berater und Vertreter, die individuelle Vorteile aus Lücken oder Zweideutigkeiten ziehen wollen, oder für die Organe, die das Gesetz vollziehen sollen? Die Antwort besteht nicht einfach in einem Entweder-oder. Gesetzestexte sind für Laien wie für Rechtsberufe gedacht. Aber die Gewichtung kann verschieden sein. Normen des materiellen Straf- und Zivilrechts und viele Verwaltungsvorschriften (z. B. Straßenverkehrsregeln) sollten für jedermann verständlich sein, denn jedermann soll sich nach ihnen richten. Verfahrensvorschriften haben dagegen vorwiegend professionelle Adressaten: Parteienvertreter, Richter und Verwaltungsbeamte bekommen „Spielregeln" für ihre Aktionen im Verfahren. Und Normen, bei denen es um Besteuerung, Transfers, Berechnungs- und Bewertungsmethoden geht, werden oft nur für Spezialisten verständlich sein – hoffentlich zumindest für diese. Mit diesen Beobachtungen tritt an die Stelle einer einheitlichen Betrachtung, wie sie z. B. – vielleicht historisch verklärt – in den Zeiten von *Martini, Zeiller* und *Sonnenfels* herrschte und aus einer sehr hohen Bewertung der Vernunft („Vernunftrecht") resultierte, eine differenzierte: Je mehr die Norm Handlungsanweisungen für alle enthält, umso eindeutiger, klarer und allgemeinverständlicher muss sie verfasst werden.

b) Besonderheiten der legistischen Arbeit

i. Generell-abstrakte Sprache

Etwas trivial mag es sein, dass die Inhalte einer Norm generell und abstrakt gefasst sein müssen. Der Unterschied zwischen Tatbestand und Sachverhalt gehört in die ersten Unterrichtsstunden des Rechtsstudiums. Eine Norm, die alle Fälle umfassen soll und nicht auf einzelne Personen zugeschnitten ist, darf eben nicht zu individuell und konkret sein. Auch hier zeigt sich wieder der Dualismus von Inhalt und Form: Zuerst muss dem Legisten klar werden, welche Fallgruppen inhaltlich erfasst sein sollen, danach ist zu überlegen, wie dies sprachlich am besten ausgedrückt werden kann. Dass der erste Schritt umso leichter fällt, je mehr Erfahrung der Verfasser mit den anstehenden Problemen hat, ist offensichtlich. Aber grundsätzlich ist es eine Frage der Vorstellungskraft (die durch Erfahrung bloß unterstützt wird). Hat man die passenden und die unpassenden Konstellationen gesammelt, dann muss man nach der Formulierung suchen, die die passenden Fälle am besten ein- und die unpassenden am besten ausschließt.

Dadurch kommt man unter Umständen zu sehr unbestimmten Begriffen, die üblicherweise als Generalklauseln bezeichnet werden. Paradebeispiele dafür sind die „Gute-Sitten"-Klausel,[190] die Bemessung von „angemessenem Unterhalt" und von „angemessenem Schmerzen(s)geld".[191] Derartige Generalklauseln sorgen für eine „dicke Kruste Richterrecht"[192] und damit auch für gewisse Reibungen mit dem Legalitätsprinzip. Die Gute-Sitten-Klausel ist zumindest so gestaltet, dass dem allgemeinen Satz eine Reihe von Beispielen folgen, an denen nichterwähnte Fälle gemessen werden können.[193]

Das Legalitätsprinzip führt zurück zur Frage nach den Adressaten: Bei den Vollzugsorganen gibt es zwei Arten: solche mit Tribunalqualität („Richter" im Sinne weisungsfreier, unabhängiger Organe) und solche ohne. Geht bei Normen, die von Letzteren vollzogen werden müssen, eine Formulierung schief, lässt sie sich unter Umständen mit Weisungen (generell: mit Erlässen), allenfalls sogar mit Durchführungsverordnungen nachbessern. Handelt es sich um Richter (im Sinn eines Tribunals), so fällt dieser Steuerungsmechanismus nahezu völlig weg, denn Vollziehungsvorschläge des Justizministeriums im Erlassweg haben keine bindende Wirkung, was meist ein wenig „papieren" mit der Formel „unvorgreiflich der unabhängigen Rechtsprechung" offengelegt wird. Hier ist also noch mehr Vorsicht, Fingerspitzengefühl und Fantasie des Legisten gefragt, damit nichts niedergeschrieben wird,

190 In Deutschland § 138 BGB, in Österreich § 879 ABGB.

191 In Deutschland mit, in Österreich ohne Fugen-s; vgl. § 1325 ABGB.

192 Dargestellt z.B. in *Gitschthaler*, Unterhaltsrecht, auf 1008 Seiten oder in *Danzl*, Handbuch, auf 388 Seiten.

193 Vgl. *Krejci* in *Rummel/Lukas*, ABGB § 879 Rz 1–533. Einen anderen Weg hat der Gesetzgeber beschritten, um den Begriff des „Kindeswohls" greifbarer zu machen: Er widmet in § 138 ABGB eine eigene Bestimmung (demonstrativ) wichtigen Kriterien bei der Bestimmung des Kindeswohls und zählt dazu zwölf Punkte auf.

was zu einer nicht beabsichtigten Auslegung durch die Judikative führt. Je mehr Erfahrung der Legist als judizierender Richter mitbringt,[194] desto leichter kann ihm dies fallen.

ii. Formale Hilfen: Handbuch der Rechtsförmlichkeiten und legistische Richtlinien

Das Bundesministerium der Justiz hat mittlerweile die 3. Auflage eines Handbuchs der Rechtförmlichkeiten[195] herausgebracht, das sich auf 236 Seiten und in 895 Randziffern der Rechtsprüfung, allgemeinen Empfehlungen für das Formulieren von Rechtsvorschriften, besonderen Tipps zur Verfassung von Stammgesetzen, Änderungsgesetzen, Rechtsverordnungen, Formulierungshilfen für die Änderung von Entwürfen im Gesetzgebungsverfahren und der Bekanntmachung der Neufassung von Gesetzen und Rechtsverordnungen widmet. Sie im Einzelnen darzustellen sprengte jeden Rahmen dieses Buchs.[196] Nur als Kostprobe Randziffer 53 f. samt Vorspann:

- Nur wer genau weiß, was er vermitteln will, kann sich kurz und verständlich ausdrücken!
- Klarer Inhalt und gute Sprache gehen Hand in Hand!

> *(53) Die Sprachwissenschaft beurteilt die Verständlichkeit von Texten nach Einfachheit, Kürze und Prägnanz sowie Gliederung und Ordnung. Diese Merkmale gelten auch für die Sprache der Gesetze und Verordnungen. Um Texte verständlich zu verfassen oder um sie sprachlich zu verbessern, sind drei Ebenen zu beachten: Wortwahl, Satzbau und Textaufbau.*
> *(54) Vorschriftentexte müssen sprachlich richtig und möglichst für jedermann verständlich gefasst sein (…). Wer Rechtsvorschriften formuliert, muss also darum ringen, sie sprachlich so genau zu fassen, wie es nach der Eigenart der zu ordnenden Lebenssachverhalte mit Rücksicht auf den Normzweck möglich ist. Die Betroffenen sollen auf Grund der gesetzlichen Regelung in der Lage sein, den rechtlichen Rahmen ohne juristische Beratung zu erkennen und ihr Verhalten entsprechend*

---

194 Darin liegt ein wichtiger Aspekt des § 205 RStDG, wonach Planstellen im BMJ mit Staatsanwälten besetzt werden „können".

195 [Deutsches] Bundesministerium der Justiz, Bekanntmachung des Handbuchs der Rechtsförmlichkeit (2008). Zusätzlich bestehen in vielen deutschen Bundesländern eigene Regelungen, z.B. in Bayern die „Richtlinien für die Redaktion von Rechtsvorschriften" (RedR 2015): Bekanntmachung der Bayerischen Staatsregierung vom 16.6.2015, Az. B II 2-G 49/13–5 (http://www.gesetze-bayern.de; 29.12.2020).

196 Für die Schweiz muss daher ein bloßer Hinweis auf die „Gesetzestechnische[n] Richtlinien des Bundes (GTB, Bern 2013) genügen; vgl. http://www.bk.admin.ch (29.12.2020).

auszurichten. Gerichte sollen anhand der Regelung entscheiden können. Die Grenzen von Verwaltungshandeln sollen nach Inhalt, Zweck und Ausmaß erkennbar sein. Insofern besteht eine enge Beziehung zum (inhaltsbezogenen) verfassungsrechtlichen Bestimmtheitsgebot (...); nur eine klare Gesetzessprache schafft Normenklarheit. Gesetze, die sich nur „mit subtiler Sachkenntnis, außerordentlichen methodischen Fähigkeiten und einer gewissen Lust zum Lösen von Denksport-Aufgaben"[197] *erschließen, erfüllen diese Ansprüche nicht.*

Der Umfang des Handbuchs mag im ersten Moment abschreckend wirken, aber die Klarheit seiner Sprache und die durch zahlreiche Beispiele erzielte Anschaulichkeit lässt sich im Grunde nur durch eine dringende Leseempfehlung würdigen.

Auch über die österreichischen Legistischen Richtlinien soll hier nicht zu viel referiert werden, aber ein paar Schlaglichter sind doch angebracht.[198] Die Richtlinien widmen sich in 36 Punkten der Rechtssprache und in 113 Punkten der Rechtstechnik. Davon ist vieles sehr formal und soll nur die Gleichartigkeit der Gesetzestexte sichern, während anderes umso wertvollere inhaltliche Hilfestellungen umfasst. Diese Hilfestellungen sind mitunter jedoch sehr apodiktisch, etwa Regel 1 (*Rechtsvorschriften sind knapp und einfach zu fassen. Jedes überflüssige Wort ist zu vermeiden.*) oder 6 (*Rechtsvorschriften sind abstrakt zu formulieren. Kasuistische Regelungen sind zu vermeiden. Beispiele sind in einer Rechtsvorschrift nur dann anzuführen, wenn sie Begriffe verdeutlichen oder zur Konkretisierung von Generalklauseln beitragen. Bei beispielhaften Aufzählungen ist ihr demonstrativer Charakter deutlich zu machen.*) oder Regel 12 (*Rechtsvorschriften sollen in systematischer, klar geordneter Abfolge aufgebaut sein und keine Brüche aufweisen. Was inhaltlich zusammengehört, soll zusammengefasst werden.*). Manchmal enthalten sie nur formal-technische Anweisungen, etwa zum zeitlichen Geltungsbereich (37 ff.), Regeln zur Titelgebung (100 ff.), zur Gliederung von Gesetzen, die mehr als 20 Paragrafen umfassen (111),[199]

197 Hier verweisen die deutschen Richtlinien mit dem Bundesfinanzhof (XI R 26/04) auf ein legendäres Diktum des österreichischen Verfassungsgerichtshofs.

198 Für Österreich: Legistische Richtlinien des Bundeskanzleramts (1990 und aktualisiert). Daneben bestehen auch noch eigene Regelungen für manche Bundesländer, z. B. Niederösterreichische Legistische Richtlinien 2015 (http://www.noe.gv.at; 29. 12. 2020); Legistisches Handbuch des Landes Steiermark seit 2005 (http://www.verwaltung.steiermark.at; 29. 12. 2020).

199 Hierarchie: Teil – Hauptstück – Abschnitt. Dabei ist „Hauptstück" eine nicht über die Legistik hinaus gebräuchliche Verdeutschung von Kapitel (*caput* = Kopf, altertümlicher Haupt).

oder zur Schreibweise von Zahlen (139 ff.).[200] An vielen Stellen aber ist dieses Handbuch der Regelungstechnik gleichzeitig ein kleiner[201] Leitfaden des Sprachgefühls und eine sehr brauchbare Konkretisierung des Verständlichkeitsgebots, wie z.B. in den Regeln 54 ff. zu Verweisungen. Dass man es nicht streng „dogmatisch" anwenden darf, drückt Regel 8 sehr treffend aus: *„Allgemeine Regeln für den Sprachstil (z.B. die Unterlassung von Wortwiederholungen) sollten bei der Formulierung von Rechtsvorschriften nicht überbewertet werden. Jedenfalls muss der Eindeutigkeit und Übersichtlichkeit der Norm der Vorrang vor der Ästhetik des Textes eingeräumt werden."*

2. Wege der Gesetzgebung

Es ist zielführend, sich vor Augen zu führen, wie es zu Gesetzgebung kommt. Nicht, dass die folgenden Ausführungen Lehrbücher für Verfassungs-[202], Unions- oder Völkerrecht[203] ersetzen wollen, aber ein grober Überblick ist sinnvoll. Dass die eigenen Erfahrungen des Verfassers im österreichischen Zivilrechtsbereich das Zentrum bilden, sei nachgesehen.

a) Nationale Gesetzgebung in Deutschland

i. Entwürfe

Entwürfe für neue Gesetze können von den Bundestagsabgeordneten, der Bundesregierung oder dem Bundesrat eingebracht werden. Die meisten Entwürfe erarbeitet die Bundesregierung. Wenn sie ein Gesetz ändern oder einführen möchte, muss die Bundeskanzlerin den Gesetzentwurf (Vorlage) zunächst dem Bundesrat zuleiten. Der Bundesrat hat in der Regel sechs Wochen Zeit zur Abgabe einer Stellungnahme, zu der sich die Regierung wiederum schriftlich äußern kann. Danach leitet die Bundeskanzlerin den Entwurf mit der Stellungnahme an den Bundestag weiter (Ausnahme: Entwürfe zum Haushaltsgesetz werden zugleich an Bundesrat und Bundestag gesendet). Für Gesetzesinitiativen des Bundesrats gilt ein spiegelbildliches Verfahren, geht doch der Entwurf zunächst an die Bundesregierung, die ihn innerhalb von regelmäßig sechs Wochen mit einer Stellungnahme dem Bundestag zu-

---

200 Wer sich wundert, was man da regeln muss: 10.50 oder 10,50? 3.000 oder 3 000? 12 oder zwölf? Empfohlen wird jeweils die zweite Variante.

201 Klein, weil es manchmal bei (wenn auch zutreffenden) Andeutungen bleibt, etwa in den Regeln 15 bis 17 (keine Überladung mit Hauptwörtern, keine Schachtelsätze, Aktivkonstruktionen).

202 Für alle in Deutschland *Zippelius/Würtenberger/Maunz*, Staatsrecht 469; in Österreich *Mayer/Kucsko-Stadlmayer/Stöger*, Bundesverfassungsrecht Rz 434 ff.

203 Für alle *Hafner/Kumin/Weiss*, Recht der Europäischen Union 99; *Pollak* in *Jaeger/Stöger*, Kommentar Art. 81; *Binder/Zemanek* in *Reinisch*, Handbuch Rz 259 ff.

leitet. Gesetzentwürfe können auch von Abgeordneten initiiert werden, und zwar entweder von mindestens einer Fraktion oder von mindestens fünf Prozent der Mitglieder des Bundestags (derzeit 36 Abgeordnete).

Da solche Entwürfe nicht erst dem Bundesrat vorgelegt werden müssen, bringt die Regierung besonders eilbedürftige Gesetzentwürfe über ihre Bundestagsfraktionen ein.

ii. Besondere Sprachdienste

Seit April 2009 besteht beim Bundesministerium der Justiz und für Verbraucherschutz (BMJV) der Redaktionsstab Rechtssprache, der sich aus erfahrenen Sprachwissenschaftlerinnen zusammensetzt. Er prüft im Rahmen der rechtssystematischen und rechtsförmlichen Prüfung nach § 46 der Gemeinsamen Geschäftsordnung der Bundesministerien (GGO) alle Gesetz- und Verordnungsentwürfe der Bundesministerien auf sprachliche Richtigkeit und Verständlichkeit.

Die Vorschläge zur Verbesserung der sprachlichen Qualität und der Verständlichkeit reichen von Korrekturen bei der Stellung der Satzglieder über die Klarstellung inhaltlicher Bezüge bis hin zu strukturellen und terminologischen Veränderungen des Textes.

Der Redaktionsstab Rechtssprache achtet insbesondere auf logischen Textaufbau, Eindeutigkeit, richtigen und übersichtlichen Satzbau, treffende Wortwahl, Einhaltung der Vorgaben des Handbuchs der Rechtsförmlichkeit zu bestimmten Schreibweisen und Bezeichnungen in Rechtsvorschriften, Einheitlichkeit der Rechtssprache und darauf, dass die Regelungen zeitgemäß formuliert werden.

Die Sprachprüfung ist inzwischen als Teil der sogenannten Rechtsprüfung nach § 46 GGO obligatorisch. In dieser Phase erhält das BMJV alle Entwürfe der anderen Bundesministerien, um sie kurz vor der Beschlussfassung im Bundeskabinett zu prüfen. Die Ministerien können ihre Entwürfe aber auch vor der Rechtsprüfung zur Sprachprüfung an den Redaktionsstab Rechtssprache schicken (§ 42 Abs. 5 GGO). Die Empfehlungen und Hinweise des Redaktionsstabs Rechtssprache sind nicht verbindlich. Das zuständige Fachministerium behält die „Entscheidungshoheit" über die Gestaltung des Textes.

Schon seit 1966 gibt es einen Redaktionsstab beim Deutschen Bundestag.[204] Er ist gemäß § 80a der Geschäftsordnung des Bundestags (GO-BT) zuständig für Textbearbeitung (Prüfung von Gesetz- und Verordnungsentwürfen in der parlamentarischen Phase der Gesetzgebung auf sprachliche Richtigkeit und Verständlichkeit). Dazu tritt sprachliche Bearbeitung parlamentarischer

---

204 *Hallik*, Sprachberatung.

Anträge, Anfragen und anderer Parlamentstexte bis zu Broschüren und Reden), für Sprachberatung der Fraktionen und Abgeordneten (bis hin zu Grammatik, Rechtschreibung und Interpunktion), für Seminare und für die Übertragung von Texten in Einfache Sprache oder Leichte Sprache.

iii. Verteilung der Drucksache

Vor der Beratung eines Gesetzentwurfs im Bundestag ist jener dem Bundestagspräsidenten zuzuleiten, von der Verwaltung zu registrieren und zu drucken. Als Bundestagsdrucksache wird er an alle Mitglieder des Bundestags, des Bundesrats und an die Bundesministerien verteilt.

iv. Erste Lesung im Plenum

In der ersten Lesung findet eine Aussprache statt, wenn sie im Ältestenrat vereinbart oder von mindestens 5 % der Abgeordneten verlangt wird. Danach sind – auf Basis der Empfehlungen des Ältestenrats – ein oder mehrere Ausschüsse (einer federführend, die anderen mitberatend) zu bestimmen, die sich mit dem Entwurf fachlich auseinandersetzen und ihn für die zweite Lesung vorbereiten.

v. Arbeit in den Ausschüssen

Die Detailarbeit der Gesetzgebung findet in den mit Abgeordneten aller Fraktionen besetzten ständigen Ausschüssen statt. Die Ausschussmitglieder beraten in Sitzungen, wobei auch Interessenvertreter und Experten zu öffentlichen Anhörungen eingeladen werden können. Parallel bilden die Fraktionen Arbeitsgruppen und Arbeitskreise, in denen sie ihre eigenen Positionen fachlich erarbeiten und definieren. Häufig kommt es dabei im Zusammenspiel von Regierungs- und Oppositionsfraktionen zu Überarbeitungen der Entwürfe. Schließlich legt der federführende Ausschuss dem Plenum einen Bericht über den Verlauf und die Ergebnisse der Beratungen vor. Seine Beschlussempfehlungen sind die Grundlage für die zweite Lesung im Plenum.

vi. Aussprache in der zweiten Lesung

Nach einer allgemeinen Aussprache können alle Bestimmungen des Gesetzentwurfs einzeln aufgerufen werden. Meist wird jedoch direkt über den gesamten Gesetzentwurf abgestimmt. Änderungsanträge sind möglich.

vii. Abstimmung in der dritten Lesung

In der dritten Lesung kann nur noch eine Fraktion oder mindestens 5 % der Abgeordneten eine neue Aussprache verlangen oder Abänderungsanträge vorlegen. Am Ende der dritten Lesung erfolgt die Schlussabstimmung. Hat der Gesetzentwurf die notwendige Mehrheit im Bundestag gefunden, so wird er als Gesetz dem Bundesrat zugeleitet.

viii. Zustimmung des Bundesrats

Der Bundesrat kann zwar keine Änderungen an dem vom Bundestag beschlossenen Gesetz vornehmen, aber den Vermittlungsausschuss (paritätisch mit Mitgliedern von Bundestag und Bundesrat besetzt) anrufen.

Bei sogenannten Zustimmungsgesetzen (z. B. wenn Finanzen und Kompetenzen der Länder betroffen sind oder die Verfassung geändert wird) ist die Zustimmung des Bundesrats hingegen zwingend erforderlich. Bei sogenannten Einspruchsgesetzen kann der Bundestag ein Gesetz auch dann in Kraft treten lassen, wenn es im Vermittlungsausschuss zu keiner Einigung gekommen ist. In der Abstimmung darüber im Bundestag bedarf es einer absoluten Mehrheit.

ix. Inkrafttreten des Gesetzes

Das beschlossene Gesetz wird gedruckt und der Bundeskanzlerin sowie dem zuständigen Fachminister zur Gegenzeichnung zugeleitet. Dann prüft der Bundespräsident, ob das Gesetz verfassungsgemäß zustande gekommen ist und nicht inhaltlich offenkundig gegen das Grundgesetz verstößt. Bei positivem Ergebnis unterschreibt er es und lässt es im Bundesgesetzblatt veröffentlichen. Damit ist das Gesetz verkündet.

Ohne besonderes Datum des Inkrafttretens gilt ein Gesetz ab dem 14. Tag nach der Ausgabe des Bundesgesetzblatts.

b) Nationale Gesetzgebung in Österreich

Es gibt mehrere Wege der nationalen Gesetzgebung, von denen allerdings die Regierungsvorlagen und die Initiativanträge praktisch weit überwiegen. Wie die Namen schon verraten, werden Regierungsvorlagen von der Regierung (der Exekutive) eingebracht, während Initiativanträge (zumindest dem ersten Anschein nach) von der Legislative selbst[205] stammen. In einem eingeschränkten Sinn kann sogar die Judikative Gesetzgebungsakte setzen, nämlich durch den Verfassungsgerichtshof (VfGH) als „negativen Gesetzge-

---

205 Das ist jedenfalls formal zutreffend. Initiativanträge können in der Praxis von den AbgNR (und ihren Mitarbeitern) verfasst oder von einem Ministerialentwurf inspiriert sein (was bis zu Copy and Paste gehen kann), den die Regierung nicht vorgelegt hat. Zwischenformen, wie die Diskussion des Entwurfs eines Initiativantrags mit den ressortzuständigen Legisten, kommen ebenfalls vor. Zu all dem auch *Stabentheiner*, Rechtspolitik 43.

ber“, wenn er ein Gesetz als verfassungswidrig (oder eine Verordnung als gesetzwidrig) aufhebt.[206]

Im österreichischen Gesetzgebungsverfahren ist kein Sprachdienst wie beim deutschen BMJV oder beim Bundestag institutionalisiert, doch wird ein großer Teil von deren Aufgaben (Achtung auf Klarheit und Bestimmtheit, terminologische Einheitlichkeit, Einhaltung der Legistischen Richtlinien) im Begutachtungsverfahren vom Verfassungsdienst wahrgenommen, der nun (nach einer Episode seiner Ansiedlung im damals leicht aufgebläht „Bundesministerium für Verfassung, Reformen, Deregulierung und Justiz“ genannten Justizressort) wieder im Bundeskanzleramt verortet ist.

i. Regierungsvorlagen

Die Idee zu einem neuen Gesetz (oder einer Novelle) kann zum einen im ressortzuständigen Bundesministerium aufkommen, zum anderen von außen an dieses herangetragen werden. Bei größeren Vorhaben installiert das Bundesministerium oft eine Arbeitsgruppe, der Vertreter von anderen Bundesministerien, Länderbehörden, NGOs, Standesvertretungen (v.a. Richtervereinigung, Rechtsanwaltskammern, Notariatskammern) und akademische Experten angehören können und die ein Vorhaben grundsätzlich, mitunter auch im Detail, diskutieren.

Aus diesen Vorarbeiten entsteht ein Vorentwurf samt Erläuterungen, der nach den Gepflogenheiten der letzten Jahrzehnte – wohl auch als Zeichen des „Vertrauens“ der Koalitionspartner (welcher Parteien auch immer) zueinander – in einem anderen Ministerium (des anderen Koalitionspartners) „gespiegelt“ wird.

Danach wird der Entwurf als Ministerialentwurf einem Begutachtungsverfahren unterzogen, in dem die Stakeholder[207] ihre Kritik (gelegentlich auch Lob) und Anregungen anbringen können. Seit einigen Jahren wird immer wieder Kritik daran laut, dass die Begutachtungsfristen relativ kurz angesetzt werden (sechs Wochen sind da schon großzügig bemessen). Die Stellungnahmen werden ausgewertet und beim „Nachfeilen“ am Entwurf berücksichtigt.

Im nächsten Schritt wird der Entwurf in den Ministerrat eingebracht. Erzielt er Einstimmigkeit bei allen Minister*innen, dann beschließt der Ministerrat eine Regierungsvorlage. Sie besteht aus dem geplanten Gesetzestext,

---

206 In dieser Situation findet sich der Legist als Parteienvertreter wieder, bereitet er doch die Stellungnahme des Bundes zum angefochtenen Gesetz vor und tritt gelegentlich sogar in der mündlichen Verhandlung auf.

207 Zur Auflockerung: Hier fand sich in einem Diktat im BMJ einmal der hübsche Begriff „Steakholder“.

den Erläuterungen[208] und meist auch einer Textgegenüberstellung, nämlich wenn das Vorhaben eine ältere Norm ersetzen oder novellieren soll. Es folgen mitunter weitere Besprechungen, etwa in den Parlamentsklubs.

Nun beginnt die parlamentarische Befassung. Eine „Erste Lesung" im Plenum kann auch in der bloßen Zuweisung an den zuständigen Ausschuss (z.B. den Justizausschuss) bestehen, der die Arbeit in Ausschussberatungen fortsetzt, wobei unter Umständen Einzelgespräche zwischen dem Bundesministerium und Ausschussmitgliedern (oft parteienweise) stattfinden. Inhaltliche Änderungen können im Ausschuss vorgenommen werden oder durch einen Abänderungsantrag der Regierung „von außen" ins Parlament gebracht werden.

Danach beschließt der Ausschuss, die Gesetzesvorlage mit Ausschussbericht zur Beschlussfassung dem Plenum des Nationalrats vorzulegen. Nach „Zweiter Lesung", bestehend aus General- und Spezialdebatte (wo es unter Umständen noch Abänderungsanträge geben kann) sowie Abstimmung, kommt es – oft unmittelbar danach – in „Dritter Lesung" zur endgültigen Abstimmung, die in der Regel jedenfalls eine Mehrheit findet (alle Regierungsparteien, oft aber auch Teile der Opposition, mitunter sogar alle Abgeordneten).

Der Gesetzesbeschluss des Nationalrats ist an den Bundesrat weiterzuleiten, wo ebenfalls eine Zuweisung an einen Ausschuss, Beratungen und schließlich die Vorlage zur Beschlussfassung an den Bundesrat stattfinden. Stimmt der Bundesrat dem Gesetzesbeschluss zu (formal: beschließt er, keinen Einspruch zu erheben), wird der Beschluss dem Bundespräsidenten weitergeleitet. Bei Einspruch („Veto") wird er an den Nationalrat zurückgeleitet, der (selten) vom Gesetzesbeschluss Abstand nimmt oder ihn – da in den meisten Fällen dem Bundesrat bloß ein „suspensives Veto" zusteht – neuerlich fasst. Nach einem solchen Beharrungsbeschluss folgt keine weitere Befassung des Bundesrats.

Der Bundespräsident beurkundet das verfassungsgemäße Zustandekommen, der Bundeskanzler zeichnet gegen und lässt den Text im Bundesgesetzblatt (elektronisches BGBl. im Rechtsinformationssystem des Bundes – RIS) verlautbaren. Damit erlangt das Gesetz Geltung.

---

208 Früher: EB (Erläuternde Bemerkungen), jetzt – im Bewusstsein, dass sie über „Bemerkungen" weit hinausgehen können – ErläutRV (Erläuterungen). Auch wenn diesen Erläuterungen kein normativer Gehalt zukommt, sind sie doch eine wichtige Verständnishilfe, v.a. zur Systematik und zur historischen Absicht des Gesetzgebers. Im Gesetzgebungsprozess sind sie oft auch ein Mittel zur Erzielung eines Kompromisses („Dann schreibt das wenigstens in die Erläuterungen!").

Oft wird das Inkrafttreten in den Schluss- und Übergangsbestimmungen geregelt („Dieses Bundesgesetz tritt mit 1. 1. 2021 in Kraft.“) Ohne eine besondere Regel[209] tritt das Gesetz mit dem Tag nach der Verlautbarung in Kraft.

Beispiel: Steht also im BGBl. „ausgegeben am 1. 8. 2020“, so tritt das Gesetz am 2. 8. 2020 (00:00 Uhr) in Kraft.

ii. Initiativantrag

Ausgangspunkt eines Initiativantrags ist der Antrag einer/eines Abgeordneten mit der Unterstützung von vier weiteren Abgeordneten. Es gibt keine allgemeine Regel dazu, wie der Entwurf (Gesetzestext und Begründung – hier nicht Erläuterungen genannt) zustande kommt. In der Praxis kann er von Abgeordneten, externen Experten oder auch aus einem Bundesministerium kommen (aber nicht über den Ministerrat). Dies wird oft praktiziert, um ein dringliches Vorhaben rasch ins Parlament zu bringen. Dass dadurch auch das Begutachtungsverfahren entfallen kann, ist (aus demokratiepolitischer Sicht: hoffentlich) nicht der Zweck, sondern nur ein Nebeneffekt dieser Methode. Beschlussfassung und Umsetzung entsprechen dem Weg einer Regierungsvorlage.

iii. Sonstige Wege

Recht selten kann ein Gesetzesentwurf auch in anderer Weise an das Parlament herangetragen werden, z. B. als Antrag eines Ausschusses des Nationalrats, als Antrag des Bundesrats oder im Anschluss an ein Volksbegehren.

c) Unionsrechtliche Normengebung

Die EU erlässt keine „Gesetze“, sondern Verordnungen, Richtlinien und Beschlüsse. Im Normgebungsverfahren interessieren die Verordnungen, die unmittelbar anzuwenden sind und nationales Recht verdrängen („Anwendungsvorrang“), sowie die Richtlinien, die nicht unmittelbar anzuwenden, sondern vom nationalen Gesetzgeber der Mitgliedstaaten jeweils im nationalen Recht umzusetzen (auszuführen) sind.

Verordnungen sind in Angelegenheiten des Zivilrechts vor allem dort gebräuchlich, wo internationales Privatrecht oder internationales Zivilverfahrensrecht geregelt werden soll. Materielles Zivilrecht wird in der Regel in der

---

209 Ebenso, wenn es in der Eile des Gesetzgebungsprozesses zu keiner Präzisierung des folgenden Blanktextes kam; „Dieses Bundesgesetz tritt mit XX. XX. XXXX in Kraft.“

Form von Richtlinien gestaltet, deren Inhalt der nationale Gesetzgeber in sein eigenes Recht übernehmen muss.

Beispiele für Verordnungen:	Regelung des auf vertragliche („VO Rom I") oder außervertragliche („VO Rom II) Schuldverhältnisse oder auf Scheidungen („VO Rom III") anwendbaren Rechts; Regelung der internationalen Zuständigkeit, der Anerkennung und Vollstreckung (Zivil- und Handelssachen: „VO Brüssel Ia", Scheidung und elterliche Verantwortung: „VO Brüssel IIa") oder Regelung beider Bereiche (EuUVO, EuErbVO, EuEheGütVO, EuPartnGVO, EuInsVO); grenzüberschreitende Zusammenarbeit (EuZustellVO, EuBeweisVO) und sogar partikuläres Einheitsverfahrensrecht (EuMahnVO, EuBagatellVO).
Beispiele für Richtlinien:	E-CommerceRL, FernabsatzRL, PauschalreiseRL, VerbraucherkreditRL, VerbrauchsgüterkaufRL, ZahlungsverzugsRL, WarenkaufRL, Digitale-Inhalte-RL, SanierungsRL. Die Umsetzung erfolgte entweder mit einer Novellierung des Bürgerlichen Gesetzbuchs (BGB, ABGB) oder in Nebengesetzen.

i. Das ordentliche Gesetzgebungsverfahren in der EU

In einer Kurzformel ist dies die gemeinsame Annahme einer Verordnung, Richtlinie oder eines Beschlusses durch das Europäische Parlament und den Rat auf Vorschlag der Europäischen Kommission.

Ausgangspunkt ist stets ein Vorschlag der Kommission („Initiativmonopol"), dem unter Umständen Vorstudien und Arbeitsgruppen vorausgehen. Der Entwurf wird grundsätzlich innerhalb der Kommission erarbeitet.

Eine „Erste Lesung" umfasst die (getrennte) Diskussion in den Gremien, also auf Ebene des Rats den Ratsarbeitsgruppen und dem Ausschuss der Ständigen Vertretung[en] (AStV oder COREPER[210]) sowie auf parlamentarischer Ebene im Ausschuss des Europäischen Parlaments. Die Änderungen, die der Entwurf der Kommission in einer Ratsarbeitsgruppe[211] erfährt, sind

210 Französisch nämlich Comité des représentants permanents.

211 Teils mit vollem Übersetzungsregime, sodass jeder Staatenvertreter in seiner eigenen Sprache kommuniziert, teils ohne Übersetzung, sodass alle sich auf Englisch (von humorigen Native Speakers auch EU-nglish genannt) verständigen müssen.

oft so groß, dass man den Kommissionsentwurf am Ende kaum wiedererkennt. In der Praxis wird nach jeder Ratsarbeitsgruppe am Text weitergearbeitet, und zwar durch den Ratsvorsitz (genauer: eine Troika aus der aktuellen, der vorhergehenden und der nächsten „presidency“), das Ratssekretariat und die Kommission. Den Vorsitz in solchen Ratsarbeitsgruppen übernehmen meist qualifizierte Beamte/Beamtinnen des Vorsitzlands (z.B. aus dem BMJ), manchmal auch Professor*innen.[212] Die Diskussionen außerhalb der Ratsarbeitsgruppe finden manchmal in Brüssel (z.B. an den auf Ratsarbeitsgruppen folgenden Tagen), manchmal via Videokonferenz statt. Sie können recht lang und intensiv sein und werden in aller Regel auf Englisch geführt.

Der Standpunkt des Europäischen Parlaments wird an den Rat übermittelt, der diesen entweder billigt (damit ist der Rechtsakt beschlossen) oder selbst einen Standpunkt formuliert und an das Europäische Parlament weiterleitet (die Kommission wird informiert und gibt ihren Standpunkt bekannt). Begleitend zu den formalen Lesungen findet ein sog. „Trilog“ zwischen Europäischem Parlament, Rat und Kommission statt.

Eine „Zweite Lesung“ besteht in der Aktion des Europäischen Parlaments, das entweder den Standpunkt des Rats billigt oder sich nicht äußert (damit wäre der Rechtsakt jeweils beschlossen) oder Änderungsvorschläge zum Standpunkt des Rats formuliert, sowie einer Aktion des Rats, der entweder die Änderungen des Standpunkts durch das Europäische Parlament billigt (damit wäre der Rechtsakt beschlossen) oder sie nicht billigt.

Selten kommt es noch zu einer „Dritten Lesung“, nämlich der Bildung eines Vermittlungsausschusses aus den 27 Ratsmitgliedern und 27 EP-Abgeordneten unter Teilnahme der Kommission; ein Kompromiss wird angestrebt. Scheitert er, so gibt es keinen Beschluss, gelingt er, so wird der Rechtsakt im Europäischen Parlament und im Rat angenommen.

Für die Beschlussfassungen sind jeweils Mehrheiten vorgesehen, deren Berechnung durchaus kompliziert ist.[213]

Da Verordnungen unmittelbar anzuwenden sind, bedürfen sie keiner Umsetzung (auch wenn manchmal begleitende nationale Bestimmungen sinnvoll sind). Dagegen müssen Richtlinien im innerstaatlichen Recht umgesetzt werden, was im nationalen Gesetzgebungsverfahren wie oben beschrieben geschieht.[214]

---

212 Siehe *Stabentheiner,* Rechtspolitik 50.

213 Siehe nur *Isak* in *Hafner/Kumin/Weiss,* Recht der EU 167 ff.; *Egger* in *Jaeger/Stöger,* Kommentar Art. 16 EUV Rz 36–55.

214 Details bei *Stabentheiner,* Legistik 263.

ii. Besondere Gesetzgebungsverfahren

Auch diese beruhen auf vergleichbaren Ausgangspunkten und Entwurfsarbeiten, doch weicht die Beschlussfassung von den oben beschriebenen Regeln ab: Dazu gibt es unterschiedliche Formen. Praktisch wichtig sind die Sonderbestimmungen in Angelegenheiten des Familienrechts (Art. 81 AEUV).

Kurz gesagt konzentriert sich die legistische Arbeit hier auf den Rat, in dem allerdings Einstimmigkeit erzielt werden muss. Das Europäische Parlament wird bloß angehört. Triloge und Vermittlungen bleiben den Legisten in diesem Feld erspart.[215]

d) Internationale Normgebung (Völkervertragsrecht)

Völkervertragsrecht kann von den verschiedensten Gremien vorbereitet werden. Hier sollen exemplarisch zivilrechtlich häufig tätige Gremien genannt werden: die Haager Konferenz für Internationales Privatrecht (HIPRK) und die UNO-Organisationen UNCITRAL und Unidroit.

Um den Beitrag nicht zu lang zu gestalten, sei hier nur kurz erwähnt, dass Arbeitsgruppen und die Lenkungsinstitutionen, z.B. das Ständige Büro der Haager Konferenz, gemeinsam Entwürfe für Übereinkommen erarbeiten, die mit den Staatenvertretern beraten und letztlich konsensual beschlossen werden. Die Staaten können die Übereinkommen zeichnen und im innerstaatlichen Gesetzgebungsverfahren ratifizieren.

e) Traditore tradutore

Mit diesem italienischen Wortspiel („Übersetzer sind Verräter") ist ein besonderes Problem mehrsprachiger Normtexte angesprochen. Sie müssen notwendigerweise in einer Sprache „gedraftet", dann aber in die Amtssprachen aller beteiligten Staaten übersetzt werden. Was dabei an Grundverständnis, Begriffsschärfe und Nuancen verloren geht, kann man sich vorstellen. Eine großartige Dissertation dazu ist besonders zu empfehlen.[216] Es sei nur daran erinnert, dass dies nicht erst ein Problem multilateraler Staatsverträge ist, bei denen man immerhin authentische Texte und Arbeitsübersetzungen in andere Sprachen unterscheidet. In der viersprachigen Schweiz oder im vielsprachigen Vielvölkerstaat der Habsburgermonarchie waren derartige Probleme bereits lange davor zu bewältigen.

---

215 Näheres bei *Pollak* in *Jaeger/Stöger*, Kommentar Art. 81 AEUV Rz 1 ff.

216 *Neumayr*, Mehrsprachigkeit. Vgl. auch *Bratschi/Nussbaumer*, Mehrsprachige Rechtsetzung 367 ff.; *Zedler*, Mehrsprachigkeit.

3. Einige praktische Beispiele

Das mag jetzt etwas viel Theoretisches gewesen sein. Versuchen wir, es mit praktischen Beispielen anschaulich zu machen.

a) Ein (freier) Mann, ein Wort (§ 16 ABGB)

Beispiel: I. Aus dem Charakter der Persönlichkeit.
Angeborne Rechte.

§ 16.
Jeder Mensch hat angeborne, schon durch die Vernunft einleuchtende Rechte, und ist daher als eine Person zu betrachten. Sclaverey oder Leibeigenschaft, und die Ausübung einer darauf sich beziehenden Macht, wird in diesen Ländern nicht gestattet.

Naturrecht *at its best*, in der Rechtschreibung vor 1900.[217] Im ersten Moment herrscht der Eindruck vor, es ginge nicht klarer, einfacher und logischer. Analysiert man den Inhalt heute, stehen zwar große Gedanken dahinter, ihr normativer Gehalt wird aber durch nationale, unionsrechtliche und internationale Grundrechtskataloge derart überlagert, dass man die Aussage des § 16 ABGB inzwischen für selbstverständlich hält.

b) Eichelsammeln im Zivilrecht (§ 477 ABGB)

Beispiel: der Feld-Servituten.
§ 477.

Die vorzüglichen Feld-Servituten sind:
1) das Recht, einen Fußsteig, Viehtrieb oder Fahrweg auf fremden Grund und Boden zu halten;
2) das Wasser zu schöpfen, das Vieh zu tränken, das Wasser ab- und herzuleiten;
3) das Vieh zu hüthen und zu weiden;
4) Holz zu fällen, verdorrte Aeste und Reiser zu sammeln, Eicheln zu lesen, Laub zu rechen;
5) zu jagen, zu fischen, Vögel zu fangen;
6) Steine zu brechen, Sand zu graben, Kalk zu brennen.

217 Die bei Publikation aktuelle Rechtschreibung wird im elektronischen Publikationsorgan, dem Rechtsinformationssystem des Bundes (ris.bka.at), beibehalten. Dort kann man daher etwa auch noch von „Aeltern“ statt „Eltern“ lesen (§ 42 ABGB).

Zwei Dinge fallen auf: Einerseits, dass die Verfasser des ABGB keine Scheu davor hatten, ihre abstrakten Gedanken (sogar in einem eigenen Paragrafen) mit konkreteren Beispielen zu verdeutlichen,[218] andererseits, wie zeitbezogen die Beispiele sind. Was bedeutet uns heute das Recht, Eicheln zu lesen? Aber was für eine Gratis-Futterressource war das für den Schweinebauern zu Beginn des 19. Jahrhunderts! Gesetzestext als angewandte Sozialhistorie!

c) Erwachsenenschutz leicht (?) gemacht (§ 246 ABGB)

Beispiel: Änderung, Übertragung und Beendigung
§ 246.

(1) Die Vertretungsbefugnis des Vorsorgebevollmächtigten oder des Erwachsenenvertreters endet
1. mit dem Tod der vertretenen Person oder ihres Vertreters,
2. durch gerichtliche Entscheidung,
[Ziffern 3. – 5.]

Beispiel: 6. bei einer gerichtlichen Erwachsenenvertretung spätestens mit dem Ablauf von drei Jahren nach Beschlussfassung erster Instanz über die Bestellung, sofern sie nicht erneuert wird; die Änderung oder Übertragung der Erwachsenenvertretung verlängert diese Frist nicht.
[…]
(2) Für die Änderung der Vertretungsbefugnis des Vorsorgebevollmächtigten oder Erwachsenenvertreters gilt § 245 sinngemäß.
(3) Das Gericht hat
[Ziffern 1. – 2.]
3. die gerichtliche Erwachsenenvertretung zu beenden, wenn die übertragene Angelegenheit erledigt ist oder die Voraussetzungen für die Bestellung nach § 271 weggefallen sind; betrifft dies nur einen Teil der Angelegenheiten, so ist der Wirkungsbereich insoweit einzuschränken. Erforderlichenfalls ist die gerichtliche Erwachsenenvertretung zu erweitern.
(4) § 178 Abs. 3, § 183 Abs. 2 und § 1025 gelten sinngemäß.

218 Man spricht mitunter von Lehrbuchcharakter, und die Legistischen Richtlinien schätzen solche Normtexte gar nicht.

Seit der Stammfassung des ABGB sind inzwischen 200 Jahre vergangen. Das Beispiel liest sich ungleich technischer, nicht allzu anschaulich und enthält eine große Zahl von Verweisungen. Schlechterer Stil? So kann man das auch wieder nicht sagen. Versuchen Sie mal, es besser zu machen!

d) Risikopotenzial beim Annahmeverzug (§ 1419 ABGB)

Beispiel: § 1419.
Hat der Gläubiger gezögert, die Zahlung anzunehmen; so fallen die widrigen Folgen auf ihn.

Sehr knapp.[219] Wahrscheinlich zu viel des Knappen und Guten. Denn so formuliert, besagt die Norm alles und nichts. Die Lehre[220] und die Rsp[221] hatten sich entsprechend daran abzuarbeiten.

e) Anleitungspflicht (§ 182 öZPO) oder: genialer Inhalt, schwache Form

Beispiel: § 182.
(1) Der Vorsitzende hat bei der mündlichen Verhandlung durch Fragestellung oder in anderer Weise darauf hinzuwirken, dass die für die Entscheidung erheblichen thatsächlichen Angaben gemacht oder ungenügende Angaben über die zur Begründung oder Bekämpfung des Anspruches geltend gemachten Umstände vervollständigt, die Beweismittel für diese Angaben bezeichnet oder die angebotenen Beweise ergänzt und überhaupt alle Aufschlüsse gegeben werden, welche zur wahrheitsmäßigen Feststellung des Thatbestandes der von den Parteien behaupteten Rechte und Ansprüche nothwendig erscheinen.

---

219 Oder in *Gschnitzers* Diktum (in *Klang* VI² 387), an das *Rudolf* in *Fenyves/Kerschner/Vonkilch*, Klang § 1419 Rz 1 erinnert: eine Regelung „mit so großer Kürze, daß sie an Unbestimmtheit grenzt".

220 Für alle *Koziol/Spitzer* in KBB § 1419 Rz 4 ff.; *Rudolf* in Klang³ § 1419 Rz 1–42; *Welser/Zöchling-Jud*, Grundriss II Rz 288–299.

221 Etwas trivial ausgedrückt: zwei Zeilen Gesetzestext – drei Seiten Entscheidungen (E 1 bis E 46) im „Großen ABGB" *Tades/Hopf/Kathrein/Stabentheiner*, ABGB 2461–2464.

(2) Wenn eine Partei in ihrem Vortrage von dem Inhalte eines von ihr überreichten vorbereitenden Schriftsatzes abweicht oder wenn die Vorträge der Parteien mit sonstigen von amtswegen zu berücksichtigenden Processacten nicht im Einklange stehen, hat der Vorsitzende darauf aufmerksam zu machen. Ebenso hat er die Bedenken hervorzuheben, welche in Ansehung der von amtswegen zu berücksichtigenden Punkte obwalten.

Beispiel: Bei Bedenken gegen das Vorliegen der inländischen Gerichtsbarkeit oder der sachlichen oder örtlichen Zuständigkeit hat er den Parteien vor einer Entscheidung hierüber die Gelegenheit zu einer Heilung nach § 104 JN beziehungsweise zu einem Antrag auf Überweisung der Rechtssache an das zuständige Gericht (§ 261 Abs. 6) zu geben.

(3) Außer dem Vorsitzenden können auch die anderen Mitglieder des Senates an die Parteien die zur Ermittlung des Streitverhältnisses und zur Feststellung des Thatbestandes geeigneten Fragen richten.

Es gibt wohl keine Darstellung des österreichischen Zivilprozessrechts, die § 182 ZPO nicht als das Herzstück des „sozialen Zivilprozesses“ (also des Verständnisses des Zivilprozesses als Gemeinschaftsaufgabe und -anliegen und nicht als rein individuelle Rechtsverfolgung) ansieht.[222] Die Bestimmung ist daher von Zweck und Inhalt her unstreitig ein großer Wurf und Paradebeispiel für *Franz Kleins* überzeugendes Konzept. Aber die Sprache? Die alte Rechtschreibung soll uns nicht stören, sondern der Stil. Mehr Kanzleideutsch am Ende des 19. Jahrhunderts geht gar nicht mehr.[223] Auch ein terminologischer Missgriff („Tatbestand“ statt „Sachverhalt“) steckt darin. Und doch: War dies vielleicht genau die Sprache, die 1893 die beteiligten Richter[224] und Parteienvertreter am besten verstanden, also die den Adressaten angemessenste (vgl. oben 1. c. zum Adressatenkreis)?

---

222 Eine Auswahl: *Konecny*, Einleitung 12 ff.; *Rechberger/Simotta*, Zivilprozessrecht Rz 661; *Ballon/Nunner-Krautgasser/Schneider*, Einführung Rz 2, 10.

223 So schon *Schönherr*, Recht und Sprache 214: „die umständliche, papierdeutsche Sprache der Jahrhundertwende“.

224 1893 ohne den Bedarf nach Gendern. Die erste Richterin gab es in Österreich erst einige Jahrzehnte später: Vgl. *Schneider*, Richterinnen 189 ff.

f) Ist „von … bis“ etwas anderes als „zwischen“ (§ 222 Abs. 1 öZPO)?

Beispiel: § 222.
(1) Zwischen dem 15. Juli und dem 17. August sowie dem 24. Dezember und dem 6. Jänner werden die Notfristen im Berufungs- und Revisionsverfahren sowie im Rekurs- und Revisionsrekursverfahren gehemmt. Fällt der Anfang dieses Zeitraums in den Lauf einer solchen Notfrist oder der Beginn einer solchen Notfrist in diesen Zeitraum, so wird die Notfrist um die ganze Dauer oder um den bei ihrem Beginn noch übrigen Teil dieses Zeitraums verlängert.

In früheren Fassungen war die Formel anders: „Die Gerichtsferien dauern vom 15. Juli bis zum 25. August …“.[225] Mit dem topologisch logischen Argument: „Zwischen den Ufern ist der Fluss“ drohte aus einer stilistischen Änderung eine inhaltliche zu werden: Bedeutet „Zwischen dem 15. Juli und dem 17. August“, dass die Fristen ab dem 15. Juli (0.00 Uhr) bis einschließlich 17. August (24.00 Uhr) gehemmt werden, oder fallen diese beiden Tage aus dem Hemmungszeitraum (der ja nur „zwischen“ ihnen läuft), sodass die Hemmung von 16. Juli (0.00 Uhr) bis 16. August (24.00 Uhr) einträte? Dass die Erläuterungen darauf hinweisen, dass diese Änderung bloß sprachlicher Natur sei, wirkt nicht normativ. Zu Recht hat der Oberste Gerichtshof (OGH) allerdings die erste Gelegenheit genutzt, um klarzustellen, dass „die Verwendung der Präposition ‚zwischen‘ in § 222 Abs. 1 ZPO (idF Budgetbegleitgesetz 2011)“ ein Verständnis dahin, dass von dieser Formulierung auch der Anfangs- und Endtermin umfasst ist, keineswegs ausschließe. Der 15. Juli und der 17. August sind daher jeweils mitzuzählen.[226]

Die – letztlich zu Recht abgelehnte – Auslegung zeigt ganz gut die Gefahr, die in stilistischen Änderungen liegt. Es kommt dadurch nämlich gar nicht selten das Argument auf, der Novellengesetzgeber müsse, wenn er bewusst eine andere Formulierung wählt als die bisherige, auch etwas anderes normieren wollen als bisher. Mit ein wenig praktischer Erfahrung erkennt man, dass kaum eine Auslegungsfigur auf so wackeligen Beinen steht wie das Argument „Der Gesetzgeber muss sich dabei ja etwas gedacht haben“. Das ist hoffentlich grundsätzlich zutreffend, aber es handelt sich um eine

225 Die Verkürzung durch Ansatz des 17. August statt des 25. August als Endtermin bleibt für das dargestellte Problem uninteressant.

226 RS0127140, OGH 6 Ob 216/11z u.a., zuletzt 6 Ob 204/16t.

Vermutung, die mitunter recht leicht widerlegbar ist. Zu viel sollte in einen neuen Wortlaut auch wieder nicht hineininterpretiert werden. Und auch der Gesetzgeber ist keinesfalls davor gefeit, eine Rechtsprechungslinie, eine notwendige Ausnahme[227] oder eine literarische Kontroverse zu übersehen oder sie als zu unwichtig einzuschätzen.

g) Schnellreparatur in COVID-19-Zeiten

Beispiel:

Artikel 21
Bundesgesetz betreffend Begleitmaßnahmen zu COVID-19 in der Justiz
I. Hauptstück
Verfahren in bürgerlichen Rechtssachen
Unterbrechung von Fristen

Stammfassung

§ 1.

(1) In gerichtlichen Verfahren werden alle verfahrensrechtlichen Fristen, deren fristauslösendes Ereignis in die Zeit nach Inkrafttreten dieses Bundesgesetzes fällt, sowie verfahrensrechtliche Fristen, die bis zum Inkrafttreten dieses Bundesgesetzes noch nicht abgelaufen sind, bis zum Ablauf des 30. April 2020 unterbrochen. Sie beginnen mit 1. Mai 2020 neu zu laufen. …

Neufassung

§ 1.

(1) In gerichtlichen Verfahren werden alle verfahrensrechtlichen Fristen, deren fristauslösendes Ereignis in die Zeit nach Inkrafttreten dieses Bundesgesetzes fällt, sowie verfahrensrechtliche Fristen, die bis zum Inkrafttreten dieses Bundesgesetzes noch nicht abgelaufen sind, bis zum Ablauf des 30. April 2020 unterbrochen. Sie beginnen neu zu laufen. Bei der Berechnung einer Frist nach § 125 Abs. 1 ZPO gilt der 1. Mai 2020 als Tag, in den der Zeitpunkt oder das Ereignis fällt, wonach sich der Anfang der Frist richten soll. Bei der Berechnung einer Frist nach § 125 Abs. 2 ZPO gilt der 1. Mai 2020 als Tag, an dem die Frist begonnen hat.

227 Die Auslegungsfigur der teleologischen Reduktion dient vorwiegend dazu, eine Lücke zu reparieren, die darin besteht, dass eine sachlich notwendige Ausnahme nicht normiert wurde (vgl. *Bydlinski* § 7 Rz 5).

Wie *Hinger* in einem Beitrag zu Sprache und Recht in der ÖJZ[228] ausgeführt hat, ergab sich bei der Interpretation des Gesetzes in der ursprünglichen Fassung das Problem, dass die Regelungen der ZPO, die sich mit Fristen beschäftigen, keinen Fristbeginn „*mit* einem bestimmten Tag" kennen, sondern dass in § 125 ZPO alle Fristen *an* einem bestimmten Tag beginnen. Gemäß § 125 Abs. 1 ZPO wird bei Tagesfristen jener Tag nicht mitgerechnet, „*in welchen* [...] die Ereignung fällt, [die] die Frist auslösen soll". § 125 Abs. 2 ZPO enthält für Fristen, die nach Wochen, Monaten oder Jahren bestimmt sind, die Regel, dass der Tag, „*an* dem die Frist begonnen hat" nicht mitzurechnen ist. Die ursprüngliche Formulierung ordnete indes nicht an, die Fristen würden „*am* 1. Mai" neu beginnen, sondern „*mit* 1. Mai". Ein Fristbeginn „mit" einem Tag lässt sich durchaus so lesen, dass die Frist und der Tag im selben Moment (00:00 Uhr des Tages) beginnen. Ein um einen Tag früherer Fristbeginn hat naturgemäß die Konsequenz, dass die Frist auch um einen Tag früher endet, womit die Gefahr der Säumnis verbunden ist.[229] Die Bestimmung wurde aber in den turbulenten Zeiten der COVID-19-Gesetzgebung rasch so umformuliert, dass in Bezug auf den 1. Mai 2020 nunmehr die etwas umständliche (aber erprobte und ausjudizierte) Formulierung des § 125 ZPO gilt.[230]

Der Vorgang erinnert durchaus an die eben dargestellte Diskussion zur Präposition „zwischen". Geht es um Berechnungen von Fristen, ist mathematische Exaktheit wichtiger als sprachliche Eleganz oder Vielfalt.

h) Klares Strafrecht: Mord (§ 75 öStGB)

Beispiel: **Strafbare Handlungen gegen Leib und Leben**

Mord

§ 75.

Wer einen anderen tötet, ist mit Freiheitsstrafe von zehn bis zu zwanzig Jahren oder mit lebenslanger Freiheitsstrafe zu bestrafen.

Eine eindeutige und unproblematische Handlungsanweisung. Ganz vollständig ist sie freilich auch nicht. Dass es sich um vorsätzliche Handlungen und Unterlassungen handeln muss, sagt uns § 5 StGB; dass es Fälle gibt, in

228 *Hinger*, Ein Rendezvous zur Mitternacht 755.

229 Für Parteienvertreter umso gefährlicher, als von der Rsp. im Allgemeinen ein Rechtsirrtum eines beruflichen Parteienvertreters nie als leicht fahrlässig (und daher als eine Wiedereinsetzung nicht hindernd) eingestuft wird.

230 Art. 32 Z 2 BGBl. I 2020/24.

denen die Tötung gerechtfertigt oder entschuldigt ist, ergibt sich aus § 3 StGB und § 10 StGB.

Das ist aber auch ein gutes Beispiel dafür, dass man manche Aspekte, die für mehrere Tatbestände gelten, „vor die Klammer zieht", um die einzelnen Bestimmungen nicht zu überfrachten. Mit dem Erkennen dieser systematischen Zusammenhänge und dem Verhältnis von allgemeinen und besonderen Bestimmungen beginnt die Arbeit des Juristen am geltenden Gesetzestext. Für den Legisten tritt dieses Vor-die-Klammer-Ziehen dagegen oft erst in einem späteren Entwurfsstadium auf.

i) Auslegungsbedürftiges Strafrecht oder sexuelle Belästigung (§ 218 öStGB)

Beispiel: Sexuelle Belästigung und öffentliche geschlechtliche Handlungen
§ 218.
(1) Wer eine Person durch eine geschlechtliche Handlung
1. an ihr oder
2. vor ihr unter Umständen, unter denen dies geeignet ist, berechtigtes Ärgernis zu erregen,
belästigt, ist, wenn die Tat nicht nach einer anderen Bestimmung mit strengerer Strafe bedroht ist, mit Freiheitsstrafe bis zu sechs Monaten oder mit Geldstrafe bis zu 360 Tagessätzen zu bestrafen.
(1a) Nach Abs. 1 ist auch zu bestrafen, wer eine andere Person durch eine intensive Berührung einer der Geschlechtssphäre zuzuordnenden Körperstelle in ihrer Würde verletzt.
(2) ....

Rechtspolitische Zielrichtung des Abs. 1a ist die Kriminalisierung sexueller Übergriffe. Alltagsbegriffe wie „Grapschen" sind da selbstverständlich nicht angebracht. Freilich musste sich der Straflegist bemühen, eine brauch- und judizierbare Abgrenzung harmloser Berührungen von intolerablem Verhalten zu finden. Ohne unbestimmte, durch Wertungsentscheidungen aufgeladene Definition konnte das nicht bewerkstelligt werden. Die beinahe archaische Klarheit der Morddefinition ist in diesem Bereich daher nicht zu erreichen.

j) Übergangsrecht ins Chaos (§ 707a öASVG) – Abschaffung des Pflegeregresses

Beispiel: Weitere Schlussbestimmungen zu Art. 1 des Bundesgesetzes BGBl. I Nr. 125/2017

§ 707a.

(1) …

(2) (Verfassungsbestimmung) § 330a samt Überschrift in der Fassung des Bundesgesetzes BGBl. I Nr. 125/2017 tritt mit 1. Jänner 2018 in Kraft. Ab diesem Zeitpunkt dürfen Ersatzansprüche nicht mehr geltend gemacht werden, laufende Verfahren sind einzustellen. Insoweit Landesgesetze dem entgegenstehen, treten die betreffenden Bestimmungen zu diesem Zeitpunkt außer Kraft. Nähere Bestimmungen über den Übergang zur neuen Rechtslage können bundesgesetzlich getroffen werden. Die Durchführungsverordnungen zu einem auf Grund dieser Bestimmung ergehenden Bundesgesetz sind vom Bund zu erlassen.

Der absolute Tiefpunkt der Gesetzgebung in Verfassungsrang. Bewusst rede ich nicht von Legistik, weil dies ein Initiativantrag aus dem Nationalrat selbst war. Er lässt uns bei allen Abgrenzungsfragen im Stich. Unklarer geht es wohl nicht mehr.[231] Dazu tritt noch das Problem, dass sich die Bestimmung nicht einmal vor dem VfGH auf ihre Sachlichkeit überprüfen lässt, weil sie eben in Verfassungsrang beschlossen wurde.

k) Warum man taxative Listen auch „erschöpfend" nennt (§ 6 öUStG)

Die Frage, welche Umsätze nicht der USt unterliegen, ist selbstverständlich wichtig. § 6 UStG zählt die Fälle auf. Abgedruckt würde er 9,5 DIN-A4-Seiten ausfüllen, und er umfasst nicht weniger als 34 021 Zeichen.[232] Als Adressaten der Norm scheinen hier nur noch in allerletzter Linie die Rechtsunterworfenen angesprochen. Freilich würden sie gern wissen, was steuerfrei ist. Beantworten können das aber nur noch die Spezialisten. Hoffentlich verstehen es alle Steuerberater.

---

231 Näheres bei *Fucik/Mondel,* Abschaffung 382; *Fucik,* Pflegeregressabschaffung 4.

232 Aus Platzgründen wird § 6 UStG hier nicht abgedruckt. Die Leser können sich im RIS selbst ein Bild von diesem Text machen.

Und was sagen die Legistischen Richtlinien dazu? Regel 13 doziert: „Der in einem Paragraphen zusammengefasste Text soll nicht länger als zwei eineinhalbzeilig beschriebene Seiten (rund 3500 Anschläge) sein. Innerhalb eines Paragraphen dürfen keinesfalls mehr als acht Absätze gebildet werden."[233]

Eine Alternative zu solchen Paragrafenungeheuern läge in der Aufzählung in einer Anlage oder Tabelle. Aus Abs. 1 könnte dann folgender Text werden (und Abs. 4 und 5 könnte man entsprechend vereinfachen):

Vorschlag: Steuerbefreiungen
§ 6.
(1) Von den unter § 1 Abs. 1 Z 1 fallenden Umsätzen sind die in Anlage X zu diesem Gesetz genannten steuerfrei.

Da es aber irgendwo im Gesetz bei der Aufzählung bleiben muss, kann man eine solche Entschlackung des Paragrafen auch als bloße Kosmetik sehen.

Auch im deutschen Recht finden sich zahlreiche anschauliche Beispiele:

l) Offenlegung der Stellvertretung

Beispiel: § 164 BGB
...
(2) Tritt der Wille, in fremdem Namen zu handeln, nicht erkennbar hervor, so kommt der Mangel des Willens, im eigenen Namen zu handeln, nicht in Betracht.

Nach dem Handbuch der Rechtsförmlichkeiten würde der Versuch, den Inhalt dieser – in der Vergangenheit ausschließlich für Juristen auf höchstem Abstraktionsniveau verfassten – Norm allgemeinverständlich auszudrücken, nicht nur die Vorschrift wesentlich verlängern, sondern er könnte auch in die sprachliche und systematische Einheit des Gesetzes eingreifen.

Trotzdem ein Versuch:

Vorschlag: § 164 BGB
(2) Wurde der Wille, in fremdem Namen zu handeln, nicht offengelegt, so kann sich niemand darauf berufen, dass es am Willen fehlte, im eigenen Namen zu handeln.

---

233 Von 3500 Anschlägen (heute spricht man von „Zeichen") ist dieser Paragraf weit entfernt. Er erreicht fast das Zehnfache der „Grenzmenge".

m) Unmittelbarkeit und Rechtshilfe

Dass das erkennende Gericht in aller Regel auch selbst die Beweise aufnehmen muss, es aber Ausnahmen gibt, drückt die dZPO wie folgt aus:

Beispiel: Zivilprozessordnung
§ 355 Unmittelbarkeit der Beweisaufnahme
(1) Die Beweisaufnahme erfolgt vor dem Prozessgericht. Sie ist nur in den durch dieses Gesetz bestimmten Fällen einem Mitglied des Prozessgerichts oder einem anderen Gericht zu übertragen.
(2) Eine Anfechtung des Beschlusses, durch den die eine oder die andere Art der Beweisaufnahme angeordnet wird, findet nicht statt.

Das könnte auch noch verständlicher sein, z. B. durch folgende Formulierung:

Vorschlag: § 355 Unmittelbarkeit der Beweisaufnahme
(1) Das Prozessgericht nimmt die Beweise auf, außer in den Fällen, in denen dieses Gesetz die Beweisaufnahme durch ein einzelnes Mitglied des Prozessgerichts oder ein anderes Gericht zulässt.
(2) Gegen Beschlüsse, welche die eine oder die andere Art der Beweisaufnahme anordnen, ist kein Rechtsmittel zulässig.

Oder auch
(2) Beschlüsse über die eine oder die andere Art der Beweisaufnahme können nicht angefochten werden.

Die zweite Alternative zu Abs. 2 liest sich besser. Aber der Jurist mag entgegnen: Selbstverständlich „können" die Beschlüsse angefochten werden, die Anfechtung muss allerdings als unzulässig zurückgewiesen (in noch schönerem Amtsdeutsch „verworfen") werden! Zurück zum Urtext, der das gleiche juristisch-logische Problem hat: Wieso „findet" die Anfechtung „nicht statt"? Sie kann ja vorkommen, ist aber dann eben nicht in der Sache („meritorisch") zu behandeln.[234]

---

234 Der Hinweis auf das Gedicht „Die unmögliche Tatsache" von *Christian Morgen-*

n) Vertretung der Aktiengesellschaft

Sehr einsichtig ist es, dass Dritten gegenüber, also im Außenverhältnis, die Vertretungsbefugnis des Vorstands einer AG nicht beschränkt werden kann. Nicht annähernd so zwingend wäre es, wenn im Innenverhältnis keine Limits gesetzt werden können.

Das Gesetz drückt es so aus:

Beispiel: Aktiengesetz (Österreich)
§ 82 Beschränkungen der Vertretungs- und Geschäftsführungsbefugnis
(1) Die Vertretungsbefugnis des Vorstands kann nicht beschränkt werden.
(2) Im Verhältnis der Vorstandsmitglieder zur Gesellschaft sind diese verpflichtet, die Beschränkungen einzuhalten, die im Rahmen der Vorschriften über die Aktiengesellschaft die Satzung, der Aufsichtsrat, die Hauptversammlung und die Geschäftsordnungen des Vorstands und des Aufsichtsrats für die Geschäftsführungsbefugnis getroffen haben.

Aber kann man das auch noch klarer fassen? Versuchen wir es:

Vorschlag: Aktiengesetz (Österreich)
§ 82 Beschränkungen der Vertretungs- und Geschäftsführungsbefugnis
(1) Die Vertretungsbefugnis des Vorstands kann Dritten gegenüber nicht beschränkt werden.
(2) Im Verhältnis zur Gesellschaft müssen die Vorstandsmitglieder die Beschränkungen einhalten, welche die Satzung, der Aufsichtsrat, die Hauptversammlung oder die Geschäftsordnungen des Vorstands und des Aufsichtsrats im Rahmen der Vorschriften über die Aktiengesellschaft, für die Geschäftsführungsbefugnis getroffen haben.

Kenner mögen gegen den Einschub „Dritten gegenüber" einwenden, dass „Vertretung" eben das Außenverhältnis und „Geschäftsführungsbefugnis" das Innenverhältnis betrifft. Aber richtet sich das AktG nur an Kenner?

---

stern mit dem Ende: „Weil, so schließt er messerscharf, nicht sein kann, was nicht sein darf", darf hier nicht fehlen.

Abs. 2 litt darunter, dass er nicht gerade deutlich machte, wer (welche Institute – nämlich die Satzung als Gesellschaftsvertrag und die Geschäftsordnung – und welche Institutionen, nämlich der Aufsichtsrat und die Hauptversammlung) auf welcher Grundlage die Beschränkungen setzen kann. Ob man „die Vorschriften über die Aktiengesellschaft" durch die rein sprachlich schönere Form „dieses Gesetzes" ersetzen kann oder auch Vorschriften außerhalb des AktG einschlägig sein können, müsste ein Gesellschaftsrechtsexperte entscheiden.

o) Haftungsprivileg der Arbeitgeber

In § 104 SGB VII (7. Buch des deutschen Sozialgesetzbuchs) ist ähnlich wie in § 333 des österreichischen Allgemeinen Sozialversicherungsgesetzes vorgesehen, dass der Arbeitgeber für Arbeitsunfälle – außer bei vorsätzlicher Schädigung – nicht haftet, sondern an die Stelle eines Schaden(s)ersatzanspruchs die Leistungen aus der gesetzlichen Unfallversicherung treten. Hier soll keine rechtspolitische Kritik daran geübt werden (die gibt es an anderen Stellen, doch hier geht es keinesfalls um den Inhalt der Bestimmung).

Es soll aber auch gar keine sprachliche Lösungsalternative angeboten werden. Lassen Sie einfach den Text auf sich wirken und überlegen Sie kurz, wie viele andere Vorschriften man durch die Verweisungstechnik dazu lesen muss, um den Inhalt zu verstehen. In einem zweiten Schritt lässt sich freilich darüber nachdenken, ob diese Bestimmung überhaupt viel verständlicher fassbar wäre, wenn man die Verweisungen auflöste. Zweifel sind erlaubt.

Beispiel: § 104 SGB VII Beschränkung der Haftung der Unternehmer

(1) Unternehmer sind den Versicherten, die für ihre Unternehmen tätig sind oder zu ihren Unternehmen in einer sonstigen die Versicherung begründenden Beziehung stehen, sowie deren Angehörigen und Hinterbliebenen nach anderen gesetzlichen Vorschriften zum Ersatz des Personenschadens, den ein Versicherungsfall verursacht hat, nur verpflichtet, wenn sie den Versicherungsfall vorsätzlich oder auf einem nach § 8 Abs. 2 Nr. 1 bis 4 versicherten Weg herbeigeführt haben. Ein Forderungsübergang nach § 116 des Zehnten Buches findet nicht statt.

(2) Absatz 1 gilt entsprechend für Personen, die als Leibesfrucht durch einen Versicherungsfall im Sinne des § 12 geschädigt worden sind.

Beispiel: (3) Die nach Absatz 1 oder 2 verbleibenden Ersatzansprüche vermindern sich um die Leistungen, die Berechtigte nach Gesetz oder Satzung infolge des Versicherungsfalls erhalten.

B. Recht und Sprache in der Vertragsgestaltung *(Paul Nimmerfall)*

1. Einleitung

Über die Gestaltung von Verträgen kann man ganze Bücher schreiben.[235] Wir setzen uns im Folgenden zwar primär mit den sprachlichen Aspekten der Vertragsgestaltung auseinander, Sprache und Vertragstechnik gehen jedoch gewissermaßen Hand in Hand. Daher beschäftigen wir uns hier zunächst mit einigen grundsätzlichen Hinweisen zur Gestaltung von Verträgen (siehe unten 2. Der Weg der Vertragserrichtung). Im Anschluss gehen wir auf die sprachlichen Besonderheiten ein (siehe unten 3. Sprachliche Besonderheiten). Auch wenn der Fokus dieses Kapitels auf der sprachlichen Gestaltung von Verträgen liegt, sollten Sie die allgemeinen Vorschläge für bessere Sprache im Hinterkopf behalten.[236]

Zur leichteren Verständlichkeit greifen wir auch in diesem Kapitel auf zahlreiche Beispiele zurück. Die Tatsache, dass es sich dabei um Beispiele aus der Praxis handelt, zeigt Ihnen zwei Dinge: Erstens, dass schlechter Sprachgebrauch kein Hirngespinst der Autoren ist, sondern in der Praxis tatsächlich – und leider viel zu oft – vorkommt. Und zweitens, dass niemand vor Fehlern gefeit ist. Das gilt für Anfänger ebenso wie für erfahrene Praktiker. Eine holprige Formulierung, über die wir heute vielleicht schmunzeln, kann schon morgen aus unserer eigenen Feder stammen. Die angeführten Beispiele dienen daher nicht dem Amüsement der Leser, sondern sollen vor allem eines: Gefahren aufzeigen und Sie dazu anregen, Vertragstexte kritisch zu hinterfragen.[237]

Besondere Vorsicht ist bei Musterverträgen geboten. Musterverträge sind zwar praktisch, weil sie die Effizienz der Vertragserrichter steigern (ganz nach dem Motto: *„Man muss das Rad nicht neu erfinden“*). Auf der anderen Seite führen Musterverträge jedoch dazu, dass (sprachliche und rechtliche) Fehler reproduziert werden. Sie sind gut beraten, Musterverträgen nicht blind zu vertrauen.

---

235 Siehe z. B. *Kunkel*, Vertragsgestaltung; *Aderhold/Koch/Lenkaitis*, Vertragsgestaltung; *Langenfeld/Moes*, Grundlagen; *Kerschner*, Handbuch.

236 Siehe oben Kapitel I. – Vorschläge für bessere Sprache.

237 Siehe oben Kapitel I. – Vorschlag 21.

a) Welche Rolle spielt Sprache in der Vertragsgestaltung?

Holprige Sätze, falsche Begriffe und unpräzise Formulierungen sind im Vertrag nicht nur eine Frage des sprachlichen Stils, sondern oftmals auch eine Frage der rechtlichen Konsequenz.[238] Bereits kleine Unachtsamkeiten können unmittelbare rechtliche Folgen nach sich ziehen. Welche juristischen Probleme sprachlich missglückte Formulierungen aufwerfen, möchten wir anhand des folgenden Beispiels zeigen:[239]

Beispiel: In einem Kaufvertrag über ein Pferd findet sich in § 4 folgende Bestimmung:

Der Verkäufer garantiert, dass das Pferd gesund und frei von Mängeln, Fehlern und das es für den Verwendungszweck (z.B. Reiten und Fahren), geeignet ist. Er haftet für auftretende Mängel in der gesetzlichen Gewährfrist.

Dem aufmerksamen Leser stellen sich nach der Lektüre einige Fragen:

- Will der Verkäufer Mängelfreiheit und Verwendungszweck „garantieren“ oder „gewährleisten“?[240]
- Welche „Fehler“ kann ein Pferd haben? Sind nicht alle „Fehler“ ohnehin „Mängel“?
- Welche Verwendungszwecke kann ein Pferd haben? Warum werden „Reiten und Fahren“ nur beispielhaft genannt? Gibt es noch andere Verwendungszwecke?
- Warum wird von „Gewährfrist“ und nicht „Gewährleistungsfrist“ gesprochen?
- Der erste Satz enthält einen Rechtschreibfehler („und das“ statt „und dass“), zudem ist der dritte Beistrich im ersten Satz (nach „Fahren“) falsch gesetzt. Dies erschwert die Verständlichkeit des Textes.

Derartige Unklarheiten müssen noch nicht zwangsläufig zu juristischen Konsequenzen führen. Oftmals wird es keinen Grund für eine rechtliche Auseinandersetzung geben. Selbst im Fall eines Gerichtsprozesses könnte die Richterin oder der Richter im Endeffekt zu Ihren Gunsten entscheiden. Weil ohnehin klar ist, was gemeint war oder, wie Juristen und Juristinnen

---

238 Vgl. § 915 ABGB und § 305c BGB, wonach unklare Formulierungen zum Nachteil jener Partei ausgelegt werden, welche sich dieser bedient hat.

239 Die Klausel entstammt einem Muster-Kaufvertrag des Niederösterreichischen Pferdesportverbands.

240 Ähnliche Fragen stellen sich auch bei „Versprechungen“ und „Versicherungen“.

sagen, *„falsa demonstratio non nocet"*.[241] Vielleicht, vielleicht aber auch nicht. Ihre Aufgabe als Vertragserrichterin oder Vertragserrichter ist es, das Risiko eines Konflikts zu minimieren.

An dieser Stelle möchten wir noch auf einen weiteren Aspekt hinweisen, der für das Verständnis der Vertragsgestaltung ganz wesentlich ist. In einer Konfliktsituation ist es zweifellos hilfreich, einen vertraglichen Anspruch zu haben, im Ernstfall muss dieser aber erst gerichtlich durchgesetzt werden. In der Praxis ist es so, dass die wenigsten Menschen gerne vor Gericht ziehen. Prozesse sind teuer, emotional belastend und – selbst wenn Sie sich im Recht wähnen – mit einer gewissen Unsicherheit behaftet (vgl. das Sprichwort: *„Vor Gericht und auf hoher See ist man in Gottes Hand"*). Dieses Faktum müssen Sie bei der Vertragsgestaltung berücksichtigen. Wollen Sie einen Anspruch rasch durchsetzen, müssen Sie darauf achten, dass der Vertrag „wasserdicht" ist. Umgekehrt können Sie die Durchsetzung mit unklaren Formulierungen aber auch erschweren oder behindern, ohne dass dies für jeden Vertragspartner offensichtlich ist.[242]

Sprache kann in der Vertragsgestaltung also unterschiedliche Funktionen haben. Sie kann klarstellen und präzisieren, aber auch vernebeln und verwirren. Dies gesagt, wollen wir darauf hinweisen, dass es in der weitaus überwiegenden Zahl der Fälle nicht ratsam ist, das Gegenüber *„übers Ohr hauen"* zu wollen.

b) Welche Unterschiede gibt es zu anderen Gebieten?

An die Sprache werden im Vertrag andere Anforderungen gestellt als auf anderen Gebieten. Im Gegensatz zu journalistischen Artikeln oder wissenschaftlichen Texten steht bei der Vertragsgestaltung die Präzision deutlicher im Vordergrund. Sprachliche Stilmittel und klingende Formulierungen spielen eine untergeordnete Rolle.

Anders als Legisten oder Richter sind Vertragserrichter zudem oft parteiisch (z.B. Anwältin oder Anwalt, die Interessen der Mandanten vertreten müssen). Die „richtige" Verwendung von Sprache ist daher relativ. Manchmal mag es für eine der Vertragsparteien sinnvoll sein, eine bewusst unklare Formulierung zu wählen. Manche Unternehmen gehen sogar einen Schritt weiter und bedienen sich in Allgemeinen Geschäftsbedingungen rechtlich fragwürdiger Bestimmungen. Selbst wenn sich diese letztendlich als rechtswidrig herausstellen, können Unternehmen davon ausgehen, dass nicht je-

---

241 Erst kürzlich wieder durch den Obersten Gerichtshof (OGH) bestätigt (OGH 9. 6. 2020, 14 Os 12/20a).

242 Zu beachten sind jedoch die Unklarheitenregel (§ 915 ABGB, § 305c Abs. 2 BGB) und das Transparenzgebot (§ 6 öKSchG, § 307 BGB).

der Kunde ein Gerichtsverfahren anstreben wird. Unter diesen Umständen können sogar rechtswidrige Bestimmungen faktisch nützlich, also profitabel, sein.[243]

2. Der Weg der Vertragserrichtung

Im Alltag des 21. Jahrhunderts ist man mit zahlreichen unterschiedlichen Verträgen konfrontiert. Bei der Nutzung einer App[244] stimmen Sie Allgemeinen Geschäftsbedingungen zu, im Supermarkt schließen Sie an der Kassa Kaufverträge ab. Egal ob Sie ein Haus kaufen oder ein Auto leasen, ein Hotelzimmer mieten oder gar Ihren Partner heiraten – überall werden Verträge geschlossen. Blicken wir auch noch ins Wirtschaftsleben, so können wir die Liste um Gesellschafts-, Software- oder Franchiseverträge erweitern, um nur drei beliebige Beispiele zu nennen.

Einige Merkmale sind aber allen – zumindest zweiseitigen – Verträgen gemeinsam. Zwei oder mehrere natürliche oder juristische Personen (die Vertragsparteien) wollen einen Lebenssachverhalt rechtlich regeln. Als Folge der *Privatautonomie* können die Vertragsparteien ihre Vertragsbeziehung weitestgehend eigenständig bestimmen. Oftmals gibt es zwar eine gesetzliche Regelung, die Parteien können von dieser jedoch abweichen (*dispositives Recht*). Zwingende Bestimmungen kommen vor allem dort vor, wo eine Partei schutzwürdiger erscheint als die andere (z. B. im Arbeits- oder Mietrecht).

Aus diesen sehr allgemeinen Überlegungen lassen sich einige Grundregeln ableiten, die bei der Vertragsgestaltung beachtet werden sollten:

a) Eine klare Vorstellung haben

Wie für jeden anderen Text gilt auch für den Vertrag: Bevor Sie mit dem Schreiben beginnen, müssen Sie wissen, was Sie schreiben oder – im Falle eines Vertrags – regeln wollen. Nur wenn Sie eine klare Vorstellung davon haben, können Sie Ihre Gedanken auch klar zu Papier bringen.[245] In einem ersten Schritt empfiehlt es sich, den Ihnen vorliegenden Sachverhalt ganz „unjuristisch“ zu betrachten. Stellen Sie sich banale Fragen wie: Was wollen die Parteien regeln? Mit welchen Problemen sind die Parteien konfrontiert?

---

243 Gegen diese moralisch bedenkliche Praxis gehen Konsumentenschutzverbände mit Sammelklagen vor. Vgl. auch oben in FN 238 zur Unklarheitenregel und zum Transparenzgebot. Zu einer anderen Problematik siehe *Bydlinski,* Gerichte mit Unternehmen strenger als mit dem Gesetzgeber, Die Presse 2015/39/05.

244 Laut Duden ist sowohl „die App“ als auch „das App“ zulässig. Interessanterweise heißt es nach dem Duden offenbar auch „das (!) WhatsApp“ (https://www.duden.de/suchen/dudenonline/Whatsapp; 19. 5. 2020).

245 Siehe oben Kapitel I. – Vorschlag 3.

Welche Probleme könnten sich daraus in Zukunft ergeben?

Beispiel: Wenn Sie mit Ihrem gesamten Ersparten ein Haus kaufen, möchten Sie den Kaufpreis nur zahlen, wenn Sie sicher Eigentümer des Hauses werden. Entspricht das Haus nicht bestimmten Vorstellungen, möchten Sie Ihr Geld zurück.

Erst in einem zweiten Schritt sollten Sie daran denken, wie Sie mit den identifizierten Problemen rechtlich umgehen:

Beispiel: Wenn Sie mit Ihrem gesamten Ersparten ein Haus kaufen, möchten Sie den Kaufpreis nur zahlen, wenn Sie sicher Eigentümer des Hauses werden (= rechtlich: Eigentumsübertragung, Kaufpreisabwicklung, Treuhand). Entspricht das Haus nicht Ihren Vorstellungen, möchten Sie Ihr Geld zurück (= rechtlich: Gewährleistung, allenfalls Irrtum).

b) Eine klare Struktur überlegen

Sobald Sie einen klaren Gedanken gefasst haben, können Sie diesen zu Papier bringen. Die Struktur kann sich aus dogmatischen Vorgaben oder der Eigenart des Vertragstyps ergeben.[246] Selbst wenn Sie in der Gestaltung frei sind, sollte die Struktur jedoch einer gewissen Logik folgen – die Beendigung des Vertrags wird daher regelmäßig am Ende des Vertrags geregelt.

Zu Beginn ist es empfehlenswert, sich vom „großen Ganzen" auf die Detailebene hinunterzuarbeiten. Überlegen Sie sich zunächst die Überschriften des Vertrags. So bekommen Sie einen guten Überblick über den Vertragsinhalt. In einem nächsten Schritt können Sie sich den einzelnen Regelungen widmen.

c) Einen Vertrag zu schreiben heißt Probleme zu antizipieren

Verträge bilden ein Regelwerk zwischen verschiedenen Personen. Ziel ist es, potenzielle Konfliktsituationen zu erkennen und vertraglich zu lösen.[247] Da niemand vorhersagen kann, was die Zukunft bringt, ist es bei der Vertragsgestaltung notwendig, die richtige Balance zwischen konkreten und abstrakten Regelungen zu finden. Anstatt beispielsweise sämtliche Kündigungsgründe aufzulisten, wird es oft sinnvoller sein, nur einzelne Gründe zu nennen, um eine gewisse Richtung vorzugeben:

---

246 Vgl. *Langenfeld/Moes*, Grundlagen 25 f.
247 Vgl. *Köhl*, Gestaltung Kap. 2, 1.

Beispiel: Zwei Unternehmen haben ein Joint Venture gegründet. Im Kooperationsvertrag der Unternehmen findet sich in Punkt 7 folgende Bestimmung zur Beendigung des Joint Ventures:

7 Beendigung

7.1 Die Vertragsparteien schließen die ordentliche Kündigung des Vertrags aus.

7.2 Die Vertragsparteien haben das Recht, den Vertrag aus wichtigem Grund zu kündigen. Ein wichtiger Grund liegt insbesondere vor, wenn
(i.) die andere Partei eine wesentliche Bestimmung dieses Vertrags verletzt; oder
(ii.) bei der anderen Partei ein Change of Control vorliegt; oder
(iii.) über das Vermögen der anderen Partei ein Insolvenzverfahren eröffnet wird.

In Punkt 7.2 machen die Vertragsparteien einerseits deutlich, dass nicht jede Vertragsverletzung zur Kündigung berechtigen soll. Andererseits wird durch das Wort „insbesondere" der Anwendungsbereich offengehalten.

Für einen guten Vertrag ist es essenziell, immer einen Schritt voraus zu denken … und dann vielleicht noch einen Schritt weiter. Welche Auswirkung hat es, wenn x oder y eintritt? Wie geht es dann weiter? Kommen wir dazu noch einmal auf das vorige Beispiel zurück. Mit welchen Fragen sind Sie konfrontiert, wenn ein wichtiger Grund eintritt und eine Vertragspartei daraufhin den Vertrag kündigen möchte? Überlegen Sie:

- Gibt es eine Kündigungsfrist oder wird der Vertrag in der Sekunde der Kündigung aufgelöst?
- In welcher Form muss die Kündigung erfolgen? Reicht ein Anruf des Geschäftsführers oder muss die Kündigung schriftlich erfolgen? Was heißt schriftlich: Reicht ein E-Mail oder bedarf es eines eingeschriebenen Briefs?
- Ist das Kündigungsrecht verwirkt, wenn die Kündigung bei Vorliegen eines wichtigen Grunds nicht ausgesprochen wird? Oder kann auch ein Jahr später noch gekündigt werden?
- Was passiert, wenn die andere Partei in der Lage ist, den wichtigen Grund wieder aus der Welt zu schaffen?

Keine Frage, mit der Komplexität der Materie steigen auch die Anforderungen an die Vertragserrichter. Mit der Erfahrung kommt jedoch auch eine gewisse Routine beim Erkennen von Problemen (mit der Routine kommen manchmal aber auch Unachtsamkeiten). Wichtig ist, dass Sie potenzielle Konfliktsituationen antizipieren und vertraglich regeln. Meistens ist es hilfreich, einen Testdurchlauf zu machen und die verschiedenen „Bedrohungsszenarien“ im Kopf durchzuspielen.

d) Die Funktionalität überprüfen

Die Regelungen im Vertrag sollten in sich konsistent sein und „funktionieren“. Auch wenn sie auf den ersten Blick sinnvoll erscheinen, können sie doch auf den zweiten Blick anderen Regelungen widersprechen. Derartige Widersprüche sollten um jeden Preis vermieden werden. Der beste Ratschlag, den wir Ihnen dazu geben können: Lesen Sie den Vertrag nach Fertigstellung mehrmals aufmerksam und kritisch durch![248] Sofern es möglich ist, holen Sie eine zweite Meinung ein – vier Augen sehen mehr als zwei.

Auf die einheitliche Verwendung der Sprache werden wir später noch zurückkommen.[249]

e) Das Recht kennen

Um einen Vertrag zu schreiben, müssen Sie nicht zwangsläufig Jurist/-in sein. Denken Sie beispielsweise an einfache Kauf- oder Mietverträge. Je komplexer ein Sachverhalt jedoch ist, desto mehr Probleme stellen sich bei der Vertragserrichtung. Ohne Kenntnis der einschlägigen Gesetze geht es bald nicht mehr. Um zu wissen, was man regeln will, muss man die rechtlichen Vorschriften kennen: Was ist zwingendes Recht, wovon kann man abweichen? Welche Formvorschriften gibt es? Ist der Vertrag in dieser Weise tatsächlich durchsetzbar? Was sagt die Rechtsprechung? Welche Folgen hat eine bestimmte Vertragsgestaltung abseits des Vertragsverhältnisses (z.B. im Steuerrecht)? Sie würden auch nicht auf die Idee kommen, ein Haus zu bauen, ohne die grundsätzlichen Regeln der Statik zu kennen.

Welche Konsequenzen mangelnde Rechtskenntnis haben kann, zeigen zwei Beispiele:

Erstens: Unter Privaten oder Unternehmern können Sie die Gewährleistung ausschließen. Gegenüber einem Verbraucher ist das dem Unternehmer nicht oder nur in bestimmten Fällen möglich.

Zweitens: Der Kaufvertrag über Anteile an einer GmbH muss ein in notarieller Form geschlossener Vertrag sein. Fehlt es an der richtigen Form, ist die Anteilsübertragung nichtig und der Vertrag nicht durchsetzbar.

---

248 Siehe Kapitel I. – Vorschlag 17.
249 Siehe unten Abschnitt 3.

3. Sprachliche Besonderheiten der Vertragsgestaltung

Wir haben bereits darauf hingewiesen, dass sich die Anforderungen an die Sprache im Vertrag von jenen auf anderen Gebieten unterscheiden. Bei der Gestaltung von Verträgen haben Einheitlichkeit und Präzision oberste Priorität. Sprachliche Gewandtheit und guter Stil folgen erst an zweiter Stelle. Die hohe Kunst ist es, beides zu kombinieren.

Auf den folgenden Seiten zeigen wir Ihnen, auf welche sprachlichen Feinheiten Sie im Vertrag achten sollten. Unter a) besprechen wir einige Aspekte technischer Vertragssprache, mit denen Sie in der Praxis immer wieder konfrontiert sind. Unter b) wenden wir uns einzelnen Wörtern und Begriffen zu.

a) Technische Vertragssprache und rechtliche Folgen

Für Juristen sind Wörter nicht immer nur Wörter, hinter manchen Wörtern stecken rechtliche Konzepte. Kennt man diese nicht oder übersieht sie, kann das böse enden. Sind Sie sich der rechtlichen Konsequenzen jedoch bewusst, können Sie sich diese auch zunutze machen (siehe oben – *Einleitung*).

i. Aufzählungen

Kaum ein Vertrag kommt ohne Aufzählungen aus; denken Sie nur an die Aufzählung bestimmter Voraussetzungen. Was genau aufgezählt wird, ist im Folgenden aber gar nicht so wichtig. Sie sollten sich nur bewusst sein, dass Aufzählungen je nach Wortwahl abschließend oder beispielhaft sind.

In einem Unternehmenskaufvertrag finden Sie in Punkt 5.1 folgende Bestimmung:

Beispiel:

5 [Gewährleistung]

5.1 Die Verkäuferin leistet gegenüber der Käuferin im Zusammenhang mit dem Verkauf und der Übertragung des vertragsgegenständlichen Geschäftsanteils **ausschließlich** Gewähr dafür, dass die nachstehenden Erklärungen am Tag der Unterfertigung dieses Vertrags und auch am Tag des Closing richtig sind:
[x];
[y];
[z].

Das Wort „ausschließlich“ signalisiert, dass nur für die genannten Erklärungen gewährleistet wird (taxative Aufzählung). Durch die Verwendung von

Wörtern wie „insbesondere", „unter anderem", „in der Regel", „jedenfalls" oder „grundsätzlich" wird der Anwendungsbereich der Bestimmung geöffnet (demonstrative Aufzählung).

Beim Wort „grundsätzlich" ist auch ein anderer Aspekt interessant. Als Juristen verwenden wir „grundsätzlich" gewissermaßen als Schlupfloch. Ist eine Handlung *grundsätzlich* rechtswidrig, halten wir uns damit die Möglichkeit offen, die Handlung später – unter gewissen Umständen – doch noch als rechtmäßig zu beurteilen. Wir wollen (oder können) uns nicht mit hundertprozentiger Sicherheit festlegen. Im allgemeinen Sprachgebrauch kann „grundsätzlich" aber auch bedeuten, dass etwas einem Grundsatz folgt und daher besonderes Gewicht hat oder gar immer so ist (vgl. auch prinzipiell).[250] Ist eine Handlung *grundsätzlich* rechtswidrig, könnte das also auch bedeuten, dass wir die Rechtswidrigkeit besonders betonen wollen (vgl. auch „etwas grundsätzlich ablehnen").

Kommen wir zu den taxativen und demonstrativen Aufzählungen zurück. Ein ähnliches Problem stellt sich auch bei den Wörtern „und" und „oder":

Beispiel: Der Verkäufer muss die vereinbarten Mengen an den Firmenstandort des Käufers in München, Hamburg **oder** Wien liefern.

Der Verkäufer muss die vereinbarten Mengen an den Firmenstandort des Käufers in München, Hamburg **und** Wien liefern.

Welche rechtlichen Folgen gehen damit einher? „Oder" signalisiert, dass die Mengen an <u>einen</u> der drei Standorte geliefert werden müssen (alternative Aufzählung). „Und" könnte dagegen signalisieren, dass <u>sämtliche</u> Standorte beliefert werden müssen (kumulative Aufzählung). Statt „beziehungsweise" kann meistens „und" oder „oder" verwendet werden. Daher sollten Sie auf „beziehungsweise" möglichst verzichten.[251]

Aufzählungen im Vertrag richtig zu verwenden ist keine Wissenschaft. Das System folgt ohnehin weitestgehend der Sprachlogik. Solange Sie die genannten Wörter im Auge behalten, sind Sie auf der sicheren Seite.

---

250 Vgl. Duden, „grundsätzlich" (https://www.duden.de/rechtschreibung/grundsaetzlich; 2. 6. 2020).

251 Siehe auch *Hinger,* und oder oder oder bzw. 91; *Hopf,* Beziehungsweise 200.

ii. Klare Regelung der Rechte und Pflichten

In Verträgen verpflichten sich die Parteien zu gegenseitigen Leistungen. Um Ansprüche durchsetzen zu können, müssen diese eindeutig geregelt sein. Die Verpflichtung einer Vertragspartei kann sprachlich durch verschiedene Formulierungen erreicht werden (Gleiches gilt umgekehrt auch für die Einräumung von Rechten):

Beispiel: Die Verkäuferin ist verpflichtet, den Kaufgegenstand am 1.1.2023 an den Käufer zu übergeben.

Die Verkäuferin muss den Kaufgegenstand am 1.1.2023 an den Käufer übergeben.

Diese Formulierungen drücken eine klare Verpflichtung der Verkäuferin aus. Sie muss den Kaufgegenstand am 1.1.2023 übergeben (vgl. auch „hat zu übergeben"). Gehen wir jedoch einen Schritt weiter. Unstrittig ist wohl, dass die Verkäuferin den Kaufgegenstand irgendwann übergeben muss – das ist wesentlicher Bestandteil des Kaufvertrags. Fraglich ist jedoch der Zeitpunkt der Übergabe. Muss diese am 1.1.2023 erfolgen oder kann der Kaufgegenstand auch an einem anderen – noch nicht näher bestimmten – Tag übergeben werden?

Beispiel: Die Verkäuferin soll den Kaufgegenstand am 1.1.2023 an den Käufer übergeben.

Die Verkäuferin sollte den Kaufgegenstand am 1.1.2023 an den Käufer übergeben.

Ob im ersten Satz („soll") eine Verpflichtung zu sehen ist, darüber kann man trefflich streiten.[252] Schon die Legistischen Richtlinien weisen darauf hin, dass das Wort „sollen" wegen seines mehrdeutigen Sinns in Gebots- und Verbotsvorschriften zu vermeiden ist.[253] Streng genommen drückt „soll" nur eine – wenn auch starke – Empfehlung aus. Die Verkäuferin soll, aber sie muss nicht.[254] In diesem Fall gibt es jedoch sicherlich einen gewissen Spiel-

---

252 Wohl auch über die Formulierung „wird übergeben", die streng genommen keine rechtliche Verpflichtung, sondern vielmehr ein Faktum ausdrückt. Vgl. auch die 10 Gebote, die oft als „katholisches Grundgesetz" beschrieben werden.

253 Handbuch der Rechtssetzungstechnik Teil 1: Legistische Richtlinien 1990, Regel Nr. 35, 11.

254 Deutlich trennschärfer ist da schon der Unterschied zwischen „dürfen" und „können".

raum, im Auslegungsprozess zu einem anderen Ergebnis zu kommen (das heißt, zu einer Verpflichtung der Verkäuferin).[255] Ähnlich verhält es sich auch mit dem Wort „tunlichst", das heute noch in zahlreichen Gesetzen und Verordnungen zu finden ist.[256]
Im zweiten Satz fällt die Entscheidung, ob „sollte" eine Verpflichtung ausdrückt, etwas leichter: Als Konjunktiv II zu „soll" drückt „sollte" nämlich nur eine Möglichkeit der Grundform aus und schwächt damit den Verpflichtungsgrad weiter ab. „Sollte" spricht unseres Erachtens daher klar für eine Empfehlung. Noch kniffliger wird es jedoch bei den folgenden Formulierungen:

Beispiel: Die Verkäuferin ist dazu angehalten, den Kaufgegenstand am 1. 1. 2023 an den Käufer zu übergeben.

Es ist gemeinsames Verständnis der Parteien, dass die Verkäuferin den Kaufgegenstand am 1. 1. 2023 an den Käufer übergibt.

Muss die Verkäuferin den Kaufgegenstand am 1. 1. 2023 übergeben? Was denken Sie?
Allein die Tatsache, dass derartige Formulierungen Interpretationsspielraum offenlassen, zeigt das Problem. Es ist zwar nicht ausgeschlossen, dass Sie im Auslegungsweg zum gewünschten Ergebnis kommen, Sie begeben sich damit jedoch auf dünnes Eis und machen sich vom Sprachverständnis des Auslegers abhängig. Diesem Risiko wollen Sie sich bei der Vertragserrichtung auf keinen Fall aussetzen.

iii. Eine Frage des Niveaus

Wir haben bereits mehrmals darauf hingewiesen, dass Einheitlichkeit und Präzision in der Vertragsgestaltung oberste Priorität haben. Im Folgenden geht es um die Bedeutung eines einheitlichen Regelungsniveaus.

So macht es beispielsweise einen Unterschied, ob eine Vertragspartei einen „Erfolg" oder nur „Bemühen" schuldet. Wird „Bemühen" geschuldet, macht es wiederum einen Unterschied, welcher Grad des Bemühens geschuldet wird. Sie sollten darauf achten, im gesamten Vertrag ein einheitliches Re-

---

255 Vgl. auch die Bedeutung des englischen Wortes „shall", das im englischen Sprachraum eine Verpflichtung ausdrückt.

256 Siehe für Deutschland *Hamann*, Tunlichst 13. Eine Recherche im österreichischen Rechtsinformationssystem (RIS) ergab für „tunlichst" 276 Treffer in der Kategorie „Bundesrecht" und 267 Treffer in der Kategorie „Landesrecht gesamt".

gelungsniveau zu verwenden. Abweichungen sollten nur bewusst erfolgen. Die Folgen eines uneinheitlichen Regelungsniveaus zeigen wir Ihnen am besten an einem Beispiel.

Im Entwurf eines Unternehmenskaufvertrags (hier war es ein *Share Purchase Agreement*)[257] sind in Punkt 6 folgende Gewährleistungen geregelt:

Beispiel:	**6**	**Gewährleistung**
	6.1	Der Verkäufer gewährleistet, dass der Geschäftsanteil in seinem alleinigen, unbeschränkten und unbelasteten Eigentum steht.
	[…]	[…]
	6.8	Die Käuferin wird sich <u>bemühen</u>, sämtliche rechtlich notwendigen Genehmigungen einzuholen.

Die Käuferin schuldet gemäß Punkt 6.8 zwar keinen Erfolg, aber Bemühen. Das ist sicherlich weniger als das „Gewährleisten" in Punkt 6.1. Doch was kann man sich unter „Bemühen" nun konkret vorstellen? Ohne weitere Hinweise wird man davon ausgehen können, dass die Käuferin die in ihrer Macht liegenden Anstrengungen unternehmen muss, um die notwendigen Genehmigungen zu erhalten. Sie muss sich eben „bemühen".

Während der Vertragsverhandlungen wird in Punkt 3 eine weitere Bestimmung aufgenommen:

Beispiel:	**3**	**Due Diligence**
	[…]	[…]
	3.11	Der Verkäufer wird sich <u>nach besten Kräften bemühen</u>, sämtliche Due-Diligence-Unterlagen bis spätestens 1.1.2023 im Virtuellen Datenraum bereitzustellen.

Was ist passiert? Es wurde ein neuer Maßstab in den Vertrag eingeführt. In der Hitze des Gefechts sind derartige Änderungen schnell passiert. Gemäß Punkt 6.8 schuldet die Käuferin „Bemühen", nach Punkt 3.11 schuldet der Verkäufer nun aber „Bemühen nach besten Kräften". Das provoziert die Fra-

257 Als *Share Purchase Agreement* (SPA) wird ein Vertrag bezeichnet, der den Kauf/Verkauf von Anteilen an einer Gesellschaft regelt.

ge, was „normales" „Bemühen" bedeuten soll, wenn es nicht „nach besten Kräften" erfolgt. Ist es vielleicht mit dem „sorgfältigen Bemühen" zu vergleichen, das der Arbeitnehmer dem Arbeitgeber schuldet? Das kann wohl niemand so genau sagen. Der Logik folgend wird schlichtes „Bemühen" jedoch weniger Aufwand verlangen als „Bemühen nach besten Kräften". Der neue Maßstab hat den alten entwertet; aus Verkäufersicht hat sich die Vertragsposition daher verschlechtert.

Wenn Sie wollen, dass sich Käufer und Verkäufer mit gleichem Elan um die Einhaltung der Bestimmungen kümmern, müssen Sie darauf achten, ein einheitliches Regelungsniveau zu wahren.

iv. Die Verwendung gesetzlicher Begriffe

Die Verwendung von Rechtsbegriffen ist in vielen Verträgen unerlässlich. Dagegen ist natürlich auch nichts weiter einzuwenden. Entscheidend ist nur, dass Sie wissen, dass es sich um einen rechtlichen Begriff handelt und welche Bedeutung diesem zukommt.

Nehmen wir beispielsweise den Begriff „Kontrolle". Dieser kommt in vielen Unternehmensverträgen auf die eine oder andere Art und Weise vor. Zum Beispiel in sogenannten „Change-of-Control"-Klauseln (siehe oben 2. – Weg der Vertragserrichtung). Hintergrund einer „Change-of-Control"-Klausel ist, dass jede Person ihre Vertragspartner selbst bestimmen will. Für ein amerikanisches Unternehmen wird ein Vertrag mit einem europäischen Unternehmen unbedenklich sein, ein Vertrag mit einem iranischen oder chinesischen Unternehmen – aufgrund internationaler Sanktionen – aber womöglich nicht. Hier kommt die „Change-of-Control"-Klausel ins Spiel. Sobald sich die Eigentümerverhältnisse eines Vertragspartners ändern (hier: europäische Gesellschaft wird von einem chinesischen Konzern übernommen), kann der Vertragspartner (hier: amerikanisches Unternehmen) den Vertrag aus wichtigem Grund kündigen. Mit diesem Wissen können wir nun zurück zum Kontrollbegriff kommen.

In Punkt 11 eines Lieferantenvertrags finden Sie folgende Klausel:

Beispiel:	**11**	**Beendigung**
	[...]	[...]
	11.3	Jeder Erwerb von Kontrolle über eine Partei durch einen Dritten gibt der anderen Partei das Recht, den Vertrag aus wichtigem Grund zu kündigen.

Damit wissen wir nun, welche rechtlichen Folgen der Kontrollwechsel auslöst. Was wir noch nicht wissen: Was bedeutet „Kontrolle" eigentlich? Eine klare gesetzliche Definition gibt es nicht. Der (österreichische) Gesetzgeber verwendet in unterschiedlichen Situationen vielmehr unterschiedliche Kontrollbegriffe, zum Beispiel:

- Im Übernahmerecht liegt eine „kontrollierende Beteiligung" vor, wenn eine Beteiligung mehr als 30 % der Stimmrechte vermittelt.
- Nach § 7 des österreichischen Kartellgesetzes meint Kontrolle jede Beteiligung an einem Unternehmen, die 25 % übersteigt. Kontrolle (das Gesetz spricht hier von „beherrschendem Einfluss") kann auch bei einer Beteiligung von unter 25 % vorliegen, wenn einer Partei anderweitig die Rechte eines 25-%-Gesellschafters eingeräumt werden.
- Der gesellschaftsrechtliche Kontrollbegriff bezieht sich auf die Mehrheit der Anteile an einer Gesellschaft. 50,1 % der Stimmrechte vermitteln Kontrolle.

Wenn Sie an das oben genannte Beispiel denken, macht es einen wesentlichen Unterschied, von welchem Kontrollbegriff Sie ausgehen.[258] Vergewissern Sie sich also, welche rechtlichen Begriffe welche rechtliche Bedeutung haben, und überlegen Sie, wie Sie als Vertragserrichter darauf reagieren – zum Beispiel durch eine Definition.

v. Definitionen

Auch Definitionen werden Sie heutzutage in fast jedem Vertrag finden, dessen Umfang über eine Seite hinausgeht. Komplizierte und umfangreiche Begriffe zu definieren macht Ihnen das Leben einfacher. Es spart Platz und entschlackt den Text:

Beispiel: Alpha Zweihundertdreißigste Beteiligungsverwaltung GmbH („Alpha") und Beta Umweltsystemmanagement und Consulting GmbH & Co. KG („Beta"; gemeinsam „Vertragsparteien").

Es ist einfacher, von „Alpha", „Beta" und „Vertragsparteien" zu sprechen, als die Firmen(namen) im gesamten Vertrag auszuschreiben. Definitionen dienen daher der Vereinfachung und Präzisierung. Doch auch Definitionen

258 Vorsicht ist bei sämtlichen Begriffen geboten, die in unterschiedlichen Gesetzen unterschiedlich verwendet werden.

haben ihre Schattenseiten und können zu Fehlern führen. Auf einige typische Fehlerquellen wollen wir im Folgenden eingehen:

Achten Sie beim Verwenden einer Definition darauf, beim Verfassen des Vertrags durchgehend auf exakt diese Definition zurückzugreifen. Wurde der Vertrag als „Kaufvertrag" definiert, sollten Sie nicht von der „Vereinbarung" oder vom „Agreement" sprechen. Allenfalls kann von „diesem Vertrag" gesprochen werden. Besser ist es aber, den Vertrag im Folgenden einheitlich als „Kaufvertrag" zu bezeichnen. Diese Einheitlichkeit sollten Sie auf jeden Fall bewahren, auch um den Preis, dass sich gewisse Begriffe mehrmals wiederholen und womöglich den Lesefluss stören.

Achten Sie in komplexeren Verträgen besonders darauf, ob Begriffe durch die Definition eine vom allgemeinen Sprachgebrauch abweichende Bedeutung erhalten haben. Im Englischen hat man es grundsätzlich einfacher, da Definitionen meistens mit Großbuchstaben beginnen und sich dadurch von anderen Wörtern abheben.

Beispiel: In the following, "**Agreement**" means this Share Purchase Agreement between Alpha and Beta.

Im Deutschen steht man vor dem Problem, dass Definitionen häufig schwer von anderen Substantiven zu unterscheiden sind. Als Vertragserrichter sollten Sie daher darauf achten, Definitionen im Text entsprechend hervorzuheben (z.B. „VERTRAG" oder „*Vertrag*").

Denken Sie daran, dass Definitionen einem Begriff eine bestimmte Bedeutung geben. Bei der Festlegung der Bedeutung muss man nicht zwangsläufig dem allgemeinen Sprachgebrauch folgen. Definitionen können daher genutzt oder – wenn Sie so wollen – missbraucht werden, um bestimmte Inhalte im Vertrag „zu verstecken". Wenn Sie den Vertrag nicht genauestens studieren, können sich negative rechtliche Folgen ergeben:

Beispiel: A verkauft B eine Vase um EUR 100. Im Anhang des Kaufvertrags finden Sie eine Liste der Definitionen:

Anhang 1 – Definitionen

[...]	[...]
Partei	[...]
Vase	Kleines Trinkgefäß von unterschiedlicher Form mit einem Henkel an der Seite.

Handelt es sich beim Kaufgegenstand tatsächlich um eine Vase? Offenbar nicht. Dieses Beispiel ist natürlich maßlos übertrieben, soll das Problem aber verdeutlichen. In der Praxis zeigt sich das Problem in anderem Gewand:

In Punkt 10 eines Kooperationsvertrags finden Sie folgende Klausel:

Beispiel:	**10**	**Beendigung**
	10.1	[Ordentliche Kündigung]
	10.2	Die Vertragsparteien haben das Recht, den Vertrag aus wichtigem Grund zu kündigen. Als wichtiger Grund gelten (i) Verletzungen des Wettbewerbsverbots, (ii) Verletzungen der Vertraulichkeitsbestimmungen sowie (iii) andere wesentliche Vertragsverletzungen.

30 Seiten später finden Sie im Anhang eine Übersicht der Definitionen, darunter auch:

Beispiel: „**Change of Control**" meint jeden Erwerb von Kontrolle an einer Partei. Kontrolle bedeutet […]. Ein Change of Control gilt als wichtiger Grund iSd Punkt 10.

Wenn Sie den Vertrag nicht genau lesen, entgeht Ihnen eine wichtige Information: Auch ein Kontrollwechsel ermächtigt den Vertragspartner zur Kündigung des Vertrags. Unter Umständen können Sie argumentieren, dass die Aufnahme dieser Bestimmung im Anhang missbräuchlich war, vielleicht sind Sie ohnehin davon ausgegangen, dass ein Kontrollwechsel eine „andere wesentliche Vertragsverletzung" darstellt. Vielleicht – vielleicht aber auch nicht!

b) Verwendung einzelner Wörter und Begriffe

Schon zuvor wurde in diesem Kapitel darauf hingewiesen, dass die Verwendung des richtigen Wortes oder Begriffs im Vertrag einen wesentlichen Unterschied zugunsten der einen oder der anderen Vertragspartei machen kann.

i. Präzision ist das oberste Gebot

Präzision steht in der Vertragsgestaltung an oberster Stelle. Um es pathetisch auszudrücken: Mit jedem ungenauen Wort reißen Sie eine Lücke in Ihre vertragliche Defensivlinie. Diese Lücke könnte es der Gegenpartei ermöglichen, Sie anzugreifen. Vage Ausdrücke und unklare Formulierungen sollten daher vermieden werden.

Wenn Sie wollen, dass eine bestimmte Lieferung am Tag x bei Ihnen eintrifft, genügt es nicht, dass die Lieferung „zeitnah" erfolgt. „Zeitnah" kann Tage, Wochen, ja vielleicht sogar Monate bedeuten. Wenn Sie in einem Dienstvertrag eine „angemessene" Kompensation vereinbaren, sind Konflikte vorprogrammiert. Auch Wörter wie „grundsätzlich", „manchmal" oder „oft" bieten kein ausreichendes Maß an Sicherheit.

Umgekehrt können Sie sich derartige Wörter aber natürlich auch zunutze machen. Wenn Sie sich nicht festnageln lassen wollen, kann ein „grundsätzlich" oder „wahrscheinlich" Wunder wirken, nicht nur im Vertrag. Niemand weiß das besser als routinierte Anwältinnen und Anwälte.

ii. Übertriebener Ausdruck und „überflüssige" Wörter

Im Gegensatz zu anderen Textsorten sollte ein Vertrag sprachlich neutral formuliert sein. Sie müssen niemanden von Ihrem Standpunkt überzeugen. Eine übertrieben kräftige Sprache, polternde Formulierungen und blumige Ausführungen sind *grundsätzlich* fehl am Platz.

Beispiel: Der Verkäufer verpflichtet sich **ausdrücklich** zu folgenden Gewährleistungen:
[…]

Das brauchen sie nicht. Der Verkäufer verpflichtet sich durch seine Unterschrift am Vertrag. Dieser Akt ist ausdrücklich genug. Ein entsprechender Hinweis im Vertrag ändert daran nichts. Ähnliches gilt für Formulierungen wie „klar und deutlich" oder „bei vollem Geisteszustand". Sehen wir uns ein anderes Beispiel aus einem Musterhandbuch an:

Beispiel: Die Vertragsparteien **unterwerfen** sich hinsichtlich allfälliger aus dem Vertrag hervorgehender Streitigkeiten dem Gerichtsstand des für die Liegenschaft sachlich zuständigen Gerichtes.

Die Vertragsparteien hätten die Zuständigkeit auch einfach „vereinbaren" können. Dann müssten sie sich nicht „unterwerfen".[259]

---

259 *Rami*, Nationale 112.

Das gleiche Prinzip gilt auch für Wörter, die rechtlich gesehen überflüssig sind:

Beispiel: Der Kaufpreis beträgt **vereinbarungsgemäß** EUR 350.000.

Dieser Vertrag wird **nach dem Willen beider Vertragsteile** auf der Grundlage des Verkehrswerts des Vertragsobjekts abgeschlossen.

Die Vertragsparteien haben auf eine Besichtigung des Vertragsobjektes durch den Vertragsverfasser **einvernehmlich** verzichtet.

Die „Vereinbarung" und „der Wille beider Vertragsteile" ergeben sich direkt aus dem Wesen des Vertrags und bedürfen keiner weiteren Erklärung. Auch der Hinweis, dass der Verzicht „einvernehmlich" erfolgt ist, wird nicht benötigt. Stimmen beide Vertragsparteien zu, kann Einvernehmlichkeit wohl nicht bezweifelt werden.

Aufmerksamen Lesern und Leserinnen wird der Hinweis nicht entgangen sein, dass emotionale oder überflüssige Wörter nur *grundsätzlich* schlecht sind. Aus sprachlicher und juristischer Sicht kann auf diese Wörter getrost verzichtet werden. Auch wenn sie überflüssig sein mögen, sind sie nur dann wirklich schädlich, wenn sich daraus rechtliche Nachteile ergeben. Alles andere ist eine Frage des Stils, und über diesen kann man bekanntlich streiten. In gewissen Fällen mag es sogar hilfreich sein, wenn man auf offensichtliche Dinge nochmals hinweist:

Beispiel: Die Vertragsparteien haben auf eine Besichtigung des Vertragsobjekts durch den Vertragsverfasser **einvernehmlich** verzichtet.

Rechtlich ist der Hinweis auf die Einvernehmlichkeit zwar nicht nötig. Vielleicht trägt er jedoch faktisch (atmosphärisch) dazu bei, dass – aufgrund der Klarheit der Aussage – keine der Vertragsparteien auf die Idee kommt, gegen den Verzicht rechtlich vorzugehen. Solange Ihnen durch derartige Formulierungen keine rechtlichen Nachteile entstehen, bleibt deren Verwendung Geschmackssache.[260]

---

260 Siehe Kapitel I, Vorschlag 21.

iii. Fachbegriffe: Ja, aber ...

Die Verwendung von Fachbegriffen ist bis zu einem gewissen Grad unumgänglich. Richtig verwendet, können sie sogar zur Verständlichkeit beitragen.

Beispiel: Auch wenn das Wort „Aufsandungserklärung" (§ 32 Abs. 1 lit. b österreichisches GBG)[261] für Laien wenig Sinn ergibt, wissen Liegenschaftsrechtsexperten doch genau, was gemeint ist.

Achten Sie jedoch darauf, dass nur Begriffe verwendet werden, die Sie und die Vertragsparteien verstehen.

c) Formale Aspekte der Vertragsgestaltung

Bisher wurde viel über Vertragstechnik und Sprache geschrieben. Zum Vertrag gehören aber auch formale Aspekte und die richtige Zeichensetzung.

Unterstreichungen und andere Hervorhebungen sind nicht *per se* schädlich, wenn sie zur besseren Lesbarkeit beitragen. Es besteht aber immer die Gefahr, dass Sie Hervorhebungen nicht einheitlich verwenden. Dann stellt sich die Frage, warum das eine Wort unterstrichen wurde, das andere nicht. Daher empfiehlt es sich, Hervorhebungen nur in Ausnahmefällen vorzunehmen.

Schließlich verdient bei der Abfassung von Verträgen auch die Interpunktion Ihre Aufmerksamkeit. Fragezeichen werden Sie in Verträgen selten brauchen; Sie wollen ja keine Fragen aufwerfen, sondern Lösungen festschreiben. Auch auf Rufzeichen sollten Sie verzichten – sie drücken eine Emotion aus, die in Verträgen fehl am Platz ist (siehe oben b ii).

Kommas sind hingegen kaum verzichtbar. Ihre generelle Bedeutung für das Textverständnis wurde schon oben thematisiert. Dass auch dabei Präzision wichtig ist, müssen wir an dieser Stelle nicht wiederholen. Besser als jede derartige Ermahnung veranschaulicht ein konkreter Fall aus dem Jahr 2002, dass dieser Grundsatz auch für die Beistrichsetzung gilt:

---

261 Unter Aufsandungserklärung versteht das österreichische Grundbuchsrecht eine notariell oder gerichtlich beglaubigte Erklärung einer Person, dass sie in die grundbücherliche Eintragung einer vertraglichen Änderung ihrer Rechte einwilligt. Die Herkunft des Wortes ist unklar. Manche meinen, dass sie mit der Trocknung eines Schriftstücks durch aufgestreuten Sand in Zusammenhang steht. Andere glauben, dass sich der Ausdruck vom alten Rechtsbegriff „Aufsendung" ableitet. Vgl. für Deutschland die Erklärung zur „Auflassung".

Ein Hobby-Fußballspieler erlitt während des Spiels einen Herzinfarkt, nachdem er vom Ball im Brustbereich getroffen worden war. Daraufhin forderte er Leistungen aus einer Versicherung. Das Versicherungsunternehmen lehnte jedoch mit dem Hinweis auf Art 17 Ziffer 8 der Versicherungspolizze ab:

Beispiel:	**17**	**Ausschlüsse**
	[...]	[...]
	17.8	Herzinfarkt ist als Unfallursache nicht aber als Unfallfolge versichert.

Der Versicherte klagte und erhielt Recht. Nach der Meinung des Gerichts könne man die Bestimmung auf zwei Arten lesen: „Herzinfarkt ist als Unfallursache, nicht aber als Unfallfolge versichert" oder „Herzinfarkt ist als Unfallursache nicht, aber als Unfallfolge versichert".[262] Auch wenn die zweite Variante etwas weit hergeholt ist, scheint sie dennoch vertretbar. Die dadurch entstandene Unklarheit wurde zulasten des Versicherungsunternehmens ausgelegt, das die unklare Regelung formuliert hatte.[263] Die Moral dieser Geschichte: Achten Sie auf die richtige Beistrichsetzung!

262 OGH 29. 4. 2002, 7 Ob 73/02i.
263 Grundlage dafür war § 915 ABGB; vgl. § 305c BGB.

C. Recht und Sprache in der Rechtsberatung *(Klaus J. Müller)*

1. Einleitung

Viele Juristinnen und Juristen verdienen ihr Geld in der Rechtsberatung. Derzeit sind in Österreich rund 6.500 Kolleg*innen zugelassen, gut die Hälfte davon in Wien.[264] Dem stehen knapp 1.700 Richter*innen gegenüber.[265] In Deutschland gibt es insgesamt knapp 166.000 Rechtsanwält*innen[266] und gut 21.000 Richter*innen.[267] Aber nicht nur niedergelassene Anwält*innen erteilen Rechtsrat, sondern auch alle Unternehmensjurist*innen. Somit ist die Rechtsberatung ein Schwerpunkt der juristischen Tätigkeit überhaupt. Den in der Praxis besonders wichtigen Teilbereich der Vertragsgestaltung haben wir im vorhergehenden Kapitel beleuchtet.[268] Hier soll es um alle weiteren Felder der Rechtsberatung gehen. Diese sind zwar vielfältig, haben aber, was die sprachlichen Anforderungen angeht, durchaus auch Gemeinsamkeiten. Das sehen wir uns jetzt aus der Nähe an.

Doch vorab noch kurz: Wozu eigentlich ein gesondertes Kapitel über Sprache und Rechtsberatung? Ist mit den in diesem Buch vorgestellten Empfehlungen nicht bereits alles gesagt? Die Antwort lautet, wie so häufig in unserem Metier: Einerseits ja, andererseits nein. Ja, was unsere Vorschläge und Anregungen für einen besseren Schreibstil im Allgemeinen betrifft.[269] Nein, soweit die Feinheiten und Eigenheiten der Kommunikation in der Beratung in Rede stehen. Beratung ist Dienstleistung, und das gilt in jeder Hinsicht auch für die Rechtsberatung. Traditionell war das Verständnis der Rechtsanwälte gewiss anders. Viele Anwälte sahen sich im Vergleich zu anderen akademischen Dienstleistungsberufen in einer Sonderstellung. Diese Haltung ist falsch. Auch ein Organ der Rechtspflege bleibt, wenn es um Rechtsberatung geht, ein Dienstleister wie jeder andere. Hierin unterscheidet sich der Anwaltsberuf (und zu einem guten Teil auch der des Notars) von anderen klassischen Rechtsberufen wie dem Richter, Staatsanwalt oder Ministerialbeamten. Die Anklageerhebung, die Streitentscheidung oder

264 https://www.rechtsanwaelte.at/kammer/kammer-in-zahlen/mitglieder (Stand: Jahreswechsel 2019/2020); abgerufen am 16. 11. 2020.

265 https://www.justiz.gv.at/home/justiz/berufe-in-der-justiz/richterinnen-richter.

266 https://www.brak.de/w/Files/04_fuer_journalisten/statistiken/2020 (Stand: 1. 1. 2020).

267 https://www.bundesjustizamt.de/DE/Themen/Buergerdienste/Justizstatistik/Personal (Stand: 1. 1. 2019).

268 S. oben B.

269 S. dazu oben Teile I und II.

-schlichtung und der Entwurf von Gesetzen haben auch sprachlich andere Schwerpunktanforderungen als der Dienst gegenüber einem Mandanten. Hinzu tritt, dass nur Freiberufler/-innen darauf angewiesen sind, Mandanten zu gewinnen und zu halten und somit Aufträge zu haben. Sie müssen sich selbst darum kümmern. Richter, Staatsanwälte und Beamte bekommen die Arbeit dagegen auf den Tisch gelegt, gewissermaßen frei Haus geliefert. All diese Unterschiede lohnen ein gesondertes Kapitel über die Sprache im Rechtsberatungsgeschäft.

2. Adressaten

a) Bedeutung

Rechtsberatung ist vielfältig. Das gilt einerseits für den Arbeitsgegenstand, den wir unten unter 3. auffächern, andererseits aber auch für die unterschiedlichen Gesprächs- und Korrespondenzpartner. Deren Stellungen, Hintergründe, Vorbildungen und Herkünfte beeinflussen maßgeblich die Art und Weise ihrer Ansprache. Es ist für eine gelingende Kommunikation nahezu unverzichtbar, sich vor Formulierung einer Nachricht ein klares Bild von der Person zu machen, an die man sich wendet. Was für den einen Adressaten völlig selbstverständlich ist und nur eines knappen Stichworts bedarf, muss für den anderen womöglich im Einzelnen eingehend erklärt und begründet werden. Der Sender der Nachricht sollte also vorher zunächst versuchen, sich in sein Gegenüber hineinzudenken und so zu ermitteln, wie er wirkungsvoll die Schwerpunkte seiner Botschaft setzen kann.

b) Juristen

Häufig stehen auf der anderen Seite unserer Botschaften und Nachrichten[270] selbst Juristen. Das können zum einen andere Anwälte sein. Viele Rechtsberater ziehen in fremden Fachgebieten Spezialisten hinzu und lagern so Fachfragen aus, die ihnen nicht geläufig sind. Manche Fälle sind aber auch so umfangreich, dass mehrere Anwälte derselben Fachrichtung daran arbeiten. Schließlich ist bei größeren Unternehmen der Ansprechpartner beim Mandanten in der Regel ein Justitiar aus der hauseigenen Rechtsabteilung. In allen diesen Fällen kommunizieren also Juristen unter- und miteinander. Dann können durchaus juristische Fachbegriffe verwendet werden, die nicht weiter erläutert werden müssen. Auch die Kenntnis ganzer Rechtsstrukturen und -gebilde (wie etwa der Verfassung von Gesellschaften, des

270 Zum „Vier-Seiten-Modell" des Kommunikationspsychologen *Friedemann Schulz von Thun* siehe näher schon oben II. A. 1 und *Schulz von Thun*, Miteinander reden I[55] 67 ff.

Mechanismus von Umwandlungen oder des Zustandekommens von Verträgen) dürfen vorausgesetzt und müssen nicht im Einzelnen beschrieben werden. Selbst Zitate von Paragrafen sind erlaubt, genauso wie Verweise auf wichtige Urteile oder prägende Literaturbeiträge. Kurzum, man kann hier im Fachjargon bleiben. Dass trotzdem die sprachlichen Verbesserungsvorschläge aus Teil II beherzigt werden sollten, versteht sich von selbst.

c) Fach- und Führungskräfte in Unternehmen

Eine andere Ansprache empfiehlt sich bei nicht juristisch ausgebildeten Fach- und Führungskräften. Häufig stehen Anwältinnen und Anwälte in direktem Kontakt mit der Asset-Managerin eines Immobilienunternehmens, dem Geschäftsführer eines Baustoffhandels oder der Naturwissenschaftlerin in der Forschungsabteilung eines Pharmakonzerns. Bei all diesen Personen verbieten sich sowohl die Verwendung von – nicht erklärten – juristischen Fachbegriffen als auch die Verweise auf Quellen (seien es Gesetze, Urteile oder Kommentare), die dem Empfänger nicht ohne Weiteres zugänglich sind oder die ihm nichts sagen. Ihn interessiert zumeist auch nicht die juristische Problematik eines Themas, sondern nur die Antwort auf seine Frage. Ein großer Unterschied zu dem juristisch vorgebildeten Adressatenkreis besteht ferner darin, dass die Fach- oder Führungskraft oft nicht – wie der Jurist – mit der rechtlichen Frage kommt, sondern mit einem Vertrag, einer Transaktion oder einem sonstigen Vorhaben. Folglich gilt es hier, die Rechtsfragen zunächst selbst zu ermitteln. Ergeben sich dabei keine Probleme, braucht man darüber auch kein Wort zu verlieren. Wenn doch, ist eine entsprechende Information nötig, am besten gleich verbunden mit dem Vorschlag, wie sich das gewünschte Ziel ohne rechtliche Stolpersteine erreichen lässt.

d) Privatpersonen

Die größte Herausforderung auf dem Gebiet gelingender Kommunikation in der Rechtsberatung ist die Privatperson als Mandant. Zur fehlenden Vertrautheit mit der Materie selbst tritt – und das ist der bedeutsamere Aspekt – hinzu, dass die Privatperson nur selten Kontakt mit dem Anwalt hat. Die Dinge, wegen derer man seinen Rat sucht, kommen im Verlauf des Lebens nur gelegentlich vor, häufig nur ein einziges Mal. Entsprechend groß ist die Unsicherheit und somit natürlich auch der Beratungs- und Betreuungsbedarf. In mündlicher wie schriftlicher Ansprache gilt es hier für den Anwalt, die für ihn gängigen juristischen Ausdrucksformen daraufhin zu überprüfen, inwieweit sie auch für einen unerfahrenen Laien ohne Weiteres verständlich sind. Im Zweifel muss er vieles in „normales Deutsch" übersetzen. Sonst besteht die Gefahr erheblichen Informationsverlustes. Psychologisch kommt hinzu, dass viele Menschen sich nicht trauen, ständig nachzufragen, wenn sie etwas nicht verstehen. Entsprechend groß ist das Frustrationspotenzial. Auf beiden Seiten übrigens; denn der Mandant, der nicht richtig versteht, was wichtig ist, kann natürlich auch keine fundierten Entscheidungen treffen, was wiederum den Anwalt stören wird. Hier heißt es also: von Anfang an so klar, einfach, fach- und fremdwortfrei wie möglich zu schreiben!

3. Art des Textes

a) Bedeutung

Neben den unterschiedlichen Adressaten spielt auch die Art des Schriftstücks eine Rolle. In einem formalen Gutachten, oder gar einer *Legal Opinion*, schlägt man einen anderen Ton an als in einer Mandanten-E-Mail mit der Bitte um weitere Sachverhaltsinformationen. Wiederum eine unterschiedliche Wortwahl kann der Brief an einen gegnerischen Anwalt verlangen. Hier geht es dann nicht um die beratende Empfehlung, sondern um die erfolgreiche Interessenvertretung.

b) Beratungsschreiben

Häufigstes Kommunikationsmittel in der Rechtsberatung ist das Schreiben an den Mandanten, einerlei auf welchem Wege (heute fast ausschließlich per E-Mail). Es dient dem schnellen Informationsaustausch ebenso wie der Rechtsauskunft und der Beratung. Dabei stehen Unterrichtung und Empfehlung im Vordergrund, nicht die (juristischen) Einzelheiten ihrer Begründung. Ihm vorgeschaltet ist die gesamte, häufig weit umfangreichere Vorkorrespondenz, in der man durch weitere Sachverhaltsaufklärung und Zweckerforschung die maßgeblichen Rechtsfragen erst herausschält (siehe dazu auch sogleich unten).

c) Gutachten

Davon zu unterscheiden ist das selbständige Gutachten. Hier löst man sich vom Briefstil und untersucht vertieft eine oder mehrere Rechtsfragen. Juristische Details sind hier erlaubt. Sie dienen dazu, das Gewicht und die Stichhaltigkeit der im Einzelnen gefundenen Argumente nachvollziehbar bemessen, beurteilen und bewerten zu können. Gleichfalls zugelassen (im Unterschied zum Beratungsschreiben) ist die ausführlichere Erörterung selbst jener Alternativen, die der Berater letztlich nicht empfiehlt. Denn das Gutachten dient auch dazu, dem Mandanten gewissermaßen „das gesamte Bild" zu zeigen. Er kann dann den abschließenden Rat besser einordnen.

d) Vorbereitende Korrespondenz

Nicht immer liegen von Anfang an die „fertigen“ Rechtsfragen auf dem Tisch. Ein großer Teil der Arbeit des Rechtsberaters besteht darin, aus der ihm gestellten Frage oder Aufgabe die juristisch bedeutsamen Aspekte zu entwickeln. Häufig gelingt ihm das nur dann, wenn er weiter ausholt und den ihm zunächst nur skizzen- oder bisweilen auch lückenhaft geschilderten Lebenssachverhalt tiefer auslotet und auch die Beweggründe und Absichten des Mandanten ermittelt. Je zuverlässiger der Berater darüber unterrichtet ist, was genau der Mandant will und warum er das will, desto eher werden Missverständnisse von vornherein vermieden. Dieser Abschnitt des Austauschs zwischen Mandant und Berater ist folglich nicht zu unterschätzen. Wenn hier Fehler gemacht, also Missverständnisse geschaffen und nicht wieder ausgeräumt werden, krankt letztlich die ganze Rechtsberatung daran. Denn sie fußt dann auf unzutreffenden Grundlagen.

e) Korrespondenz mit anderen Anwälten

Gerade der wirtschaftsberatende Anwalt hat nicht nur mit dem Mandanten auf der einen Seite, sondern auch häufig mit anderen Anwälten zu tun. Das können zum einen weitere Anwälte und Anwältinnen des Mandanten sein. So mag in einer Transaktion etwa eine schwierige Kartellfrage auftauchen, für die in der Kanzlei des an sich eingeschalteten Anwalts kein Spezialist zur Verfügung steht. Oft werden auch für das Steuerrecht spezialisierte Kanzleien neben dem Transaktionsberater mandatiert. Schließlich kommt bei gewichtigeren Fällen die Doppelmandatierung von Kanzleien derart vor, dass die eine die Arbeit macht und die andere zur Sicherheit alles noch einmal gegenliest und überprüft. Zum anderen, und das dürfte in der Praxis der häufigste Fall des Kontakts mit anderen Anwälten sein, ist an die Korrespondenz und die Verhandlung mit den Beratern der Gegenseite zu denken. Naturgemäß ist die Rolle und Aufgabe hier eine andere als in der Kommunikation mit weiteren Anwälten des eigenen Mandanten, da die Interessen gegeneinanderlaufen können. Das wirkt sich auch auf die Sprache aus, wie wir unten näher sehen werden.

4. Sprachliche Besonderheiten der Rechtsberatung

a) Individualität

Ein augenfälliger Unterschied der Sprache in der Rechtsberatung im Vergleich etwa zur Gesetzgebung, in Verwaltungsvorschriften und dergleichen ist ihr individuell geprägter Einsatz. Hier verfasst nicht ein Gremium oder eine Behörde einen Text, der für eine Vielzahl von Fällen gleichermaßen gelten (und passen) soll. Es wird vielmehr maßgeschneidert gearbeitet und das ganz bestimmte und persönliche Anliegen des Mandanten behandelt. Aus den gleichen Gründen kann der Berater – im Gegensatz zum Normsetzer – durchaus seinen eigenen individuellen Stil entfalten. Er sollte dies auch tunlichst machen. Die Art und Weise, in der man sich ausdrückt, spiegelt die eigene Persönlichkeit wider und gibt ihr Konturen. Je deutlicher die gezeichnet werden, desto eher wird das Gesagte oder Geschriebene in Erinnerung bleiben. Der Ausdruck des Schreibers führt zum Eindruck des Lesers. Wie dieser Eindruck möglichst vorteilhaft gerät, damit beschäftigen wir uns gleich näher (unten unter c).

b) Freiheit

Aus der gerade beschriebenen einzelfallbezogenen Arbeit folgt eine größere Freiheit. Der Berater muss nicht für eine unbestimmte Vielzahl von gleichen oder ähnlichen Fällen mehr oder weniger standardisiert schreiben, sondern kann die Worte wählen, die auf den konkreten Fall sowie für den konkreten Ansprechpartner passen und in dem individuellen Zusammenhang treffend sind. Ob sie bei ähnlich gelagerten Sachverhalten ebenfalls taugen würden oder ob deshalb andere, womöglich unbestimmtere Formulierungen erforderlich wären, muss er anders als etwa der Gesetzgeber nicht bedenken. Diese Freiheit gilt es freilich auch zu nutzen.

c) Verständlichkeit

i. Grundlagen

Worte sind das Medium des Rechtsrats. Welche Worte gewählt und wie sie gesetzt werden, hat entscheidenden Einfluss auf den Erfolg: dem Adressaten den Empfang der gesendeten Nachricht so einfach wie möglich zu machen. Denn die Inhalte von Rechtsauskünften sind häufig schon selbst schwierig genug. Werden aber verwickelte Vorgänge auch noch unübersichtlich, unstrukturiert und in langen, mit Fremd- und Fachwörtern durchsetzten Schachtelsätzen und Passivkonstruktionen vorgetragen, wird sich der Leser bestenfalls mühsam und mit steigender Lustlosigkeit durchkämpfen, schlechtestenfalls aber aufgeben.

Beides wäre in der Rechtsberatung nachteilig. Das Mandat droht abzuwandern. Daher sollte sich der Berater stets als oberstes Ziel setzen, verständlich zu schreiben. Das heißt in der Regel: klar und einfach. Ja, ganz schlicht: klar und einfach. Keine Bandwurmsätze, keine Hauptwortaneinanderreihungen, keine künstlichen Hauptworte (erkennbar an den Endungen -ung, -keit, -heit), keine Fremdwortballungen, keine Schachtelkonstruktionen, kein Kanzleideutsch, keine Worthülsen und keine langatmigen blumigen Ausschmückungen. Mit anderen Worten: keine Sätze wie etwa den

Schachtelsätze …

gerade gelesenen. Die Einzelheiten haben wir bereits oben geschildert.[271] Es lohnt sich jedenfalls, daran zu arbeiten. Nicht nur wird es einem der Leser danken. Auch dem Autor selbst wird vieles erst richtig bewusst, wenn er es – *divide et impera* – in seine einzelnen Bestandteile zerlegt. Manchmal fällt einem erst beim Zerlegen eines zunächst im Drange der Gedanken entstandenen vielzeiligen Satzungetüms auf, dass da im Detail etwas nicht stimmt oder nicht recht passt. Oder es kommen einem überhaupt erst die besten Ideen, nachdem man das zuerst Aufgeschriebene derart erneut durchgearbeitet und klarer aufgesetzt hat. Freilich muss man diese Arbeit bewusst und entschlossen auch investieren. Nur ein Genie schreibt auf Anhieb so, wie es dann ohne Änderungen stehen bleiben kann. Normalsterbliche bringen erst ihre Gedanken zu Papier und schauen dann im zweiten oder dritten oder vierten Durchgang, wie man diese Gedanken straffen, strukturieren und bestmöglich – also am einfachsten – formulieren kann. Bei umfangreicheren und wichtigeren Texten kann sich auch ein allerletzter Arbeitsdurchgang auszahlen: Man lässt das fertiggestellte Schreiben oder Gutachten über Nacht ruhen und schaut es sich am nächsten Tag noch einmal so an, als ob

271 Siehe dazu oben Abschnitt II.

es die Arbeit eines Kollegen wäre, der einen um kritische Durchsicht gebeten hätte. Es kostet freilich Zeit und Mühe, das alles zu tun. Es spart allerdings Zeit aufseiten des Lesers, und erfreut ist er obendrein, dass er alles auf Anhieb versteht. Der Einsatz lohnt also.

ii. Ausrichtung am Empfängerhorizont

Die Stichworte Individualität und Freiheit haben wir schon gestreift, desgleichen die verschiedenen Adressatengruppen und die verschiedenen Arbeitsgegenstände. Diese Gesichtspunkte laufen, auf das praktisch anstehende Schreibprodukt übertragen und angewendet, im konkreten Fall alle auf die Kernerkenntnis hinaus: Versetzen Sie sich in Ihren Ansprechpartner hinein, überlegen Sie, was Sie an seiner Stelle mit seiner Ausbildung, Herkunft und beruflichen Stellung für eine ungefähre Vorstellungswelt hätten, und schreiben Sie dann genau so, dass alles möglichst gut in diese Vorstellungswelt hineinpasst. Damit ist, um etwaigen Missverständnissen vorzubeugen, nicht etwa inhaltliches Anbiedern um jeden Preis gemeint, sondern eher eine Art sprachlicher Empathie. Es geht um die Sozialisation des Gegenübers, an der man nicht vorbeischreiben sollte. Denn für ihn schreibt man ja, nicht für sich selbst.

iii. Kurz und bündig

„Tritt frisch auf, tu's Maul auf, hör bald auf!", schlug Martin Luther als Leitlinie für eine gelingende Ansprache vor. Das ist auch ein guter Ratschlag für die juristische Korrespondenz. Statt langatmiger Sachverhaltsauswalzung präzise Sätze auf den Punkt, statt ausholender Begründungs- und Diskussionsschleifen knappe Kernargumente und statt blumiger, gewundener Schlusssequenz eine knackige Zusammenfassung. Man muss nicht alles dreimal sagen, damit der Leser es versteht, und man muss es auch nicht umständlich sagen. Einfachheit reicht vollkommen. Selbst dann, wenn zur eigenen Verblüffung des Beraters nur ein Dreizeiler dabei herauskommen sollte. So lautet meine kürzeste E-Mail auf die Anfrage eines Mandanten, ob er dies oder jenes so machen könne wie geplant, im Extremfall einfach auch einmal nur „Ja" (zuzüglich der Höflichkeitspassagen natürlich).

Vor allem lassen sich die in so manchen Korrespondenzen anzutreffenden unnütz aufgeblähten Wortwolken zwanglos eindampfen. So kann man etwas weniger geschraubt und dadurch viel prägnanter sagen:

Beispiel: Mit großer Deutlichkeit möchte ich hier an dieser Stelle nachdrücklich zum Ausdruck bringen, dass ich – bei allem Respekt – nicht geneigt bin, der Auffassung des Kollegen Meyer hier die zur Lösung unseres Problems erforderliche zielführende Fundiertheit zuzuerkennen.

Vorschlag: Ich halte die Ansicht von Herrn Meyer für falsch.

Oder:

Beispiel: Nach sorgfältiger Abwägung aller oben vorgetragenen Argumente contra und pro Abschluss des in Rede stehenden Vertrags mit der besagten für Sie nicht nur günstigen Klausel Nr. 10 bin ich schlussendlich zu der festen Überzeugung gelangt, dass Sie von einer derartigen Vertragsschließung ohne die vorherige Anpassung oder Änderung im Sinne unserer Alternativvorschläge eher Abstand nehmen sollten.

Vorschlag: Ich rate dazu, den Vertrag nicht oder nur nach der von uns vorgeschlagenen Änderung zu schließen.

Vom Umfang her ist der Text um zwei Drittel der ursprünglichen Wörterzahl geschrumpft. Der Inhalt ist dagegen im Wesentlichen gleich geblieben. Und es handelt sich hier nur um einen einzigen Satz. In einem längeren Schriftsatz oder gar einem größer angelegten Gutachten kann sich diese „Ersparnis“ an Raum und Zeit bei, sagen wir, 1000 Sätzen unter dem Strich auf viele Seiten summieren.

iv. Klar und übersichtlich

Struktur hilft. Ob es sich um ein schwieriges Thema in einer gutachterlichen Stellungnahme oder um ein kurzes Beratungsschreiben zu einer einfachen Frage handelt: Stets ist der Leser dankbar, wenn er die Gedanken seines Anwalts klar gegliedert und übersichtlich strukturiert aufbereitet bekommt. Bei etwas längeren Ausführungen, insbesondere bei Abwägungen unterschiedlicher Gesichtspunkte, empfiehlt sich eine knappe Zusammenfassung gleich am Anfang. Verschiedene Gedankenstränge innerhalb eines Gutachtens oder auch eines längeren Beratungsschreibens setzt man entweder räumlich voneinander ab oder bildet Zwischenüberschriften. Durch sinnvolle Verknüpfungen und einen logischen Aufbau (z.B. vom Allgemeinen zum Besonderen) stellt man sicher, dass der Leser sich nicht in einem Gestrüpp aneinandergereihter Argumente verliert. Er soll jeweils wissen, wo er sich innerhalb der Gesamtfrage gerade befindet und warum es wichtig ist, was dort geschrieben steht. Auch juristische Dokumente können im Übrigen einen Spannungsbogen haben. Die Chance, ihn zu schaffen und den Leser vielleicht sogar auf den Fortgang der Gedanken neugierig zu machen, sollte man nutzen.

v. Deutsch

Im Jahre 1877 wurde im deutschen Reichsgesetzblatt das Gerichtsverfassungsgesetz veröffentlicht. Es enthielt die noch heute geltende Klarstellung: „Die Gerichtssprache ist Deutsch."[272] Das zielte seinerzeit natürlich noch vor allem darauf, die Gelehrtensprache Latein zurückzudrängen. Dem Volk sollte es wegen des zeitgleich eingeführten Öffentlichkeitsgrundsatzes ermöglicht werden, den Verhandlungen auch tatsächlich zu folgen. Doch hat dieser mustergültig schlicht-elegante Satz abgesehen von seiner historischen Berechtigung gerade für den schreibenden Berater auch heute immer noch etwas zu bieten. Nämlich die Mahnung, Fremdwörter aller Art einschließlich der in vielen Kreisen beliebten Anglizismen sparsam zu verwenden. Es mag Fälle geben, wo nur das Fremdwort das beschreiben kann, was man sagen möchte. Auch hat es wenig Sinn, sich im Austausch mit Anwaltskollegen und -kolleginnen in einem international geprägten Transaktionsumfeld von eingebürgerten Begriffen wie *Due Diligence* oder *Letter of Intent* zu verabschieden und auf deren deutschen Fassungen zu beharren. Aber das sind Ausnahmen. Ansonsten muss man nicht alles „doublechecken", „highlighten" oder sich ständig „committen", und man braucht auch weder ein „Heads-up" noch ein „Brainstorming" oder *poshes* „Get-together". Und aus der „Fertilität" wird die Fruchtbarkeit, „diffizil" wird schwierig und „kontrovers" umstritten. In der Regel kommt man also ohne solche und andere Fremdworte und Anglizismen aus. Je weniger man davon verwendet, desto einfacher und besser lesbar wird der Text.

Wer liest als zahlender und ratsuchender Kunde schon gerne etwa dieses:

272 dRGBl. 1877, S. 41, § 186, heute § 184 GVG (mit gleichlautendem Text).

Beispiel: Die strukturelle Diskrepanz zwischen der initial taxierten und der aktuell dokumentierten Komplexität der diskutierten Problematik resultiert nun in einer konkreten Disbalancierung des auch noch rabattierten, anfangs determinierten Pauschalhonorars, weswegen ich sowohl in Anbetracht dieser nicht prognostizierbaren Differenz als auch eingedenk unserer kontinuierlichen Kooperationstradition proaktiv eine Neujustierung des pekuniären Reglements des Mandats zur Diskussion stellen möchte.

Das erfreut natürlich schon inhaltlich nicht. Aber davon abgesehen ist der Leser zusätzlich verärgert. Er muss sich auch noch durch dieses aufgeblähte Fremdwortdickicht kämpfen. Das kann man ihm deutlich erleichtern (und so vielleicht sogar auch auf der Sachebene etwas erreichen), wenn man einfach, klar und schlicht auf Deutsch schreibt:

Vorschlag: Wir hatten anfangs eine günstige Festvergütung vereinbart. Dabei hatten wir beide angenommen, dass Ihr Fall mit normalem Aufwand zu bearbeiten sein würde. Wie Sie wissen, ist es leider anders gekommen. Da dies keiner vorhersehen konnte, würde ich gern mit Ihnen über eine Anpassung der Vergütung sprechen.

d) Verbindlichkeit

i. Der Ton macht die Musik

Wir hatten es oben schon einmal anklingen lassen: In der Rechtsberatung ist man unternehmerisch tätig. Gewiss, unsere Dienstleistung besteht darin, dass wir über das Recht beraten. Und das Recht selbst ist, wie es ist. Der Berater kann es nicht ändern und hat keinen Einfluss auf seinen Inhalt. Worauf er aber Einfluss hat, ist, wie er sein Produkt – den Rechtsrat – beim Mandanten anbringt. Wie so häufig, macht auch hier der Ton die Musik. Wer es versteht, mit einigen wenigen – vielleicht auch persönlichen, wenn angezeigt – verbindlichen Eingangs- oder Ausgangssätzen das Ganze nicht nur verständlich, sondern auch mit einer persönlichen Note versehen an den Mandanten zu bringen, hinterlässt einen günstigeren Eindruck als der trockene, ausschließlich sachorientierte Kollege.

So mag man als Berater etwa auf einer Konferenz einen möglichen Mandanten kennengelernt haben und will die Verbindung nicht abreißen lassen.

Allein der Gedanke ist natürlich schon positiv, weil ihn nur der Zugewandte, Interessierte haben wird. Aber das kann durch ein unpersönliches, steifes, umständliches und unverbindliches Schreiben auch wieder verpuffen:

Beispiel: Sehr geehrter Herr Meyer,
es war mir – und das spreche ich in der Hoffnung auf Gegenseitigkeit aus – ein großes Vergnügen, Sie letzte Woche auf der Konferenz Recht und Sprache kennengelernt zu haben. Es würde mir Freude bereiten, wenn wir in Verbindung bleiben könnten. Ich bin in dem Bereich, in dem Sie tätig sind, sehr erfahren und verfüge über profunde Fachkenntnisse. Meine Visitenkarte habe ich zu Ihrer gefälligen Kenntnisnahme beigelegt.

Mit freundlichen Grüßen
Eberhard Schmidt, Rechtsanwalt

Gut, besser geschrieben als nicht geschrieben. Aber im Zweifel wird Herr Meyer nicht besonders erpicht darauf sein, den Kontakt mit Rechtsanwalt Schmidt zu vertiefen. Das wäre bei der folgenden Zuschrift vielleicht anders gewesen:

Vorschlag: Sehr geehrter Herr Meyer,
es war schön, Sie letzte Woche am Tegernsee kennenzulernen. Vor allem, weil ich jetzt nicht nur mehr über die Geschäftsführerhaftung, sondern auch über die Geheimnisse der Vogelwelt in Ihrer Heimat Vorpommern weiß. Wir sollten das unbedingt vertiefen, wenn Sie das nächste Mal in Frankfurt sind.

Auf bald also und mit besten Grüßen
Ihr Eberhard Schmidt

ii. Positiver Aufbau

Vor allem aber ist das Stichwort „Verbindlichkeit“ auch mit Blick auf den Aufbau und die Darstellungsweise des Rechtsrats zu verstehen. Wer negativ formuliert und den Schwerpunkt darauf setzt, was nicht geht, was schwierig ist und was man nicht mit Sicherheit sagen kann, schafft eine andere

Grundatmosphäre als derjenige, dem es gelingt, bei derselben Ausgangslage positive Akzente zu setzen. Dabei spielt auch die wiederholte Verwendung einzelner Wörter und Wortgruppen eine große psychologische Rolle. Ein Text, in dem laufend von „schwierig", „problematisch", „geht leider nicht", „nicht umsetzbar", „unglückliche Gestaltung", „keine gute Idee", „so nicht machbar" usw. die Rede ist, führt keine freundliche, zuversichtliche Grundstimmung herbei. Stattdessen sollte man da, wo es machbar ist, die negativ besetzten Worte und Wendungen sparsam, dafür aber eher Begriffe wie „Lösung", „Alternative", „besser umzusetzen wäre", „eher machbar ist", „haben Sie daran gedacht, dass", „gelungen", „Erfolg", „glückliches Ende", „Ziel kann erreicht werden durch", „erfolgversprechend", „richtiger Weg" etc. einsetzen. Allein dadurch steigt das Stimmungsbarometer. Wenn dann noch ein entsprechender Aufbau und natürlich auch eine entsprechende innere, lösungsorientierte Geisteshaltung dazukommen, lässt sich manchem Fall oder mancher Antwort auf eine Anfrage ein ganz anderes Gesicht geben.

So löst etwa folgende Antwort auf eine Mandantenanfrage keine allzu große Begeisterung aus:

Beispiel: Sehr geehrter Herr Schmidt,
unter Bezugnahme auf Ihre Anfrage muss ich Ihnen leider mitteilen, dass sich Ihr Vorhaben nicht umsetzen lässt. Wenn Sie Ihr Amt als Geschäftsführer der Spracheundrecht GmbH morgen niederlegen, können Sie übermorgen nicht einen Notartermin vereinbaren, um dort die Handelsregisteranmeldung betreffend Ihr Ausscheiden als Geschäftsführer zu unterzeichnen. Das ist nicht möglich, weil Sie zu diesem Zeitpunkt wegen Ihrer tags zuvor erklärten Amtsniederlegung nicht mehr Geschäftsführer sind. Die Anmeldung hat dann keine Wirkung, weil sie nicht von einer dazu befugten Person unterzeichnet wurde. Das geht also nicht. Ich bedaure, Ihnen keine andere Auskunft geben zu können.

Mit freundlichen Grüßen
Ulrich Ungeschickt, Rechtsanwalt

Herr Schmidt wird sich vermutlich nicht mehr an Herrn Ungeschickt wenden, jedenfalls nicht gern. Kein Wunder, er fühlt sich alleingelassen. Die Rechtsauskunft ist als solche zwar richtig, hilft ihm aber nicht weiter. Er weiß jetzt nur, was nicht geht, aber nicht, was er machen kann.

Dagegen wird sich Herr Schmidt bei der folgenden – anders aufgebauten – Antwort viel wohler fühlen:

Vorschlag: Sehr geehrter Herr Schmidt,
vielen Dank für Ihre Anfrage. Gern entwerfe ich ein entsprechendes Niederlegungsschreiben für Sie. Ich rate nur dazu, die Niederlegung Ihres Geschäftsführeramts mit Wirkung auf den Zeitpunkt der Eintragung Ihres Ausscheidens im Handelsregister zu erklären. Das hat den Vorteil, dass Sie dann nach der Niederlegung noch den Notartermin für die entsprechende Handelsregisteranmeldung wahrnehmen können. Denn Sie sind zu diesem Zeitpunkt dann noch Geschäftsführer. Falls Sie dazu noch Fragen haben, melden Sie sich bitte jederzeit.

Mit freundlichen Grüßen
Petra Praktisch, Rechtsanwältin

Hätte Herr Schmidt seine Anfrage gleichzeitig an Herrn Ungeschickt und Frau Praktisch gerichtet, würde er in Zukunft voraussichtlich nur noch zu Frau Praktisch gehen. Jenseits der rein technischen Empfehlungen zu knapper, klarer und verständlicher Sprache ist also gerade in der Rechtsberatung auch die Atmosphäre, die Stimmung bedeutsam, die man mit seinen Worten schafft. Eine Atmosphäre des Schwierigen, Problematischen und Sperrigen hindert die Beratungsbeziehung daran, sich zu entwickeln. Eine Stimmung des Zuversichtlichen, Positiven und Weiterführenden bringt sie dagegen zur Entfaltung. Mir ist dabei völlig bewusst, dass dies keine Schwarz-Weiß-Entscheidung ist. Niemand wählt sehenden Auges statt der Zuversicht die Verzagtheit und statt fröhlicher Frische verstimmten Verdruss. Ebenso wenig kann man aus einem hoffnungslosen Fall oder einer Lage ohne jeden Ausweg durch ein paar richtige Worte einen Sechser im Lotto herbeizaubern. Es geht hier einzig und allein um die Schwerpunktsetzung. Man kann alles so oder anders sagen und darstellen. Insoweit gewinnt man viel, wenn man sich bemüht, es anders zu sagen. Nämlich in die positive, freundliche und zuversichtliche Richtung.

Wem das nicht in die Wiege oder die Feder gelegt ist, sollte daran arbeiten. Es lohnt sich nicht nur wegen des beruflichen Erfolgs, sondern auch wegen der Freude im und am menschlichen Umgang. Denn auch hier gilt: Wie man in den Wald hineinruft, so schallt es heraus. Der negativ angesprochene Mandant wird negativ reagieren, der positiv angesprochene positiv. Und das setzt sich dann in die eine wie die andere Richtung fort. Wie gesagt, es kostet ein wenig Mühe, seine Texte vor dem Versenden auch daraufhin zu überprüfen und zu überarbeiten. Aber es wird sich auszahlen. Viel Erfolg und Spaß dabei!

D. Recht und Sprache im Gerichtsprozess *(Reinhard Hinger)*[273]

1. Allgemeines

In der Theorie ist der Gerichtsprozess mündlich. In der Praxis füllt der dabei produzierte Text Bände oder – aktuell betrachtet – Festplatten und Server. Nicht nur die Anträge und Entscheidungen ergehen in Schriftform, sondern auch alles, was in einer Verhandlung geschieht, muss in die Form eines Protokolls gebracht werden und wird somit ebenfalls schriftlich überliefert.

Abgesehen davon, dass die Amtssprache Deutsch ist,[274] und abgesehen davon, dass die Vernunft und die Höflichkeit es gebieten, sich verständlich auszudrücken, gibt es sogar konkrete Vorschriften, an die sich die Gerichte halten müssen, wenn sie ihre Texte produzieren.

a) Es gibt Regeln

Die österreichische Geschäftsordnung für die Gerichte I. und II. Instanz (Geo)[275] enthält dazu Anordnungen, die gleichzeitig kurios und selbstverständlich sind. Überflüssige Höflichkeitsausdrücke haben zum Beispiel wegzubleiben. Die Geo nennt da die Wörter „löblich" und „diensthöflich" (§ 51 Geo).

Im Verkehr mit den Parteien ist die gebotene Höflichkeit zu wahren, und den Parteien ist „mit Ruhe" zu begegnen. Der Umgang ist streng sachlich zu führen, zwecklose Auseinandersetzungen sind so früh wie möglich zu beenden. Die Richterinnen und Richter sollen sich in keine Streitigkeit mit den Parteien und den Vertretern einlassen, keine Rügen erteilen, keine Werturteile fällen und keine spöttischen Bemerkungen machen. Bei den notwendigen Zurechtweisungen soll nicht heftig vorgegangen werden, und alle verletzenden Äußerungen müssen vermieden werden. Die Anredeworte „Herr" und „Frau" (überkommen, aber noch dem Rechtsbestand angehörend: auch „Fräulein") sind im mündlichen und im schriftlichen Verkehr zu verwenden. Ausgenommen ist der Umgang mit Jugendlichen, wenn „nach der Landessitte" ein anderer Brauch herrscht. Jeder Person ist der ihr gesetzlich zukommende Titel (in Österreich bekanntlich sehr wichtig) oder die ihr nach dem Beruf oder der Lebensstellung zukommende oder verkehrsübliche Bezeichnung zu geben. Im Spruch der Entscheidungen allerdings sind Anre-

---

273 Alle Thesen und Behauptungen beruhen auf der privaten Meinung des Autors und beanspruchen keine Autorität.

274 Vgl. aber Art. 7 Staatsvertrag von Wien, BGBl. 1955/152.

275 Stammfassung: BGBl. 1951/264.

deworte und Titel nicht zu verwenden; ausgenommen von dieser Regel sind die akademischen Grade.

Kurz und klar ist die Anordnung, dass die Ausdrucksweise des Gerichts **kurz und klar** sein soll (§ 53 Abs. 2 Geo). Es muss immer darauf Bedacht genommen werden, dass die Beteiligten das, was verkündet und geschrieben wird, auch verstehen (§ 53 Abs. 2 Geo).

Bei den Texten sollen entbehrliche Fremdwörter vermieden werden, ebenso eine von der Umgangssprache abweichende Amtssprache. Die Erledigung muss verständlich, die Ausdrucksweise muss richtig und der Würde des Gerichts angepasst sein. Unzulässig sind Ausführungen, die nicht zur Sache gehören oder jemanden ohne Not verletzen könnten. Die Abkürzungen müssen üblich und allgemein verständlich sein. Eine besondere Regel ordnet an, dass bei der Anführung der Namen auf die richtige Schreibweise zu achten ist (§ 53 Abs. 5 Geo).

Die Vereinigung der österreichischen Richterinnen und Richter hat das Ziel, sich verständlich auszudrücken, auch in die „Welser Erklärung" aus dem Jahr 2007 aufgenommen, die die ethischen Grundsätze des richterlichen Handelns ausdrückt.[276] Art. VIII lautet:

Art. VIII: Wir bemühen uns daher, in unseren mündlichen und schriftlichen Äußerungen allgemein verständlich zu sein.

b) Eine gedrängte Darstellung

Auch die Prozessgesetze lassen die Richterinnen und Richter nicht im Stich beim Urteil-Schreiben und enthalten Regeln, nämlich in § 270 öStPO:

§ 270 öStPO: [...] muss in gedrängter Darstellung, aber mit voller Bestimmtheit angegeben sein, welche Tatsachen und aus welchen Gründen das Schöffengericht sie als erwiesen oder als nicht erwiesen angenommen hat, von welchen Erwägungen es bei der Entscheidung der Rechtsfragen und bei Beseitigung der vorgebrachten Einwendungen geleitet wurde [...].

und in **§ 417 öZPO:**

276 Vgl. *Hinger*, Welser Erklärung 151.

§ 417 öZPO: Die Entscheidungsgründe haben in gedrängter Darstellung zu enthalten: das wesentliche Vorbringen und die Anträge der Parteien, die Außerstreitstellungen, die Tatsachenfeststellungen, die Beweiswürdigung und die rechtliche Beurteilung.

Eine weitere Reglementierung dürfte sowohl unmöglich als auch überflüssig sein. Bemerkenswert allerdings ist, dass der Gesetzgeber nicht nur selber „kurz angebunden" ist, sondern diese Kürze auch in den Urteilen verwirklicht sehen will. Die „gedrängte Darstellung" ist beiden Regeln gemein.

Damit ist schon viel gesagt.

c) Mit Schwung und Elan

Über die Gerichtssprache nachdenkend blicke *ich*[277] auf eine Flut von gelesenen und eine Flut von geschriebenen Texten zurück, die manchmal spannend, überwiegend routiniert, gelegentlich langweilig und vereinzelt mühselig zu lesen waren, wobei sich das sowohl auf die gelesenen als auch auf die produzierten Texte bezieht. Ich glaube nicht, dass ich da im Vergleich zu allen meinen Berufskolleginnen und Berufskollegen eine Ausnahme bin.

Interessant ist, wie sich die Methode geändert hat, Texte zu produzieren. Die Zeit, als man alles mit der Hand schrieb, habe ich nicht erlebt. Gut erinnere ich mich aber daran, dass jeder Raum der Gerichte mit mindestens einer mechanischen Schreibmaschine ausgerüstet war. Teilweise waren dies Museumsstücke, überwiegend waren es aber sehr gewichtige Gebrauchsgegenstände, damit der Apparat nicht bei jedem Zeilenwechsel zu wandern beginnt, wenn der die Blätter führende Schlitten „mit Schwung und Elan" von links nach rechts verschoben wurde. Das Produzieren der Texte mit diesen Maschinen war eine anspruchsvolle körperliche Arbeit, und die damit verbrachte Zeit hing nicht nur davon ab, wie schnell einem der Text einfiel, sondern auch davon, wie fingerfertig man die Tastatur beherrschte oder ob man von ihr beherrscht wurde.

Die handwerkliche Methode, mit der Texte produziert werden, wirkt sich, wie ich glaube, auch auf den Inhalt stark aus. Behauptet wird, dass Texte, die mit der Hand geschrieben werden, grundsätzlich kürzer sind als jene, die diktiert werden. Diese Überlegung ist plausibel, weil bei dieser Methode

---

277 Es wird mit gutem Grund empfohlen, bei Fachtexten das „ich" zu vermeiden. Bei gerichtlichen Entscheidungen ist dies ohnedies selbstverständlich. Da ich aber ausschließlich meine persönliche Meinung ausdrücke, gehe ich von der gängigen Praxis ab.

zur geistigen Arbeit auch die körperliche hinzutritt. (Ob *Leo Tolstoi* „Krieg und Frieden" mit der Hand geschrieben oder diktiert hat, wäre ein eigenes Forschungsprojekt.)

Beim Wunsch, sich kurz und klar auszudrücken, gibt es Hindernisse, und es ist auch hier empfehlenswert, „die Kirche im Dorf zu lassen".

Es gibt auf dem Weg zur verständlichen Sprache am Wegesrand einige Windmühlen, gegen die zu kämpfen sich nicht lohnt und die auch *Don Quichote* nicht besiegt hätte: die Erfordernisse einer Fachsprache, die wie in jedem Fachgebiet auch im Rechtswesen existiert; sowie die juristischen Erfordernisse, die sich im Lauf der Zeit entwickelt und als standfest erwiesen haben.

d) Erfordernisse des Fachs

„Zurückweisen" heißt nicht „abweisen", ein vertraglicher Anspruch ist von einem deliktischen Anspruch zu unterscheiden, eine Solidarhaftung („zur ungeteilten Hand") darf nicht mit einer anteiligen Haftung verwechselt werden, eine Verpflichtung ist etwas anderes als eine Obliegenheit, ein Rekurs unterscheidet sich von einer Berufung, ein Bescheid unterscheidet sich von einem Urteil, eine Verwaltungsbehörde unterscheidet sich von einem Gericht, die „Aufsandungserklärung" heißt leider so, und ohne „Gewahrsamsbruch" gäbe es keine Diebe. All diese Dinge bedürfen einer präzisen Formulierung, weil sonst nichts stimmt. All diese Dinge können einen Menschen, der im Rechtsleben nicht zu Hause ist, verwirren und beunruhigen. Dennoch sollte niemand, der einen rechtswissenschaftlichen oder sonst einen juristischen Text schreibt, hier Kompromisse bei der Präzision eingehen. Auch ein Physiker unterscheidet streng zwischen „Kraft", „Arbeit" und „Leistung".

Es ist also von vornherein nicht möglich, bei jeder Formulierung das Rad so grundlegend neu zu erfinden, dass jeder jeden Text sofort verstünde.

e) Rechtliche Notwendigkeiten

Komplizierte Vorgänge bringen mit sich, dass man sich nicht wirklich umgangssprachlich ausdrücken kann. Das lässt sich gut anhand von sogenannten Vorabentscheidungsersuchen (ein juristischer *Terminus technicus*) veranschaulichen, die an den EuGH gerichtet werden. Als Beispiel kann hier die Frage dienen, ob eine Speichermedienvergütung (das ist wieder ein sehr spezieller Terminus!) auch für das *„cloud computing"* zu zahlen ist. Diese sehr umstrittene Frage kann aber nicht einfach so gestellt werden, etwa:

Frage: Ist für das cloud computing eine Speichermedienvergütung zu zahlen?

Die dem EuGH vorgelegten Fragen lauteten vielmehr wie folgt:

Frage 1: Ist der Begriff „auf beliebigen Trägern" in Artikel 5 Absatz 2 lit b der Richtlinie 2001/29/EG […] dahin auszulegen, dass darunter auch Server zu verstehen sind, die im Besitz dritter Personen stehen, die natürlichen Personen (Kunden) zum privaten Gebrauch (und weder für direkte noch indirekte kommerzielle Zwecke) auf diesen Servern Speicherplatz zur Verfügung stellen, den die Kunden zum Vervielfältigen durch Abspeichern nutzen („cloud computing")?

Frage 2: Wenn ja: Ist die in Frage 1 zitierte Vorschrift so auszulegen, dass sie auf eine nationale Regelung anzuwenden ist, wonach der Urheber Anspruch auf eine angemessene Vergütung (Speichermedienvergütung) hat,

- wenn von einem Werk (das durch Rundfunk gesendet, der Öffentlichkeit zur Verfügung gestellt oder auf einem zu Handelszwecken hergestellten Speichermedium festgehalten worden ist) seiner Art nach zu erwarten ist, dass es zum eigenen oder privaten Gebrauch vervielfältigt wird, indem es auf einem „Speichermedium jeder Art, das für eine solche Vervielfältigung geeignet ist und im Inland gewerbsmäßig in Verkehr kommt", gespeichert wird,
- und wenn dabei die in Frage 1 beschriebene Methode des Abspeicherns verwendet wird?

Beim Lesen von Entscheidungen des EuGH wird schnell deutlich, dass auch das europäische Höchstgericht besonderen Überlegungen entsprechen muss, die sich auf die Gestaltung der Texte stark auswirken. Zum einen müssen die Entscheidungen und die während des Verfahrens verfassten Stellungnahmen der Mitgliedstaaten und Verfahrensparteien in alle Sprachen der EU übersetzt werden. Zum anderen geht der EuGH davon aus, dass seine Entscheidungen künftig nicht *in toto* zitiert werden, sondern üblicherweise zergliedert in die einzelnen durchnummerierten Absätze („Rn"). Das bringt mit sich, dass viele juristische Details, die für die Abgrenzung des konkreten Falls wichtig sind, in den einzelnen Absätzen wiederholt werden, um zu verhindern, dass durch das bloße Zitieren einzelner Absätze der Sinn (unbewusst oder beabsichtigt) entstellt wird.

f) Tradierte Zwänge

Eine weitere Windmühle, gegen die zu kämpfen sich bisher noch nicht gelohnt hat, sind – wie hartnäckig verfochten wird – gesetzliche Vorgaben, die zu sprachlichen Girlanden zwingen, die mit der Umgangssprache nichts mehr zu tun haben. Berüchtigt ist der sogenannte „Anklagetenor"[278], der die Beschreibung strafbarer Handlungen dominiert und sich zum Beispiel wie folgt liest:

Beispiel: NN ist schuldig, zwischen Jänner und Juli in Rosenburg, Nickelsdorf, Wien, St. Pölten und Guttenbrunn mit dem Vorsatz, sich durch das Verhalten des Getäuschten unrechtmäßig zu bereichern und gewerbsmäßig (§ 70 Abs. 1 Z 2 und Abs. 2 StGB) unter der Vortäuschung der Tatsache, sie erwarte demnächst aus dem Verkauf einer Immobilie beträchtlichen Gewinn und würde ihm das Geld mit hohen Zinsen zurückzahlen, und weiters Geld für wichtige private Angelegenheiten benötigen, F.R. in zahlreichen Angriffen zur Übergabe bzw. Überweisung von insgesamt ca EUR 118.000,- verleitet und von weiteren ca EUR 13.000,- zu verleiten versucht zu haben, wodurch der Genannte am Vermögen geschädigt wurde, und zwar:
1. im Jänner zur Übergabe von EUR 250,- in bar; 2. [...]
9. im Juli zur Übergabe von EUR 13.000,- in bar, wobei es hier beim Versuch blieb, weil die Beschuldigte im Rahmen eines Scheinkaufs festgenommen wurde.
In subjektiver Hinsicht steht die Beschuldigte NN im dringenden Verdacht, F.R. durch die oben geschilderte Täuschung über Tatsachen zur Zahlung von ca EUR 131.000,- verleiten haben zu wollen. Dadurch habe sie sich in diesem Umfang unrechtmäßig bereichern und F.R. in diesem Betrag am Vermögen schädigen wollen. Sie habe sohin gewusst, dass der Schaden insgesamt mehr als EUR 5.000,- betrage.
Schließlich sei es ihr darauf angekommen, sich durch die wiederkehrende Begehung von Betrugshandlungen mit einem Schaden von mehr als EUR 5.000,- eine fortlaufende

278 Tenor wird hier auf der ersten Silbe betont. Das Wort hat vielleicht etymologisch, aber nicht inhaltlich etwas mit der Singstimme (betont auf der zweiten Silbe) zu tun.

Einnahmequelle zumindest über mehrere Wochen zu verschaffen, die in einer jährlichen Durchschnittsbetrachtung monatlich den Betrag von EUR 400,- übersteigt.

Etwas kürzer, aber auch sehr verschlungen ist die aus dem Zivilrecht stammende Formulierung eines Unterlassungs-Exekutionstitels:

Beispiel: Die beklagte Partei ist schuldig, es zu unterlassen, auf Produkten oder in der Aufmachung von Lebensmitteln a.) auf IFS (International Featured Standard) oder auf ähnliche Zertifikate, für deren Verwendung die beklagte Partei keine Genehmigung hat und die für den Endverbraucher nicht zugänglich oder überprüfbar sind, oder b.) auf die Abstammung von einem österreichischen Familienbetrieb, wenn das Produkt nicht aus Österreich stammt, zu verweisen, beispielsweise die Bewerbung von geräuchertem Fisch mit dem Hinweis „IFS-zertifizierter österreichischer Familienbetrieb".

g) Mikado – eine Fehlentwicklung

Eine ungebremste Wirkung auf die juristischen Texte hatte die Digitalisierung der Rechtswissenschaften, vor allem der Umstand, dass seit Jahrzehnten alle Entscheidungen des Obersten Gerichtshofs veröffentlicht und in Rechtssätzen wiedergegeben werden. Dadurch wird es einfach, ohne besondere Mühe imponierende Texte zu produzieren[279], wie zum Beispiel den folgenden:

Beispiel: Ein ohne ausreichende Vertretungsmacht gesetzter Geschäftsakt ist unwirksam, soweit nicht die Regeln der stillschweigenden bzw. der Anscheinsvollmacht eingreifen. Das Geschäft gilt dann nur, sofern die vom nicht vertretungsbefugten Organ vertretene juristische Person durch ihr zuständiges Organ den Anschein erweckte, das handelnde Organ könne sie aufgrund damit oder schon früher erteilter Vollmacht wirksam vertreten.

279 Das Wort „schreiben" wäre hier völlig verfehlt.

Anscheinsvollmacht darf nur dann angenommen werden, wenn aus dem Verhalten des Vertretenen der Schluss abgeleitet werden kann, er habe dem Handelnden Vollmacht erteilt. Grundvoraussetzungen für die Annahme einer derartigen Vollmachtserteilung sind
1.) ein bestimmter Sachverhalt, aus dem (vom Anerklärten) ein Wille auf Vollmachtserteilung erschlossen werden konnte (objektiv, d.h. unter Anwendung der für rechtsgeschäftliche Willenserklärungen maßgebenden Interpretationsregeln, insbesondere der Verkehrsanschauung);
2.) der Nachweis, dass dieser Sachverhalt durch ein Verhalten des Geschäftsherrn zurechenbar veranlasst wurde; und
3.) das Fehlen des Wissens bzw. Fehlen des fahrlässigen Nichtwissens auf Seite des Anerklärten um die Tatsache, dass der Geschäftsherr die betreffende Person gar nicht bevollmächtigt hat. Für das Vorliegen aller drei Voraussetzungen ist der behauptende Kläger beweispflichtig.
Die stillschweigende Vollmachtserteilung im Sinne des § 863 ABGB setzt voraus, daß der Dritte aus dem Verhalten des Vertretenen folgern darf, dieser wolle damit Vollmacht erteilen. Anscheinsvollmacht darf hingegen nur dann angenommen werden, wenn aus dem Verhalten des Vertretenen nur der Schluß abgeleitet werden kann, er habe – bereits früher – Vollmacht erteilt. Eine Anscheinsvollmacht (= Vollmacht wegen Vertrauens auf den äußeren Tatbestand) setzt voraus, dass Umstände vorliegen, die geeignet sind, im Dritten den begründeten Glauben an die Berechtigung des Vertreters zum Abschluss des beabsichtigten Geschäfts zu erwecken.
Da bei Berufung auf die Anscheinsvollmacht das Vertrauen des Vertragspartners als Erklärungsempfänger und nicht das seines Vertreters schützen soll, kommt es (wenn der Vertreter und der Erklärungsempfänger gemeinsam mit einem Scheinbevollmächtigten verhandeln) nur auf die Kenntnis des Vertragspartners an.

Kein einziger Satz, kein einziges Wort stammt von mir, es ist alles aus dem RIS herauskopiert, und zwar aus diversen Rechtssätzen, die ich wie die Holzstäbchen beim Mikado-Spiel aufeinandergeworfen habe. Allein das Suchwort „Anscheinsvollmacht" hat 33 Treffer geliefert.

Hat vielleicht stutzig gemacht, dass die Verwendung von „ss" und „ß" nicht einheitlich ist – einmal *„dass"* und einmal *„daß"*; einmal *„Schluss"* und einmal *„Schluß"*? Ist vielleicht der Textfehler im Absatz *„Da bei Berufung auf die Anscheinsvollmacht …"* aufgefallen? In diesem Satz haben die Redakteure des Rechtssatzes nämlich irrtümlich ein „die" durch ein „bei" ersetzt.[280]

Da die abertausend Rechtssätze Wegweiser in der Landschaft der abertausend veröffentlichten Entscheidungen[281] sind, lässt sich verstehen, dass sie nicht immer stilistisch perfekt sind. Sprachlich missglückte Rechtssätze sollten aber nicht unkorrigiert in Entscheidungsbegründungen eingefügt werden, weil dadurch nicht nur das Abschreiben evident wird, sondern weil ein möglicherweise leidlich verständlicher Text unverständlich werden kann. Als Beispiel eines missglückten Rechtssatzes lässt sich der folgende zitieren (Thema: Das Rechtsverhältnis als taugliches Objekt einer Feststellungsklage):

Beispiel: Ein Rechtsverhältnis ist die bestimmte, durch den vorgetragenen Sachverhalt gegebene und konkretisierte rechtlich geregelte Beziehung von Personen untereinander oder von Personen zu Sachen; ferner aber auch einzelne rechtliche Folgen einer solchen Beziehung wie etwa einzelne Forderungen oder daraus abgeleitete Ansprüche.[282]

Der Beginn *„Ein Rechtsverhältnis ist …"* lässt sich nicht grammatikalisch korrekt mit dem Satzteil nach dem Strichpunkt verbinden. Treffender ließe sich zum Beispiel die sprachliche Verknappung des Rechtssatzes auflösen:

Vorschlag: Ein Rechtsverhältnis ist […]; weiters fallen darunter auch die einzelnen rechtlichen Folgen einer solchen Rechtsbeziehung.[283]

---

280 RS0019625, zu OGH 12. 7. 1989, 9 ObA 151/89; zuletzt aktualisiert am 13. 1. 2012. Der Satz würde richtig lauten: „Da die Berufung auf die Anscheinsvollmacht das Vertrauen des Vertragspartners … schützen soll, …"

281 Stand 3. 9. 2020: 136.407 Entscheidungstexte und 135.780 Rechtssätze in der RIS-Judikatursuche.

282 RS0039223.

283 So in OGH 23. 10, 2017, 5 Ob 99/17w.

Was ist das Fazit dieser Besserwisserei? Haben doch alle recht, die immer schon wussten, dass Genialität aus einem Prozent Inspiration und sonst nur aus Transpiration besteht?[284]

Letztlich kann ich nur aufzeigen, dass viele juristische Texte zu weiten Teilen weder geschrieben noch diktiert werden, sondern dass sie dadurch entstehen, dass digital vorhandene Bausteine aneinandergereiht oder miteinander vermischt werden.

Dieser Mikado-Stil ist eine Fehlentwicklung.

h) Es ist schon fast alles gesagt und geschrieben

Zum Thema „gutes und verständliches Deutsch" wurden schon sehr viele Bücher geschrieben,[285] eine Sammlung enthält Belege für praktisch alle sprachlichen Unsitten,[286] und nach wie vor lesenswert ist *Fritz Schönherr,* Sprache und Recht, 1985.

Schlagwortartig sollen die guten Tipps hier wiederholt werden:

- **Weg vom Passiv!**

Ein überzogenes Beispiel, damit man es sich leichter merkt – kein Mensch sagt:

Beispiel:	Du wirst von mir geliebt.

- **Keine Schachtelsätze!**

Ein Beispiel zum Abgewöhnen:

Beispiel:	Ich habe meine Schwester, die ich gestern getroffen habe und die mir seit meiner Kindheit sehr nahesteht, jetzt aber leider in eine andere Stadt, wo das Wetter besser ist, gezogen ist, weil sie mit einem Wanderprediger verheiratet ist,

---

284 Dieses Bonmot wird Thomas Alva Edison zugeschrieben.

285 Nur beispielhaft: *Sick,* Dativ; *Schneider,* Deutsch für Profis; *Schneider,* Deutsch für Kenner; *Schneider,* Deutsch!; *Reiners,* Stilfibel u.v.a.

286 Redaktion der ÖJZ (Hrsg.), Sprache und Recht; vgl. auch *Hinger,* Die üblichen Verdächtigen 240.

allerdings zwei ganz entzückende Kinder hat, die, obwohl sie, ganz nach dem Vorbild ihrer Mutter, sehr musikalisch sind, aber wahrscheinlich viel zu wenig üben, um einmal erfolgreiche Künstlerinnen zu werden, beide schon in die Schule gehen, gestern wieder nicht getroffen, weil ich viel zu spät beim vereinbarten Treffpunkt war.

- **Weg vom Nominalstil** – weniger Hauptwörter!

Ein absurdes Beispiel zur Erinnerung:

Beispiel: Die Verliebung zwischen Romeo und Julia fand in Verona statt, während gerade eine heftige wechselseitige Bekriegung zwischen ihren jeweiligen Familien erfolgte, worauf am Ende die Beklagung der Beendigung des Lebens der beiden jungen Leute vorzunehmen war.

- **Vokabel lernen** – auch in der eigenen Muttersprache! Beispiele:

Beispiel: Der Klagevertreter beantragte die Beauftragung eines Schriftsatzes.
Der Kranführer wurde beim Umsturz des Krans schwer verletzt.

(Ein Schriftsatz nimmt keine Aufträge entgegen, und wenn ein Kran umfällt, ist das noch kein Umsturz.)

- **Keine heiße Luft produzieren!** Beispiel:

Beispiel: Dazu genügt es, darauf hinzuweisen, dass die Forderung bezüglich der Kosten des Strafverfahrens keine Konkursforderung darstellt, weil Kosten des Strafprozesses gemäß § 58 Z 2 KO [österreichische Konkursordnung] keine Konkursforderungen sind.

(„Die Sonne scheint, weil die Sonne scheint.“)

- **Keine absurden Begriffe erfinden!**

Beispiel: Als ein Großteil der Kinder unmittelbar nach der Ankunft im Badebereich ins Wasser gestürmt ist, hat der quantitativ ohnehin schwach dimensionierte Aufsichts- bzw. Lehrkörper die Übersicht und Kontrolle über die Situation verloren.

Dieser „quantitativ ohnehin schwach dimensionierte Aufsichts- bzw. Lehrkörper" ist ein Denkmal in meiner Zitatensammlung.

- **Keine Angst vor zu kurz!**

Antoine de Saint-Exupéry hat formuliert:

> Nicht wenn es nichts mehr anzufügen, sondern wenn es nichts mehr wegzulassen gibt, dürfte die Perfektion erreicht sein.[287]

Leider liegt in der Kürze nicht nur die Würze, sondern einen Text so kurz wie möglich und nicht länger als nötig zu gestalten macht mehr Arbeit, als ihn lang werden zu lassen. Dazu passt das bekannte Bonmot, das vielen Urhebern angedichtet wird:

> Da ich für einen kurzen Brief keine Zeit habe, schreibe ich dir einen langen.

Länge schützt weder vor dem Vergessen noch vor dem Übersehen. Der Gedanke, der im Text fehlt, taucht nicht dadurch auf, dass sich der Text in die Länge zieht. Das Verborgene bleibt verborgen, auch wenn das Entdeckte aufgeblasen wird.

2. Besonderer Teil – die Entscheidung

Nach diesem Lamento folgt nun der Versuch, konstruktive Informationen zur Gestaltung gerichtlicher Entscheidungen zu geben. Dabei blicke ich – meiner eigenen Erfahrung folgend – in erster Linie auf ein erstinstanzliches Urteil eines Zivilgerichts.

Der Aufbau hat sich so eingebürgert, dass zuerst in einer „gedrängten Darstellung" wiedergegeben wird, welche Tatsachen die Parteien behaupten und welche Ansprüche sie daraus ableiten. Dieser Teil einer Entscheidung ist mehr als die Wiedergabe von Dingen, die den beteiligten Parteien ohnedies

---

287 *Saint-Exupéry,* Terre des hommes (1939): „Il semble que la perfection soit atteinte non quand il n'y a plus rien à ajouter, mais quand il n'y a plus rien à retrancher."

bekannt sind, denn bei der Vorstellung des Vorbringens wird deutlich, wie viel (in vielen Fällen: wie wenig) strittig ist und wie viele Dinge rechtlich bedeutungslos sind, die im Verfahren vermeintlich eine Rolle gespielt haben.

Sodann folgt der Sachverhalt, den festzustellen die wichtigste Aufgabe des Gerichts ist. Nur wenn ausschließlich eine Rechtsfrage zu klären ist, kann es vorkommen, dass der Sachverhalt unstrittig ist und sich aus dem übereinstimmenden Vorbringen der Parteien ergibt. Doch auch in diesem Fall muss der Sachverhalt kurz niedergeschrieben werden, damit die Entscheidung aus sich heraus verständlich ist.

Der nächste Punkt ist die sogenannte Beweiswürdigung. In diesem Abschnitt wird begründet, welche Beweisergebnisse die Richterin, den Richter von jenem Sachverhalt überzeugt haben, den sie oder er festgestellt hat und der demnach der rechtlichen Beurteilung zugrunde liegt.

Der oft als krönend empfundene Abschluss ist die rechtliche Beurteilung, bei der der festgestellte Sachverhalt gewürdigt wird und mit der die rechtlichen Schlüsse gezogen werden. Zum Schluss folgt üblicherweise eine kurze Begründung für die Kostenentscheidung.

Im Einzelnen:

a) Das Vorbringen

Das Prozessvorbringen geordnet, frei von Wiederholungen, beschränkt auf das Wesentliche und verständlich wiederzugeben, gehört zu den wichtigsten, doch auch zu den schwierigsten Aufgaben, die beim Verfassen einer Entscheidung zu bewältigen sind. Die größte Hürde ist das Erfordernis, das Vorbringen „gedrängt darzustellen" (siehe dazu schon oben). Ich möchte das mithilfe eines konkreten Beispiels verdeutlichen. Es stammt aus einem Verfahren über die Ansprüche eines Kindes, das im Straßenverkehr von einem Auto niedergestoßen worden war. Die beklagte Versicherung trug in der Klagebeantwortung auszugsweise vor wie folgt:

Vorbringen: Das Klagsvorbringen und -begehren wird dem Grunde und der Höhe nach zur Gänze bestritten, soweit im Folgenden nicht ausdrücklich Außerstreitstellungen erfolgen.
Zutreffend ist, dass es am [Datum], sohin vor rd. 4 ½ Jahren, zu einer Kollision zwischen der damals rd. 12 ½ Jahre alten Klägerin und dem vom Versicherungsnehmer der Beklagten gelenkten PKW gekommen ist.

Unglücklicherweise wurde die Klägerin durch mehrere Brüche nicht unerheblich verletzt – was aus Sicht des BV[288] und der Beklagten schon auf Grund deren jungen Alters sehr bedauert wird –, die spezielle Unfallkonstellation hat es aber mit sich gebracht, dass der Lenker des Beklagtenfahrzeuges keinerlei Verschulden am Zustandekommen der Kollision hatte und ein gegen ihn eingeleitetes Strafverfahren auf Basis eines Kfz-technischen Gutachtens ersatzlos eingestellt wurde.
Die Beklagte geht auf diesen Grundlagen nach wie vor davon aus, dass sie keine Haftung aus dem gegenständlichen Vorfall trifft.
Tatsächlich hat es schon außergerichtliche Erledigungsversuche zwischen den Parteien gegeben, die allerdings schlussendlich gescheitert sind und – dazu noch weiter unten – auch nicht die Dauer und Qualität der von Klagsseite behaupteten Fortlaufs- bzw. Ablaufhemmung gehabt haben. Aus Sicht der Beklagten sind sohin die nun mittels Klage geltend gemachten Ansprüche auch verjährt.

In der gewünschten „gedrängten Darstellung" ließe sich formulieren:

Vorschlag: Die Beklagte bestritt das Klagebegehren und wandte ein, den Lenker des bei ihr versicherten Fahrzeugs treffe kein Verschulden und die Forderung sei verjährt, weil die Versuche, die Sache außergerichtlich zu erledigen, nicht so konkret gewesen seien, dass der Ablauf der Verjährungsfrist gehemmt worden wäre.

Zusätzliche im Verfahren verwertbare konkrete Informationen enthält das Vorbringen nicht; die vielen erwähnten Details sind rechtlich egal.

In natura fand sich jedoch ungefähr die folgende Wiedergabe des Vorbringens:

---

288 Das ist die gängige Abkürzung für „Beklagtenvertreter" („KV" steht für „Klagevertreter").

Beispiel: Die Beklagte bestritt das Klagsvorbringen und -begehren dem Grunde und der Höhe nach zur Gänze, soweit nicht ausdrücklich Außerstreitstellungen erfolgten.

Zutreffend sei, dass es am [Datum], sohin vor rd. 4 ½ Jahren, zu einer Kollision zwischen der damals rd. 12 ½ Jahre alten Klägerin und dem vom Versicherungsnehmer der Beklagten gelenkten PKW gekommen sei. Unglücklicherweise sei die Klägerin durch mehrere Brüche nicht unerheblich verletzt worden, was der BV und die Beklagte schon auf Grund deren jungen Alters sehr bedauerten, doch die spezielle Unfallkonstellation habe es mit sich gebracht, dass der Lenker des Beklagtenfahrzeuges keinerlei Verschulden am Zustandekommen der Kollision habe und ein gegen ihn eingeleitetes Strafverfahren auf Basis eines Kfz-technischen Gutachtens ersatzlos eingestellt worden sei.

Die Beklagte gehe auf diesen Grundlagen nach wie vor davon aus, dass sie keine Haftung aus dem gegenständlichen Vorfall treffe.

Tatsächlich habe es schon außergerichtliche Erledigungsversuche zwischen den Parteien gegeben, die allerdings schlussendlich gescheitert seien und die auch nicht die Dauer und Qualität der von Klagsseite behaupteten Fortlaufs- bzw. Ablaufhemmung gehabt hätten. Aus Sicht der Beklagten seien sohin die nun mittels Klage geltend gemachten Ansprüche auch verjährt.

Dabei kritisiere ich nicht, dass die Beklagte ihr Bedauern über den Unfall ausgedrückt hat, doch dieses Bedauern ist für die Frage des Verschuldens und für die Frage der Verjährung belanglos. Das Gericht hat das Bedauern weder zu bewerten noch rechtlich zu würdigen. Zu kritisieren ist die Übung, das Vorbringen ungekürzt abzuschreiben, nachdem es notdürftig „konjunktiviert“ wurde.

Schon bei dieser gedrängten Wiedergabe des Vorbringens wird der strittige Prozessstoff derartig eingegrenzt, dass im weiteren Text keine „leeren Kilometer“ mehr gefahren werden müssen. Jene Teile des Vorbringens, die vielleicht nur einen atmosphärischen Charakter haben und eine der eigenen Partei dienliche Stimmung erzeugen sollen, würden als unbedeutend erkannt und könnten weggelassen werden. Wenn dann nur mehr das übrigbleibt, was sowohl strittig als auch rechtlich bedeutsam ist, ist das Feld, das bearbeitet werden muss, meistens schon sehr überschaubar geworden.

Genau genommen gehört es zur Routine eines gut geführten Verfahrens, dass schon vor jeder Verhandlung das wechselseitige Vorbringen in dieser Weise durchleuchtet wird, sodass auch die Verhandlung auf jene Themen und Tatsachen beschränkt wird, die eine Rolle spielen. Wenn der Prozessstoff gut abgegrenzt ist, kann auch das Beweisverfahren nicht ausufern.

b) Die Feststellungen der Tatsachen

Abgesehen von den seltenen Fällen, in denen die Tatfrage unstrittig ist und nur eine Rechtsfrage beantwortet werden soll, ist es die wichtigste Aufgabe des Gerichts erster Instanz, die Tatsachen festzustellen, aus denen sich dann die rechtliche Beurteilung ableitet. Der Weg zu diesen Tatsachenfeststellungen sind die Beweisaufnahme und die Würdigung der Beweise. In sprachlicher Hinsicht herausfordernd ist vorerst aber, diese Feststellungen in der Entscheidung wiederzugeben.

Bei diesem Teil des Urteils wird eine Geschichte erzählt, es wird in gewisser Weise Mikro-Zeitgeschichte geschrieben. Letztlich ist diese Aufgabe nichts anderes, als womit schon Schülerinnen und Schüler beim Aufsatzschreiben konfrontiert sind: Die Geschichte hat einen Anfang und ein Ende, üblicherweise eine sinnvolle Chronologie, und die Wortwahl richtet sich nach den Bedürfnissen des Gebiets, auf dem der Prozess abläuft.

In einem Bauprozess erfordern die Feststellungen ein anderes Vokabular als zum Beispiel bei einer strittigen Scheidung oder in einem Urteil in Strafsachen, bei dem es wieder sehr darauf ankommt, ob es um eine Bluttat oder um *white collar crime* geht.

Wichtig ist, die Dinge beim Namen zu nennen und nichts zu beschönigen und nicht der Versuchung nachzugeben, Ungewissheiten und Unsicherheiten hinter Phrasen zu verstecken. Es gibt auch keinen Grund, sich von der Alltagssprache zu entfernen. Als klassisches Beispiel dafür nenne ich die geradezu elegant klingende Tätigkeit des „Versetzens eines Faustschlags gegen das Gesicht“, während einfach gemeint ist, dass der A dem B mit der Faust ins Gesicht schlug. Es muss auch nicht ständig auf die seltsame Formulierung zurückgegriffen werden, dass sich jemand „eine Verletzung zuzieht“. Es genügt schon, wenn bei einem Beinbruch formuliert wird, dass jemand den Bruch des linken Oberschenkelknochens erlitten hat; es muss wahrlich nicht geschrieben werden, dass sich jemand „eine Verletzung in Form des Bruchs des linken Oberschenkels zuzog“.

Dazu passt auch die Übung, seltsame Begriffe, die nie in der Alltagssprache angekommen sind, zur Tarnung wieder hinter Abkürzungen zu verstecken, was am Beispiel der „VLSA“[289] gezeigt werden kann, die gut und gern „Ampel“ genannt werden darf.

---

289 Auflösung: Verkehrslichtsignalanlage (vgl. Art. II BGBl. 1983/73).

Ich plädiere auch für eine gewisse Skepsis gegenüber dem Wortlaut von Sachverständigengutachten. Jedes Fachgebiet hat seine eigenen sprachlichen Sünden. Offenbar aus der Feder eines medizinischen Sachverständigen stammt das folgende Zitat, das einem Urteil in Strafsachen entnommen ist:

Beispiel: Mit dem angefochtenen Urteil wurde A schuldig erkannt, weil er dem B dadurch absichtlich eine schwere Körperverletzung zufügte, daß er mit einer Pistole einen gezielten Schuss gegen dessen Kopf abgab, wobei das Projektil links neben der Nase eindrang, sodann die linke Kieferhöhle durchwanderte und schließlich zwischen den Halswirbelkörpern C1 und C2 steckenblieb.

Deplatziert ist hier das Vokabel „durchwandern“, mit dem die Bewegung eines Projektils durch den Körper beschrieben wird. Auch das Bindewort „wobei“ trifft – wie so oft – nicht zu, weil es keine gleichzeitig stattfindenden Aktionen verbindet.

Natürlich sind auch die Sachverhaltsfeststellungen in Hochdeutsch abzufassen (ausgenommen wörtliche Zitate, sofern sie und ihr genauer Wortlaut eine Rolle spielen), doch auch ganz normale und gängige Begriffe sind durchaus hochdeutsch. Als Beispiel nenne ich hier nur das so beliebte (und natürlich nicht verbotene) Wort „lediglich“, das aber bedenkenlos jedes Mal durch das harmlose Wörtlein „nur“ ersetzt werden könnte.

Sehr juristisch, nicht zuletzt aber auch sprachlich, ist der Hinweis darauf, dass die Tatsachen nicht mit der Beweiswürdigung und auch nicht mit der rechtlichen Beurteilung vermischt werden dürfen. In bestimmten Bereichen des Rechts ist zwar die Grenze zwischen Tatfragen und Rechtsfragen verwischt, in den meisten Fällen lässt sich die Grenze aber klar ziehen. Die äußeren Umstände eines Geschehens sind Tatsachen; was die Menschen getan haben, was sie gesagt haben, was sie gewusst haben, was sie (wenn man das feststellen kann!) gedacht haben, sogar was sie gewollt haben (auch oft sehr schwer feststellbar), gehört dem Tatsachenbereich an. Ob das alles „in Ordnung“ war, ob es vielleicht den guten Sitten widersprochen hat, das ist eine Rechtsfrage.

Während wir beim Aufsatzschreiben gelernt haben, Wortwiederholungen zu vermeiden, ist es beim Urteilschreiben für das Verständnis unerlässlich, sich zu den Wortwiederholungen zu bekennen. Die beteiligten Personen, die zu beurteilenden Ereignisse, bestimmte technische oder rechtliche Begriffe sollen immer gleich bezeichnet werden. Der Kläger ist der Kläger ist der Kläger. Es wäre verwirrend, wenn mitten im Text ein Name auftaucht, dessen Träger zwar der Kläger ist, den der Leser des Urteils aber nicht kennt. Umgekehrt ist es auch nicht erforderlich, im Fall eines Verkehrsunfalls (um ein Beispiel zu nennen) jedes Mal vom „gegenständlichen" Unfall zu schreiben, wenn es im ganzen Text weit und breit keinen zweiten Unfall gibt.

Gerade bei der Nennung von Eigennamen ist besondere Sorgfalt geboten, weil die Menschen es üblicherweise und mit Recht als kränkend empfinden, wenn jemand nicht die nötige Sorgfalt aufwendet, um ihren Namen richtig zu schreiben. Ich empfehle auch, die Personen, die in einem Urteil namentlich genannt werden, immer gleich zu nennen, was die mitunter nötige Anonymisierung einer Entscheidung erleichtert. Es wäre zum Beispiel unpassend, einen „Konrad Huber" gelegentlich mit „Konrad H." oder mit „Herr Huber" oder mit „Huber" zu bezeichnen. Wenn man sich hingegen entschlossen hat, diese Person als „Zeuge Huber" zu bezeichnen, sollte man es im ganzen Text dabei belassen.

Es hat sich eingebürgert, in die Wiedergabe des Sachverhalts auch die Fundstellen der entsprechenden Beweisergebnisse einzuflechten. Dies ist sinnvoll, ersetzt aber die Beweiswürdigung für *strittige* Tatsachenfeststellungen nicht. Bei unstrittigen Tatsachen helfen diese Quellenangaben, sich im Akt zurechtzufinden.

c) Die Beweiswürdigung

Dieser Fachbegriff aus dem Prozessrecht bezeichnet jenen Teil der Entscheidung, in dem die Richterin, der Richter begründet, wieso sie oder er die Tatsachen genau so und nicht anders festgestellt hat. Einer näheren Begründung bedürfen dabei nur jene Tatsachen, die strittig waren. Wenn zum Beispiel alle über einen bestimmten Aspekt stets dasselbe vorgebracht und ausgesagt haben, erübrigt sich jede Begründung, wieso auch das Gericht die Tatsache entsprechend festgestellt hat. Sogar der Satz *„Die Feststellungen über die Wettersituation beim Unfall ergeben sich aus den übereinstimmenden Aussagen aller Zeugen."* wäre entbehrlich. Sein Fehlen würde die Entscheidung nicht unvollständig, sondern nur kürzer machen.

Die Beweiswürdigung ist die Kernaufgabe des Gerichts erster Instanz und anspruchsvoll, weil sich dafür keine allgemein gültigen Regeln aufstellen lassen und sich bei ihr die Objektivität und die Unparteilichkeit des Gerichts erweisen. Die Beweiswürdigung hat sich zwischen zwei Extremen zu bewegen, nämlich zwischen der Anhäufung von Leerfloskeln auf der einen Seite und einer emotionalen Rhetorik auf der anderen Seite.

Es würde den Anforderungen nicht genügen, stereotyp nur auf den „persönlichen Eindruck" zu verweisen, den eine Zeugin oder ein Zeuge hervorgerufen hat und der dazu beigetragen haben soll, dass das Gericht die Aussage geglaubt oder nicht geglaubt hat. Auf der anderen Seite gehört es sich nicht, Personen, denen das Gericht nicht geglaubt hat, auch persönlich herunterzumachen. Nicht der Zeuge ist unglaubwürdig, sondern seine Aussage. Sogar über das Wort „unglaubwürdig" lässt sich diskutieren, denn die Erkenntnisfähigkeit auch des Richters und der Richterin ist menschlich begrenzt. Ironie oder gar Sarkasmus – aber auch Mitleid und Bedauern – haben ebenso wenig Platz wie rhetorische Fragen nach dem Motto: *„Wie kann der Beklagte annehmen, dass das Gericht seiner Darstellung glauben wird?"*

Beliebt, aber wenig hilfreich ist die Formulierung, bei der Darstellung des Geschehens durch den Angeklagten handle es sich um eine „reine Schutzbehauptung". Diese Einsicht kann wohl zutreffen, ersetzt jedoch keine Begründung.

Bei der Beweiswürdigung ist die Grundregel besonders wichtig, dass in einer Entscheidung nicht nur Kraftausdrücke, sondern auch alle Formen des stilistischen Superlativs vermieden werden sollen. Wenn das Gericht einer Aussage keinen Glauben schenkt, genügt es, das festzustellen und zu begründen. Die Zuflucht zu Verstärkungen – wie zum Beispiel zu „völlig unglaubwürdig" – kaschiert meist nur eine Unsicherheit und erweckt auch den unnötigen Argwohn, das Gericht habe sich von anderen als rein sachlichen Kriterien leiten lassen, zum Beispiel von Gefühlen.

Die Herausforderungen, die die Beweiswürdigung mit sich bringt, sind aber nicht in erster Linie sprachlicher Natur, sondern sie berühren jenen Teil der richterlichen Tätigkeit, den man nicht nur in der Ausbildung, sondern im Lauf der Zeit auch durch Erfahrung lernt und verbessert. So wie fast alles hat nämlich auch die Arbeit einer Richterin und eines Richters einen „handwerklichen" Aspekt, der zur juristischen Kompetenz hinzutreten muss, damit das Werk gelingt.

d) Die rechtliche Beurteilung

Für die Kronjuristen und -juristinnen ist sie das Herzstück der Entscheidung. In Entscheidungen, bei denen nur der Sachverhalt strittig war („Wer fuhr bei Rot?"), darf und soll sich hier auch der Kronjurist kurz fassen.

Hier gilt besonders das, was weiter oben schon zum Thema „Mikado-Stil" geschrieben wurde. Zu bedenken ist auch, dass eine Entscheidung kein wissenschaftlicher Aufsatz ist und schon gar kein Lehrbuch.[290] Die rechtliche Beurteilung sollte sich nur auf jene Aspekte beschränken, die relevant und vor allem auch strittig sind. Dinge, die ohnedies „jedes Kind weiß", müssen nicht juristisch abgesichert werden. Dass man verpflichtet ist, bei der roten Ampel stehenzubleiben, ist sicher in der Straßenverkehrsordnung geregelt,

290 In den Entscheidungen jener Instanzen, die gerade neue oder strittige Rechtsfragen zu klären haben, sind in die Tiefe gehende rechtliche Ausführungen natürlich willkommen (wenn sie verständlich sind).

einer besonderen Zitierung bedarf aber der dafür passende Paragraf nicht, weil dies ohnedies allgemein bekannt ist. Schließlich fährt niemand deshalb bei Rot über eine Kreuzung, weil sie oder er die Fundstelle in der Straßenverkehrsordnung nicht kennt.

Bei der rechtlichen Beurteilung, vor allem bei komplizierten Fragen, gilt die Überlegung besonders, dass man sich mitunter eine zu große Last aufbürden würde, wenn man das Ziel hätte, alles so zu erklären, damit es wirklich jeder versteht. Es ist schon viel erreicht, wenn die einzelnen Sätze für sich genommen beim ersten Lesen verständlich sind, sodass die Kameradinnen und Kameraden der juristischen Zunft nicht erst im Kampf gegen die Sprache siegen müssen, bevor sie beginnen können, die rechtlichen Probleme zu durchschauen.

Der Versuch, intellektuelle Genialität mit sprachlicher Verknappung zu beweisen, misslingt meist.

3. Wofür die Ewigkeit gut ist

Zum Schluss ein kleiner Ausflug in die Literatur. *Mark Twain* war ein Spötter und hat die deutsche Sprache nicht geliebt. Man kann ihm daher verzeihen, dass er geseufzt hat:

> Never knew before what eternity was made for. It is to give some of us a chance to learn German.[291]

Vielleicht kannte *Mark Twain* den berühmt gewordenen Versuch des deutschen Reichsgerichts, die Eisenbahn zu beschreiben:

Beispiel: Ein Eisenbahnunternehmen ist ein Unternehmen, gerichtet auf wiederholte Fortbewegung von Personen oder Sachen über nicht ganz unbedeutende Raumstrecken auf metallener Grundlage, welche durch ihre Konsistenz, Konstruktion und Glätte den Transport großer Gewichtsmassen, beziehungsweise die Erzielung einer verhältnismäßig bedeutenden Schnelligkeit der Transportbewegung zu ermöglichen bestimmt ist, und durch diese Eigenart in Verbindung mit den außerdem zur Erzeugung der Transportbewegung benutzten Naturkräften (Dampf, Elektrizität, tierischer oder menschlicher Muskeltätigkeit, bei geneigter Ebene der Bahn auch schon der eigenen Schwere

291 Frei übersetzt: „Jetzt weiß ich, wofür die Ewigkeit gut ist: um Deutsch zu lernen."

> der Transportgefäße und deren Ladung, u.s.w.) bei dem Betriebe des Unternehmens auf derselben eine verhältnismäßig gewaltige (je nach den Umständen nur in bezweckter Weise nützliche, oder auch Menschenleben vernichtende und die menschliche Gesundheit verletzende) Wirkung zu erzeugen fähig ist.[292]

Sich über kuriose Texte lustig zu machen ist nicht schwer, aber kurzweilig.[293] Gezielt nach gelungenen („schönen") juristischen Texte zu suchen, ist hingegen schwierig. Fündig wird man vielleicht bei jenen Juristen, die weniger durch ihre Rechtsgelehrsamkeit als durch ihr Schreiben berühmt wurden, zum Beispiel durch diesen Text:

> Ist es dein Recht, wenn Frucht dein Acker trägt?
> Wenn du nicht hinfällst tot zu dieser Frist,
> Ist es dein Recht auf Leben und auf Atem?
> Ich sehe üb'rall Gnade, Wohltat nur
> In allem, was das All für alle füllt,
> Und diese Würmer sprechen mir von Recht?

Der Jurist *Franz Grillparzer,* der *Libussa* diesen Satz in den Mund gelegt hat, liebte die Sprache offenbar mehr als das Recht. Von literarischen Experimenten beim Urteilschreiben wird jedoch mit gutem Grund abgeraten. Es genügt schon, der Sprache eine solide Zuneigung entgegenzubringen.

---

292 17.3.1879, I 23/80, RGZ 1, 247.
293 Vgl. *Welser,* Käsegeruch.

E. Recht und Sprache im Journalismus *(Benedikt Kommenda)*

1. Einleitung

a) Welche Rolle spielt Sprache im Journalismus?

Juristen und Journalisten haben etwas Wesentliches gemeinsam: Für beide ist die Sprache das wichtigste Werkzeug und zugleich der Gegenstand der Arbeit. Ohne die Sprache zu benützen, könnten wir keine Normen festlegen, verstehen und befolgen; und wir könnten, vielleicht von basalen Gefühlsäußerungen abgesehen, keine Informationen weitergeben und empfangen. Vor einer akuten Gefahr zu warnen, Schmerzen, Freude, Sympathie oder Feindseligkeit auszudrücken, all das ist gewiss auch nonverbal möglich. Aber zu berichten, was gestern vorgefallen ist oder welche Pläne man für morgen wälzt, ist ohne Sprache schwer vorstellbar (wie auch einen Gedanken wie den soeben geäußerten nachzuvollziehen).

Vollends offenkundig hängt von der Sprache die Literatur ab, gewissermaßen die große Schwester der journalistischen Gelegenheitsprosa. Es ist wohl kein Zufall, dass viele Juristen schriftstellerische Ambitionen zeigen: Die Richterin Juli Zeh etwa und der Strafverteidiger Ferdinand von Schirach zählen zu den meistbeachteten deutschen Autoren der Gegenwart. Aber bleiben wir beim Journalismus, den man ja nicht ganz so negativ sehen muss wie der große österreichische Schriftsteller und Publizist Karl Kraus (1874–1936). Einer seiner bissigen journalisten-kritischen Aphorismen lautet: „Keinen Gedanken haben und ihn ausdrücken können – das macht den Journalisten."[294]

b) Was verbindet, was unterscheidet journalistische Texte von juristischen?

Auch im Journalismus tun die Schreibenden gut daran, jeden der 21 Vorschläge für bessere Sprache und verständlichere Texte[295] zu berücksichtigen. Mit vielleicht einer einzigen Ausnahme: Vorschlag 16 – Emotion herunterschrauben – ist speziell auf juristische Texte gemünzt; journalistische Texte hingegen können und sollen je nach Textgattung[296] durchaus auch Gefühle ansprechen, sofern diese authentisch sind und nicht erfunden.[297]

294 *Kraus,* Ausgewählte Schriften IV, Pro domo et mundo (1908–1912) 47.

295 S. oben I.

296 S. unten 2. a).

297 Unsinnig, weil frei von Informationsgehalt, wäre etwa ein Textbeginn wie: „Diesen Tag wird Hildegard S. ihr Leben lang nicht vergessen."

Im Allgemeinen aber sind Journalisten noch mehr gehalten, ja sogar darauf angewiesen, sich verständlich auszudrücken. Warum? Juristische Texte werden von ihren Adressaten üblicherweise nicht ganz freiwillig gelesen. Der Autofahrer, der eine Anonymverfügung wegen Schnellfahrens erhalten hat; die Vorstandsvorsitzende, die ein Rechtsgutachten über eine geplante Transaktion entgegengenommen hat; der Straftäter, der am Ende der Hauptverhandlung vor seiner Richterin steht: Sie alle lesen und hören „ihre" juristischen Texte, weil sie es müssen. Der journalistische Text hingegen muss trachten, die Lesenden oder Hörenden neugierig zu machen und ihre freiwillige Aufmerksamkeit zu binden.

Was das bedeutet, ist am besten an der im Radio gesprochenen Nachricht zu erkennen. Ihr hat der Jurist und Journalist Paul Kraker einen Beitrag in der Praxisschrift für Wolfgang Zankl gewidmet.[298] In der Radionachricht soll in kürzester Zeit ein Maximum an Information übermittelt werden, und zwar so, dass die Zuhörenden es auch aufnehmen und behalten können. Der erste Satz, der sogenannte Leadsatz, muss kurz sein und doch das Wichtigste enthalten. „Er soll prägnant und lapidar sein, vom Hörer wiederholt werden können", schreibt Kraker.[299] Im ORF-Radio gelte als Vorgabe, dass der Leadsatz höchstens eineinhalb Zeilen lang sein sollte, in der Schriftart Courier New, Schriftgröße 12 Punkt. Wenn die Zuhörenden beim ersten Satz der Radionachricht aussteigen, dann ist alle weitere Mühe um sie vergebens.[300]

Beim geschriebenen Text können die Adressaten immerhin noch einmal zurückblicken, den ersten Satz noch einmal lesen. Beobachtet man aber das Leserverhalten in Print[301] und online, so stellt man fest, was ohnehin naheliegt: Auch viele Leser steigen auf Nimmerwiedersehen aus einem Artikel aus, wenn und wo dieser zu schwer verständlich ist.

Verständlichkeit ist freilich nur eine notwendige, aber keine hinreichende Bedingung für einen guten Beginn journalistischer Texte. Sie ist unerlässlich, zeichnet für sich allein aber noch nicht den Einstieg aus. Das verständlich Gesagte muss vielmehr auch inhaltlich interessant sein, und zwar gleichgültig, in welchem Medium die Botschaft ausgedrückt wird. Darauf weisen auch Wolf Schneider und Paul-Josef Raue im „Neuen Handbuch des Journalismus und des Online-Journalismus" hin: „Wer in den ersten Sätzen zum Lesen verführt, wird seinen Weg im Journalismus gehen, gleich welche

298 *Kraker*, Nachrichten-Norm 457 ff. *Kraker* hat an der Universität Wien Rechtswissenschaften studiert und ist seit 1995 Radionachrichtenredakteur und -sprecher im ORF.

299 *Kraker*, Nachrichten-Norm 461.

300 Zum idealtypischen weiteren Aufbau der Nachricht s. unten 2. i.

301 Eine sehr präzise Messmethode, die genau ermittelt, welche Texte vorausgewählte Leser wie weit lesen, ist Readerscan.

Technik uns nach iPad und Web 4.0 noch überraschen wird. Er ist für alle Zeiten und alle Techniken gewappnet."[302]

2. Der Weg eines journalistischen Artikels

a) Die journalistischen Darstellungsformen

Bevor wir näher darauf eingehen, wie ein journalistischer Artikel entsteht, wollen wir uns einen Überblick verschaffen, welche Formen es davon überhaupt gibt.[303]

i. Nachricht

Die Nachricht ist gewissermaßen die Mutter aller journalistischen Darstellungsformen. Zeitungstitel wie *Salzburger Nachrichten* oder *Oberösterreichische Nachrichten*, die auch heute noch verwendet werden, zeigen: Das Wort wurde historisch als Inbegriff dessen verstanden, was Massenmedien lieferten. Aktuell begegnet uns der Begriff in zweifacher Bedeutung: Zum einen charakterisiert „Nachricht" inhaltlich eine Neuigkeit, die es verdient, verbreitet zu werden; zum anderen steht das Wort für eine bestimmte Form der Information, nämlich jene, die zumindest die fünf sogenannten W-Fragen beantwortet. Das sind: Wer? Was? Wo? Wann? Wie? Dazu können noch kommen: Warum? Woher?

Beginnen wir mit dem inhaltlichen Aspekt. „When a dog bites a man, that's not news, but when a man bites a dog, that's news": Diese viel zitierte Definition der Nachricht wird John B. Bogart zugeschrieben, einem Lokalredakteur der amerikanischen Zeitung „Sun" im 19. Jahrhundert.[304] Was Bogart damit sagen wollte: Die Nachricht ist das, was sich vom gewöhnlichen Lauf der Dinge abhebt. „Nachricht ist, was sich unterscheidet", schreiben Hooffacker/Meier sehr treffend.[305]

Das Ungewöhnliche allein ist aber nicht zwangsläufig berichtenswert. Dazu muss es auch für die Allgemeinheit interessant sein. Das Kriterium dafür heißt Nachrichtenwert; dieser kann sich aus mindestens einem der folgenden Merkmale oder aus einer Kombination daraus ergeben: Folgenschwere, Wichtigkeit (z.B. allgemeine Steuererhöhung); Nutzen (z.B. Warnung vor einer Sperre der Stadtautobahn); Nähe (z.B. ein Brand in der eigenen Stadt); Fortschritt (z.B. neue Möglichkeit, sich gegen ein Virus impfen zu lassen); Konflikt und Kampf (z.B. Streit in einer Partei über die künftige

302 *Schneider/Raue,* Handbuch 30.
303 S. dazu *Hooffacker/Meier,* La Roches Einführung 53 ff.
304 Zitiert nach *Hooffacker/Meier,* La Roches Einführung 55.
305 *Hooffacker/Meier,* La Roches Einführung 55.

Linie); Dramatik (z.B. Rettung eines Kindes aus einem Brunnenschacht); Prominenz (z.B. Innenministerin wird bestohlen); Liebe und Sex (z.B. Umfrage über Seitensprünge); Kuriosität, ungewöhnlicher Ablauf (z.B. entflohener Häftling kehrt freiwillig ins Gefängnis zurück).[306]

Formal muss eine Nachricht alle relevanten Informationen enthalten: Wer hat was wann wo auf welche Weise getan, warum, und woher stammen diese Angaben? Ein fiktives Beispiel:

Beispiel: Die Bürgermeisterin von X ist am Montag bei einem Autounfall tödlich verunglückt. Nach Angaben der Polizei dürfte sie auf der Fahrt nach Y versucht haben, einem Reh auszuweichen, das die Straße überquert hatte. Sie kam mit ihrem Wagen von der Straße ab und stürzte über einen Abhang in die Tiefe. An einem Scheinwerfer ihres Autos fanden sich Fellspuren.

ii. Bericht

Der Bericht ist nichts anderes als eine größere Form einer Nachricht.[307] „Zusammenhänge, Vorgeschichte und andere wichtige Aspekte des Themas kann der Bericht berücksichtigen", schreiben Hooffacker und Meier.[308]

iii. Reportage

Die Reportage ist eine Ergänzung zu einer Nachricht oder einem Bericht.[309] Sie versetzt den Leser in die Lage, sich ein Bild vom Ort des Geschehens zu machen. Sie liefert „Farbe" zu den nackten Fakten.

iv. Interview

Das Interview versteht sich von selbst: Es gibt die Aussagen eines Gesprächspartners wieder, entweder wörtlich in Fragen und (in aller Regel gekürzten) Antworten oder nur teilweise direkt, teilweise aber auch indirekt zitierend.

v. Kommentar

Der Kommentar ist eine Meinungsäußerung, sei es in Form einer pointierten und kurzen Glosse, sei es in Form eines größer angelegten Leitartikels. Der Autor berichtet nicht, sondern nimmt zu etwas Stellung, worüber berich-

---

306 *Hooffacker/Meier,* La Roches Einführung 65 ff.
307 *Hooffacker/Meier,* La Roches Einführung 118 ff.
308 *Hooffacker/Meier,* La Roches Einführung 118.
309 *Hooffacker/Meier,* La Roches Einführung 121.

tet wurde. Während Meinungen durch die Europäische Menschenrechtskonvention (EMRK) geschützt sind,[310] müssen die Tatsachen, auf denen sie basieren, stimmen.

b) Wie ein Artikel entsteht

Am Beginn eines jeden journalistischen Werks steht die Recherche. Egal, ob es sich um eine kurze Nachricht im Lokalteil über einen Großbrand handelt, eine Reportage oder einen großen Kommentar in Gestalt eines Leitartikels: Stets bilden Fakten zumindest die Grundlage. Das gilt auch dann, wenn ein Medium die Meldung einer Nachrichtenagentur übernimmt – bloß, dass in diesem Fall die Agentur die Recherche geleistet hat.

Die Recherche im rechtlichen Bereich konzentriert sich zum einen auf das Rechtsinformationssystem des Bundes[311], in dem laufend Entscheidungen der Höchstgerichte und der Verwaltungsgerichte in anonymisierter Form veröffentlicht werden; zum anderen können Journalisten sich durch ständigen Kontakt zu Praktikern und Wissenschaftlern des Rechts zu aktuellen Entwicklungen auf dem Laufenden halten. Solche Kontakte sind auch sehr hilfreich, wenn es gilt, neu auftauchende Rechtsfragen zu erörtern oder, im besten Fall, sogar zu lösen.

Was Außenstehende vermutlich mehr überrascht als die Recherche zu Beginn: Wenn erfahrene Journalisten eine Nachricht oder einen Bericht schreiben, formulieren sie als Erstes die Überschrift. Zumindest in Gedanken legen sie sich fest, was die eigentliche „Geschichte", die Botschaft ihres Textes ist. Das hat zwei Gründe: Der gesamte Beitrag bekommt wie von selbst einen stringenten, hierarchischen Aufbau[312], wenn er mit der Kernaussage beginnt und alles Weitere – von der Vorgeschichte bis zu den erwartbaren Folgen – nachgeordnet wird. Und: Im redaktionsinternen Wettlauf um den – in gedruckten Zeitungen regelmäßig zu knappen – Platz treten gewissermaßen Überschriften gegeneinander an. Nur so kann der Ressortleiter oder der Chefredakteur entscheiden, was am jeweiligen Tag die wichtigste Geschichte im Ressort (z.B. Innenpolitik, Außenpolitik oder Wirtschaft) oder in der gesamten Zeitung ist. Das kann – und muss aus organisatorischen Gründen meist – schon zu einem Zeitpunkt geschehen, zu dem noch kein einziger Text fertig geschrieben ist.

---

310 „Jedermann hat Anspruch auf freie Meinungsäußerung", lautet der erste Satz von Art. 10 Abs. 1 EMRK (BGBl. 1958/210).

311 ris.bka.gv.at.

312 S. unten 3. a).

Aber was ist die Kernaussage? Diese Frage ist ungleich leichter gestellt als beantwortet. „Oft ist es schwierig, den Kern der Meldung sofort zu finden", schreibt Radionachrichtenredakteur Paul Kraker. Denn: „Viele Ereignisse sind mehrschichtig, kompliziert, haben eine Vorgeschichte."[313] Der Journalist muss trotzdem versuchen, eine klare Botschaft aufzuspüren. Eine kleine Hilfe können dabei verschiedene Tricks bieten, die alle denselben Zweck haben: dazu zu zwingen, eine kurze, eingängige Aussage zu treffen. Michael Prüller, ehemaliger stellvertretender Chefredakteur der „Presse", hat jungen Kollegen diesen Tipp gegeben: Sie mögen sich vorstellen, zuerst „Hast du schon gehört: ..." zu sagen, dann könne eigentlich nur eine Kernaussage folgen. Andere versetzen sich in die Situation, jemandem in einer Bushaltestelle noch schnell etwas durch eine Bustür zurufen zu müssen, die sich gerade schließt.

Bei juristischen Sachverhalten „kann dieser Zwang zur Kürze schwierig werden", stellt Kraker völlig richtig fest.[314] Ein krasses Negativbeispiel sind die Antworten, die der Gerichtshof der Europäischen Union (EuGH) in Vorabentscheidungsverfahren zu geben pflegt – zugegebenermaßen allerdings mit einer völlig anderen Zielsetzung, als eine Schlagzeile zu liefern.[315] Hier als Beispiel die erste von drei Antworten des EuGH an das Amtsgericht Hamburg, die einen Rechtsstreit mit einer Partnervermittlungs-Website betraf:

Beispiel: Art. 14 Abs. 3 der Richtlinie 2011/83/EU des Europäischen Parlaments und des Rates vom 25. Oktober 2011 über die Rechte der Verbraucher, zur Abänderung der Richtlinie 93/13/EWG des Rates und der Richtlinie 1999/44/EG des Europäischen Parlaments und des Rates sowie zur Aufhebung der Richtlinie 85/577/EWG des Rates und der Richtlinie 97/7/EG des Europäischen Parlaments und des Rates ist dahin auszulegen, dass zur Bestimmung des anteiligen Betrags, den der Verbraucher an den Unternehmer zu zahlen hat,

313 *Kraker*, Nachrichten-Norm 461.

314 *Kraker*, Nachrichten-Norm 461.

315 Der EuGH beantwortet im Vorabentscheidungsverfahren gemäß Art. 267 AEUV abstrakt Fragen zur Auslegung des Unionsrechts, die sich in einem konkreten Verfahren vor dem vorlegenden Gericht gestellt haben; die Anwendung des solcherart erkannten Unionsrechts obliegt dann dem Gericht im Ausgangsverfahren.

> wenn er ausdrücklich verlangt hat, dass die Ausführung des geschlossenen Vertrags während der Widerrufsfrist beginnt, und dann den Vertrag widerruft, grundsätzlich auf den im Vertrag vereinbarten Preis für die Gesamtheit der vertragsgegenständlichen Leistungen abzustellen und der geschuldete Betrag zeitanteilig zu berechnen ist. Nur wenn der geschlossene Vertrag ausdrücklich vorsieht, dass eine oder mehrere der Leistungen gleich zu Beginn der Vertragsausführung vollständig und gesondert zu einem getrennt zu zahlenden Preis erbracht werden, ist bei der Berechnung des dem Unternehmer nach Art. 14 Abs. 3 dieser Richtlinie zustehenden Betrags der volle für eine solche Leistung vorgesehene Preis zu berücksichtigen.[316]

Um aus diesen beiden Sätzen (mit insgesamt 172 Wörtern!) journalistisch die Kernaussage herauszufiltern, muss man allerlei wissen: dass eine Kundin der Partnervermittlungsagentur für ein Jahresabo einen höheren Preis als andere hatte zahlen müssen, dass diese Kundin die Agentur ersucht hatte, vor Ablauf der Rücktrittsfrist mit der Vertragserfüllung zu beginnen, dass die Agentur dies prompt getan hatte, dass die Kundin schon nach wenigen Tagen vom Vertrag zurücktrat, dass die Agentur von der Kundin dennoch drei Viertel des Jahrespreises verlangte, dass dies sich als zu viel herausstellen wird, wenn das Amtsgericht Hamburg die Vorabentscheidung in seine Entscheidung einfließen lässt ...

Und all das soll in einen kurzen, eingängigen Satz passen? Es muss. Wir haben ein aktuelles Thema vor uns, das von öffentlichem Interesse ist, und wollen deshalb darüber berichten. Versuchen wir also, die Kernaussage wiederzugeben:

> **Beispiel:** EU-Höchstgericht schützt Singles vor zu teurem Ausstieg aus Partnerbörsen.

Alles Weitere müsste dann in den nachfolgenden Sätzen erklärt werden, die Kernaussage gewissermaßen eingeordnet werden. Bis alle W-Fragen beantwortet sind.

---

316 EuGH, 8. 10. 2020, C-641/19, PE Digital, ECLI:EU:C:2020:808.

3. Sprachliche Besonderheiten im Journalismus

a) Das Wichtigste steht am Beginn

Wer eine juristische Abhandlung schreibt, mag zu diesem Aufbau neigen: Am Beginn stehen die Rechtsgrundlagen und die zu erörternde Frage, es folgt die Argumentation, und am Ende kommt als Höhepunkt die Schlussfolgerung. Ein oft gelesener erster Satz lautet etwa: „Am Soundsovielten ist das Gesetz X (Bundesgesetzblatt Y) in Kraft getreten." Das mag juristisch betrachtet das Um und Auf sein. Journalistisch ist es das nicht. Im journalistischen Text ist die systematische Ordnung auf den Kopf gestellt. Er beginnt mit der Kernaussage, mit der Information, die aufhorchen lässt. Das könnte beispielsweise in dem zu finden sein, was sich für den Einzelnen durch das erwähnte Gesetz ändert: eine Steuersenkung oder eine höhere Steuerbelastung, ein neues strafrechtliches Verbot, geänderte Regeln für Unternehmen in der Krise. Im Idealfall erfährt der Leser damit schon aus den ersten Zeilen, ob es eine für ihn relevante oder zumindest interessante Neuigkeit gibt und welche.

Warum und wie es dazu gekommen ist, welche Folgen sich daraus ergeben: All das erfährt man, hierarchisch gereiht nach absteigender Bedeutung, im weiteren Verlauf des Textes. Dabei darf keinesfalls die wichtigste Aussage zum Schluss kommen.

Dazu das Beispiel eines kurzen Berichts:

Straßburger Nachhilfe für Land der Titel

Titel

Österreich muss neue Sponsionsurkunde nach Namensänderung ausstellen.

Vorspann

Wien. Alle haben sie geirrt: der Verfassungsgerichtshof (VfGH), der Verwaltungsgerichtshof (VwGH) und die Regierung. Sie dachten, es sei rechtlich kein Problem, wenn ein Jusabsolvent nach einer Namensänderung von seiner Universität keine neue, auf den geänderten Namen lautende Sponsionsurkunde bekommt. Der Europäische Gerichtshof für Menschenrechte (EGMR) in Straßburg jedoch hat Österreich deshalb verurteilt – eines jener Länder, in denen auch nach den Aussagen des EGMR akademischen Graden allgemein Bedeutung zugemessen wird.

Nachricht

Der Jurist hatte seinen Namen ändern lassen, weil er sich wegen dessen „orientalischer Herkunft" diskriminiert fühlte. Als er sich von der Uni einen neuen Nachweis seiner Graduierung holen wollte, wies diese ihn zurück: Es gebe dafür keine Rechtsgrundlage.

Vorgeschichte

Also beschwerte sich der Mann beim EGMR. Während die Regierung argumentierte, er hätte nicht alle Rechtsmittel ausgeschöpft und sich ohnehin mit einem Nachweis aus dem Zentralen Melderegister helfen können, sah Straßburg den Juristen in seinem Recht auf Privatleben verletzt (Bsw. 200/15, NLMR 6/2019). Es gebe sehr wohl Situationen, die eine Vorlage der Sponsionsurkunde erforderten, etwa die Zulassung als Rechtsanwaltsanwärter. Indem Österreich dem Beschwerdeführer keinen Weg öffnete, zu einer neuen Sponsionsurkunde zu kommen, habe der Staat ihn im Recht auf Achtung des Privatlebens verletzt. Österreich muss ihm jetzt 1000 Euro für seinen immateriellen Schaden ersetzen. (kom)

Details

b) Ansprechend schreiben, ohne falsch zu werden

Zwischen der juristischen Fachsprache und der Alltagssprache liegen oft Welten. Das hat nicht immer, aber doch sehr oft gute Gründe. Für eine abschlägige Entscheidung des Verfassungsgerichtshofs beispielsweise gibt es fachsprachlich drei verschiedene Ausdrücke mit unterschiedlicher Bedeutung: „Abweisen“ heißt, einem Antrag aus inhaltlichen Gründen nicht zu folgen, „zurückweisen“ bedeutet, dass formale Gründe ihm entgegenstehen (er wurde z.B. zu spät „eingebracht“, also gestellt), „ablehnen“ kann der Verfassungsgerichtshof Beschwerden, die keine verfassungsrechtliche Klärung erwarten lassen.

Diese Unterscheidung ist für den Ausgang des Verfahrens sehr wichtig. Während der Verfassungsgerichtshof mit der „Abweisung“ ausdrückt, dass eine vermeintliche Gesetz- oder Verfassungswidrigkeit nicht besteht, bleibt das bei der „Zurückweisung“ offen: Eine rechtzeitige Beschwerde wäre möglicherweise erfolgreich gewesen. Dieses Wissen kann beim juristischen Laien aber nicht als bekannt vorausgesetzt werden. Es liegt daher am Journalisten, deutlich zu machen, was eine negative Entscheidung des Verfassungsgerichtshofs genau aussagt und was nicht (wobei eine bloß formal begründete Entscheidung journalistisch meist wesentlich weniger interessant ist als eine inhaltliche). Dabei sollte er trachten, einen falschen Begriff zu meiden und, wenn schon nicht den genau treffenden, einen unverfänglichen allgemeinen zu wählen: „Verfassungsgerichtshof entscheidet gegen Antrag X“, könnte es heißen, oder „Antrag Y scheitert vor dem Verfassungsgerichtshof“.

Medien, die ernst genommen werden wollen, tun auch gut daran, die Institutionen korrekt zu bezeichnen, also beispielsweise das Bundesverwaltungsgericht vom Verwaltungsgerichtshof zu unterscheiden, das Oberlandesgericht vom Landesverwaltungsgericht, den Gerichtshof der Europäischen Union (EuGH mit Sitz in Luxemburg) vom Europäischen Gerichtshof für Menschenrechte (EGMR in Straßburg). Dazu passt das Bestreben, die jeweilige Entscheidung begrifflich richtig einzuordnen, den „Bescheid“ einer Verwaltungsbehörde von einem „Urteil“ eines Gerichts unterscheiden zu können und dieses vielleicht auch noch von einem „Erkenntnis“ eines der Höchstgerichte öffentlichen Rechts.

Gravierender als eine Fehlbezeichnung[317] ist allerdings eine falsche redaktionelle Einschätzung. Die kann jederzeit passieren, wenn die Recherche zu kurz kommt oder das Verständnis für den juristischen Zusammenhang fehlt. So sollte man beispielsweise wissen, dass der Verwaltungsgerichtshof

317 Im Zivilrecht wäre an die juristisch falsche Gleichsetzung von Besitz und Eigentum zu denken, die wohl zu verschmerzen ist, solange es nicht gerade um ein spezielles sachenrechtliches Problem geht.

oft Entscheidungen wegen bloßer Formfehler aufhebt, etwa weil das Verwaltungsgericht erster Instanz keine mündliche Verhandlung durchgeführt hat. In diesen Fällen geht das Verfahren zurück zum Verwaltungsgericht, das dann nach einer mündlichen Verhandlung nochmals entscheiden muss, möglicherweise genau im selben Sinn wie beim ersten Mal. Ließe sich ein Medium die erste Aufhebung als großen Erfolg des Betroffenen „verkaufen", würde das nicht gerade von profundem Rechtsverständnis zeugen.

c) Konkret statt abstrakt schreiben

Ein bemerkenswerter Unterschied in der Sprache von Journalisten und Juristen ergibt sich aus den verschiedenen Zugängen zu ihrem Stoff. Juristen und Juristinnen sind gewohnt, abstrakt zu denken: in Begriffen wie „Person" statt Mann oder Frau, jung oder alt, groß oder klein, blond oder glatzköpfig. Anders der Journalist: Er ist bestrebt, (wahre) Geschichten von konkreten Menschen zu erzählen, unter denen sich die Leser etwas oder jemanden vorstellen können. Eine Reportage verdient ihren Namen nur dann, wenn im Kopf des Lesers auch ein Bild der handelnden Personen entsteht. Eine „Person" aber ist abstrakt, hat kein Bild.

Ein schlechter Brauch in der Juristensprache ist der häufige Einsatz der Passivform.[318] „Der Bescheid wurde aufgehoben" klingt in Juristenohren ganz und gar einwandfrei; journalistisch ist es unbefriedigend. Denn es fehlt die Information, wer den Bescheid aufgehoben hat.

d) Vorgaben des Medienrechts beachten

Medien erfüllen als „vierte Gewalt" im Staat[319] eine wichtige Kontrollaufgabe. Angesichts ihrer großen Breitenwirkung unterliegen sie in bestimmten Bereichen aber Beschränkungen. Das gilt besonders in der Kriminalberichterstattung, wo Medien neben anderen Vorgaben die Unschuldsvermutung zu wahren haben. Die Unschuldsvermutung besagt im Wesentlichen, dass niemand als Straftäter bezeichnet werden darf, solange er nicht von einem Gericht verurteilt worden ist. Im Verfassungsrang ist sie durch die Menschenrechtskonvention[320] abgesichert; daraus ergibt sich auch eine Schutzpflicht des Staats, öffentliche Vorverurteilungen zu verhindern. Strafverdächtige sollen nicht an den Medienpranger gestellt werden.

Deswegen verbietet der österreichische Gesetzgeber Medien durch § 7b Mediengesetz[321], Verdächtige als schuldig hinzustellen, solange sie nicht zu-

---

318 Siehe dazu oben in Kapitel I, Vorschlag 14; II. B. 6. a Seite 69.

319 Neben Legislative, Exekutive und Gerichtsbarkeit.

320 Art. 6 Abs. 2 EMRK BGBl. 1958/210 i.d.F. BGBl. III 1998/30.

321 MedienG BGBl. 1981/314 i.d.F. BGBl. I 2005/49. Vgl. für Deutschland Art. 1 f.

mindest in erster Instanz verurteilt worden sind (und das Medium darauf hinweist, dass das Urteil nicht rechtskräftig ist) oder die Tat öffentlich oder einem Medium gegenüber gestanden haben.

Diese Regel ist, im Gegensatz zu manch anderer Bestimmung im Mediengesetz, glasklar und bei entsprechender Vorsicht leicht einzuhalten. Manchmal zwingt sie Medien aber zu seltsamen Verrenkungen. Ein Beispiel: Am Samstag, dem 20. Juni 2015, raste ein 26-Jähriger mit einem SUV durch die Grazer Fußgängerzone und zielte sichtlich darauf ab, Menschen niederzufahren. Drei seiner Opfer starben, darunter ein vierjähriger Bub. Dass hier jemand vor unzähligen Zeugen den Tod von Menschen zumindest ernstlich für möglich hielt und sich damit abfand[322], schien offenkundig. Das würde bedeuten: Mord.[323] Den Mann in einem Medium als Mörder zu bezeichnen, war dennoch bei Strafe verboten; ein Urteil lag noch in weiter Ferne, und es blieb unklar, ob der Mann bei der Tat zurechnungsfähig gewesen war. Erst im September 2016 verurteilte ein Geschworenengericht in Graz den Angeklagten wegen dreifachen Mords und 108-fachen Mordversuchs zu lebenslanger Haft;[324] im Juni 2017 veröffentlichte der Oberste Gerichtshof einen Beschluss, mit dem er dieses Urteil billigte.[325] Das bedeutet: Zunächst durfte kein Medium den Mann als Mörder bezeichnen; sehr wohl allerdings als Amokfahrer. Denn Amokfahren ist nicht als Delikt im Strafgesetzbuch vertypt, also keine Straftat.

e) Reine Rechtslehre, Unreine Rechtschreiblehre

Der Vollständigkeit halber sei nicht im kriminellen Zusammenhang, sondern im hier behandelten Dreieck zwischen Recht, Sprache und journalistischer Praxis auf ein interessantes normatives Phänomen hingewiesen. Österreichische Juristen lernen traditionellerweise, dass aus dem Sollen kein Sein abgeleitet werden kann und aus dem Sein kein Sollen. Das ist eine zentrale Erkenntnis in Hans Kelsens Reiner Rechtslehre. Für die Sprache gilt diese Trennung von Sein und Sollen jedoch nicht im gleichen Maß. Sprache lebt, und ihre Regeln ändern sich je nach dem Sprachgebrauch. Die Sprachwissenschaft spricht deshalb auch von „deskriptiven" Normen.[326] Was gestern

---

Grundgesetz in Verbindung mit Art. 20 und 28 Grundgesetz sowie Ziffer 13 des (freiwilligen) Pressekodex (http://www.presserat.de).

322 So die Definition von Vorsatz in § 5 Abs. 1 öStGB BGBl. 1974/60.

323 § 75 öStGB, BGBl. 1974/60: „Wer einen anderen tötet, ist mit Freiheitsstrafe von zehn bis zu zwanzig Jahren oder mit lebenslanger Freiheitsstrafe zu bestrafen."

324 „Die Presse" vom 30. 9. 2016, 5.

325 OGH 5. 4. 2017, 15 Os 9/17p; „Die Presse" vom 28. 6. 2017, 10.

326 *Bußmann*, Lexikon 655.

falsch war, ist heute richtig. Ein Bespiel: Die Präposition „trotz" verlangt üblicherweise den Genitiv („trotz des Regens gingen sie an den Strand"); im Adverb „trotzdem" steckt trotzdem der Dativ, was darauf hindeutet, dass dieser die ältere Rektion ist (es heißt im Übrigen auch „ich trotze dem Angriff", nicht „des Angriffs"). Im österreichischen Sprachraum wird auch heute „grundsätzlich gern" der Dativ verwendet, wie es im Duden heißt.[327] Eine präskriptive Norm, die verbindlich festlegt, was richtig ist, existiert nicht.

Bloß auf der Ebene der Rechtschreibung gibt es ein „Amtliches Regelwerk", das gleichsam richtig von falsch scheidet. Aber selbst dieses Normenwerk muss sich am Schreibgebrauch orientieren. So kann sich etwa eine „richtige" Schreibung des englischen Wortes „recycle" im Deutschen (recyclen/recyceln), wenn überhaupt, nur durch den Sprachgebrauch herausbilden.[328] Überspitzt ausgedrückt könnte man der Reinen Rechtslehre die „Unreine Rechtschreiblehre" gegenüberstellen.

Und wie kommt der Journalismus dabei ins Spiel? Der Rat für deutsche Rechtschreibung[329], eine Art Hüter des „Amtlichen Regelwerkes", beobachtet neben anderen Textkorpora sehr genau die Schreibweise der professionellen Schreiber in Medien. So gesehen spielen Journalisten eine wichtige Rolle beim Erhalt und beim Herausbilden von Sprachnormen. Das entspricht auch der Erwartung mancher Leser: „Seien Sie Vorreiter im Bemühen um sprachliche Sorgfalt in der Zeitungslandschaft", schrieb ein Leser in einem Leserbrief an die „Presse".[330] „Ihre Leser werden es Ihnen danken."

---

327 *Hennig* (Hrsg.), Wörterbuch 921.

328 Der Duden empfiehlt – unverbindlich – recyceln, ich recyc(e)le, du recycelst, sie recycelt, in *Hennig*, Wörterbuch 773.

329 Der Autor ist eines der österreichischen Mitglieder des Rechtschreibrats.

330 „Die Presse" vom 15. 10. 2020, 27.

IV. Übungsbeispiele

Der folgende Übungsteil enthält Textbeispiele zu allen im Buch behandelten Anwendungsgebieten. Sie sind Produkt der Zusammenarbeit sämtlicher Autoren und nicht den einzelnen Kapiteln zugeordnet.

Es handelt sich um Praxisbeispiele, die für die Zwecke dieses Buchs teilweise geringfügig modifiziert wurden. Als Übungstexte sollen sie interessierten Lesern die Möglichkeit geben, eigenständig über sprachliche Probleme nachzudenken und die im Buch – so hoffen wir – erworbenen Kenntnisse anzuwenden. Zur Überprüfung der eigenen Lösungsansätze wird jeweils auf der Rückseite ein Vorschlag angeboten, der aber eben nur das ist – ein Vorschlag und keine Lösung. Denn wir Autoren sind uns bewusst, dass sprachlicher Stil oft Geschmackssache ist.

1. Übungsbeispiel

> Das BMJ [Bundesministerium für Justiz] hatte zwar die von der Lehre erhobene Forderung nach Ermöglichung der Begründung von selbständigem Wohnungseigentum an Kfz-Stellplätzen gesehen, verwarf sie allerdings mit dem Argument, dass es dann „echte“ Wohnungseigentümer und bloße „Kfz-Abstellflächen-Eigentümer“, deren Wohnungseigentum als „Wohnungseigentum zweiter Ordnung“ bezeichnet wurde, auf einer Liegenschaft gäbe.

Bei der Verbesserung dieses Satzungetüms (385 Zeichen, 46 Wörter) könnten Sie sich von folgenden Überlegungen leiten lassen:

- Welche Akteure begegnen uns hier? Ist deren Verhältnis zueinander klar? Gesetzesänderungen werden nur sehr selten aus rein dogmatischen Gründen gefordert, meist stehen gesellschaftspolitische oder wirtschaftliche Überlegungen dahinter. Das war auch hier der Fall – es ging darum, die Vermarktung von Autoabstellplätzen zu erleichtern.
- Welchen Mehrwert hat es, wenn man betont, dass etwas zuerst „gesehen“ und dann „verworfen“ wurde? Das Rezept von „Ich kam, sah und siegte“ ist nicht immer sinnvoll.
- Juristische Argumente werden gelegentlich mit plakativen Formulierungen (wie hier „Wohnungseigentum zweiter Ordnung“) untermauert. Dennoch sind das zwei verschiedene Ebenen, die man klarer unterscheiden könnte.

Lösungsvorschlag zu Beispiel 1:

Beispiel	**Vorschlag: Schritt 1**
Das BMJ [Bundesministerium für Justiz] hatte zwar die von der Lehre erhobene Forderung nach Ermöglichung der Begründung von selbständigem Wohnungseigentum an Kfz-Stellplätzen gesehen, verwarf sie allerdings mit dem Argument, dass es dann „echte" Wohnungseigentümer und bloße „Kfz-Abstellflächen-Eigentümer", deren Wohnungseigentum als „Wohnungseigentum zweiter Ordnung" bezeichnet wurde, auf einer Liegenschaft gäbe.	Das BMJ hatte zwar die von der Wirtschaft erhobene und von der Lehre unterstützte Forderung, selbständiges Wohnungseigentum an Kfz-Stellplätzen zu ermöglichen, gesehen, verwarf sie allerdings mit dem Argument, dass es dann auf einer Liegenschaft „echte" Wohnungseigentümer und bloße „Kfz-Abstellflächen-Eigentümer" nebeneinander gäbe. Das Wohnungseigentum der Letzteren wurde als „Wohnungseigentum zweiter Ordnung" bezeichnet.

Dieser erste Versuch macht zwar die Rolle der Lehre deutlicher, doch hat man es jetzt mit drei Akteuren zu tun (BMJ, Wirtschaft, Lehre). Die Entflechtung von juristischer Argumentation und plakativem Schlagwort fördert die Klarheit; betont wird dies durch die Teilung in zwei Sätze. Der Preis dafür ist eine Verlängerung des Textes, der nun 52 Wörter mit 432 Zeichen umfasst. Das Nebeneinander von „gesehen" und „verworfen" besteht weiterhin, weil vielleicht der Mut fehlte, den Satzkern (Subjekt–Prädikat) infrage zu stellen.

Vorschlag: Schritt 1	**Vorschlag: Schritt 2**
Das BMJ hatte zwar die von der Wirtschaft erhobene und von der Lehre unterstützte Forderung, selbständiges Wohnungseigentum an Kfz-Stellplätzen zu ermöglichen, gesehen, verwarf sie allerdings mit dem Argument, dass es dann auf einer Liegenschaft „echte" Wohnungseigentümer und bloße „Kfz-Abstellflächen-Eigentümer" nebeneinander gäbe. Das Wohnungseigentum der Letzteren wurde als „Wohnungseigentum zweiter Ordnung" bezeichnet.	Die von der Wirtschaft erhobene Forderung, selbständiges Wohnungseigentum an Kfz-Stellplätzen zu ermöglichen, wurde auch von der Lehre unterstützt. Das BMJ verwarf diese Idee allerdings mit dem Argument, dass es dann auf einer Liegenschaft „echtes" Wohnungseigentum und bloßes „Kfz-Abstellflächen-Eigentum" nebeneinander gäbe; Letzteres wäre ein „Wohnungseigentum zweiter Ordnung".

Bei dieser Textfassung ist das Verhältnis der Akteure viel deutlicher. Die Bauwirtschaft forderte, die Lehre unterstützte, das Justizministerium verwarf. Pro- und Kontra-Position sind nicht mehr in einen Satz gezwungen, sondern auf zwei Sätze mit verschiedenen Subjekten verteilt. Das BMJ ist Subjekt nur mehr in jenem Satz, der von der Kontra-Position berichtet. Dabei genügt das passendere und aussagekräftigere Verb „verwerfen", weil man nur etwas „verwerfen" kann, was man zuvor „gesehen" hat. Die zitatwürdige Formulierung vom „Wohnungseigentum zweiter Ordnung" ist durch Verwendung des Semikolons wieder etwas näher an das juristische Argument herangerückt, aber doch noch erkennbar abgesetzt. Insgesamt wird die „Pro und Kontra"-Textstruktur besser sichtbar. Die Verständlichkeit geht nicht zulasten des Umfanges: Mit 46 Wörtern und 382 Zeichen ist der Text deutlich kürzer als der erste Verbesserungsversuch, geringfügig kürzer als der Ausgangstext.

Wer sich mit diesem Beispiel gründlich beschäftigt und (mindestens) einen eigenen Formulierungsversuch unternommen hat, kann noch den folgenden Selbstversuch machen:

1. Legen Sie Ihren Text zur Seite.
2. Lassen Sie eine Stunde vergehen, in der Sie etwas anderes arbeiten oder sich entspannen.
3. Lesen Sie den Ausgangstext nochmals. Wie finden Sie ihn nun?

Kommt Ihnen der Ausgangstext am Ende des Selbstversuchs gar nicht mehr so unverständlich vor wie bei der erstmaligen Lektüre? Wundern Sie sich nicht darüber – Sie denken jetzt einfach anders mit. So ähnlich wird es auch der Autor empfunden haben.

Was Sie daraus lernen können: Vorkenntnisse verändern die Wahrnehmung. Denken Sie daran, wenn Sie das nächste Mal einen Text verfassen.

2. Übungsbeispiel

> Eine gerichtliche Entscheidung einer Benützungsregelung als rechtsgestaltendes Surrogat der fehlenden Willensübereinstimmung aller Miteigentümer war (im Außerstreitverfahren) nur dann zulässig, wenn (noch) keine privatrechtliche Benützungsregelung existierte. Umgekehrt konnte der Außerstreitrichter mittels Antrag auf Abänderung einer bestehenden Benützungsvereinbarung nicht angerufen werden, wenn eine von den Miteigentümern getroffene Vereinbarung vorlag.

Bei der Verbesserung dieses Textes könnten Sie sich von folgenden Überlegungen leiten lassen:

- Das Ergebnis des Außerstreitverfahrens ist eine Benützungsregelung. In welchem Verhältnis stehen daher die Wörter „gerichtliche Entscheidung“ und „Benützungsregelung“?
- Muss die Verfahrensart mehr als einmal erwähnt werden?
- Drücken die beiden Sätze einen Gegensatz aus (wie das Wort „umgekehrt“ andeutet) oder sind bloß verschiedene Aspekte des gleichen Problems thematisiert?
- Wann „besteht“ eine Vereinbarung?
- In welcher Form kann man ein Gericht „anrufen“?

Lösungsvorschlag zu Beispiel 2:

> Eine gerichtliche Entscheidung einer Benützungsregelung als rechtsgestaltendes Surrogat der fehlenden Willensübereinstimmung aller Miteigentümer war (im Außerstreitverfahren) nur dann zulässig, wenn (noch) keine privatrechtliche Benützungsregelung existierte. Umgekehrt konnte der Außerstreitrichter mittels Antrag auf Abänderung einer bestehenden Benützungsvereinbarung nicht angerufen werden, wenn eine von den Miteigentümern getroffene Vereinbarung vorlag.

Der Ausgangstext (47 Wörter, 459 Zeichen) ist ein schönes Beispiel für einen künstlich aufgeblähten Stil, wie er vielfach als „typisches Juristendeutsch" kritisiert wird.

a) Die Entscheidung des Gerichts kommt in einer Regelung zum Ausdruck – es ist eben eine „gerichtliche Benützungsregelung".

b) Sie wird im Außerstreitverfahren durch den Außerstreitrichter getroffen. Diese Verfahrensart kommt überhaupt nur infrage, solange die Miteigentümer die Benützung nicht vereinbart (also privatautonom geregelt) haben.

c) Eine Benützungsvereinbarung „besteht", sobald die Miteigentümer eine Vereinbarung „getroffen" haben.

d) Im Außerstreitverfahren wird das Gericht durch einen „Antrag" „angerufen".

Zu all diesen Aspekten enthält der Ausgangstext also jeweils doppelte Informationen. Auch der zweite Satz bringt an sich nur eine Wiederholung, doch erleichtert er durch einen Perspektivenwechsel das Verständnis und bringt dadurch immerhin einen Mehrwert. Da kein Gegensatz vorliegt, ist das „Umgekehrt" irreführend; es wird durch ein „also" ersetzt, das den logischen Zusammenhang betont. Bei der Überarbeitung kann ohne inhaltliche Verluste etwa ein Drittel des Umfangs eingespart werden (32 Wörter, 325 Zeichen).

Das „rechtsgestaltende Surrogat fehlender Willensübereinstimmung" ist für den Laien schwer verständlich. Einen breiteren Leserkreis würde man mit der folgenden Variante (31 Wörter, 291 Zeichen) erreichen:

Vorschlag	Variante
Eine gerichtliche Benützungsregelung als rechtsgestaltendes Surrogat fehlender Willensübereinstimmung aller Miteigentümer war nur dann zulässig, wenn (noch) keine privatrechtliche Benützungsregelung existierte. Der Außerstreitrichter konnte also zur Abänderung einer bestehenden Benützungsvereinbarung nicht angerufen werden.	Eine gerichtliche Benützungsregelung, welche die Zustimmung aller Miteigentümer ersetzt, war nur dann zulässig, wenn (noch) keine privatrechtliche Benützungsregelung existierte. Der Außerstreitrichter konnte also zur Abänderung einer bestehenden Benützungsvereinbarung nicht angerufen werden.

3. Übungsbeispiel

Vorbemerkung: Der Ausgangstext enthält das Wort „mehrgeschossig", das laut Duden „süddeutsch, österreichisch" auch „mehrgeschoßig" geschrieben werden kann. (Damit geht übrigens eine unterschiedliche Aussprache – „Geschoß" mit „langem o" – einher, was zur Abgrenzung von Revolver- oder Kanonenkugeln sehr praktisch ist!) In diesem Sinne wäre also mehr Toleranz gefragt, als die elektronische Rechtschreibhilfe aufbringen kann. Sie markiert „mehrgeschoßig" als falsch, „mehrgeschossig" nicht. In unserem Buch wird in einem solchen Fall von einer zwangsweisen Vereinheitlichung abgesehen.

> Voraussetzung für die Möglichkeit zur Aufteilung von Familienbesitz im Sinne einer Gebäudeteilung zur Entstehung von Stockwerkseigentum ist allerdings bereits ein Vorhandensein eines mehrgeschossigen Hauses, sodass dieser Ansatzpunkt nicht die Entstehung mehrgeschossiger Gebäude erklären kann.

Versuchen Sie, die Verständlichkeit dieses Textes zu verbessern!

Beachten Sie bei der Bearbeitung dieses Textes folgende Überlegungen: Der Autor wollte zeigen, wie materiell geteiltes Eigentum (Stockwerkseigentum) entstehen konnte und welche Fallkonstellationen dabei denkbar sind. Er verliert dieses Ziel aber aus den Augen und „entkräftet" schließlich eine Aussage, die nicht gemacht wurde: Es ging niemals um die Ursachen, aus denen mehrgeschoßige Gebäude überhaupt entstanden …

Lösungsvorschlag zu Beispiel 3:

Beispiel	**Vorschlag**
Voraussetzung für die Möglichkeit zur Aufteilung von Familienbesitz im Sinne einer Gebäudeteilung zur Entstehung von Stockwerkseigentum ist allerdings bereits ein Vorhandensein eines mehrgeschossigen Hauses, sodass dieser Ansatzpunkt nicht die Entstehung mehrgeschossiger Gebäude erklären kann.	Stockwerkseigentum konnte auch durch Gebäudeteilung entstehen, etwa bei der Aufteilung von Familienbesitz. Dies setzte jedoch ein bereits bestehendes mehrgeschossiges Gebäude voraus. Dessen Entstehung kann dadurch nicht erklärt werden.

Der Ausgangstext ist zwar nicht extrem lang, der einzige Satz hat aber immerhin 35 Wörter oder 295 Zeichen. Er ist ein schönes Beispiel für den Nominalstil: Die 13 Substantive (einschließlich substantivierter Verben) machen fast 40 % des Textes aus, fast die Hälfte der Substantive ist derivativ entstanden (erkennbar an den Endungen -ung oder -keit). Von den kaum vorhandenen Verben ist das „ist" infolge seiner untergeordneten Stellung („Voraussetzung ... ist") nicht sehr aussagekräftig, das „erklären kann" steht erst am Ende des Satzes. Wer den Satz „entzaubert" hat, findet neben einer eher unspektakulären Aussage (1. und 2. Satz) auch einen Gedanken, der am Problem vorbeigeht (3. Satz): Es war ja gar nicht nach einer Erklärung dafür gesucht worden, warum mehrgeschoßige Gebäude entstehen.

Der Verbesserungsvorschlag ist mit 28 Wörtern oder 236 Zeichen deutlich kürzer als der Ausgangstext. Die Anzahl der Substantive (6) ist immer noch hoch, ihr Anteil am Text hat sich jedoch halbiert. Noch viel deutlicher wäre die Veränderung, wenn man jenen Gedanken aufgibt, der erst durch die Bearbeitung ans Licht gekommen ist und sich als verfehlt entpuppt hat. Streicht man den 3. Satz, so bleiben 12 Wörter (davon 4 Substantive) mit 106 Zeichen. Noch erfreulicher als die Kürzung ist der Gewinn an inhaltlicher Verständlichkeit.

Dieses Beispiel illustriert, wie wichtig die Arbeit am Text für die Klarheit der Gedanken ist. Davon profitieren zunächst Autorinnen und Autoren, später auch Leserinnen und Leser.

4. Übungsbeispiel

Der Verfassungsgerichtshof hat zum Äquivalenzprinzip im Zusammenhang mit öffentlichen Abgaben, insbesondere Benützungsgebühren, mehrfach die Auffassung vertreten, dass es Art. 18 Abs. 2 B-VG zuwiderläuft, wenn die Höhe einer von den Abgabepflichtigen insgesamt zu entrichtenden Abgabe einzig und allein davon abhängt, wie hoch der aus der Abgabe zu deckende Aufwand vom zuständigen Organ angesetzt wird, da durch eine solche Regelung der Verwaltung eine verfassungswidrige Blankettvollmacht erteilt würde (vgl. VfSlg 17.326/2004 mwN). Legt der Gesetzgeber keine Höchstgrenze und auch sonst keine hinreichenden Bestimmungsgründe für den Aufwand der Behörde, der durch eine Abgabe abzugelten ist, fest und lässt er dem Verordnungsgeber sowohl hinsichtlich des durch die Verwaltungsaufgabe bewirkten direkten Personal- und Sachaufwandes der Behörde als auch hinsichtlich des dadurch verursachten Anteiles an den Allgemeinkosten der Verwaltung für die Abgabe einen zu großen Gestaltungsspielraum, so widerspricht die gesetzliche Ermächtigung Art. 18 Abs. 2 B-VG (vgl. VfSlg 13.309/1992). Dieser Maßstab kann auf den hier vorliegenden Fall übertragen werden (wobei es sich bei der in Rede stehenden Jahresgebühr nicht um eine öffentliche Abgabe im Sinne des F-VG handelt [...]).
(VfGH 26. 6. 2020, E 248/2019)

Versuchen Sie, diesen Text verständlicher zu formulieren!

Bedenken Sie dabei: Der VfGH ist bemüht, eine konkrete Entscheidung in seine bisherige Judikaturlinie einzubetten. Die sprachliche Komplexität ergibt sich aus dem Gewicht dieser „Selbstkundgabe“. Das Erkenntnis orientiert sich nicht am Verständnis durchschnittlicher Staatsbürger, sondern richtet sich an den Gesetzgeber und professionelle Parteienvertreter.

Lösungsvorschlag zu Beispiel 4:

Beispiel	**Vorschlag**
Der Verfassungsgerichtshof hat zum Äquivalenzprinzip im Zusammenhang mit öffentlichen Abgaben, insbesondere Benützungsgebühren, mehrfach die Auffassung vertreten, dass es Art. 18 Abs. 2 B-VG zuwiderläuft, wenn die Höhe einer von den Abgabepflichtigen insgesamt zu entrichtenden Abgabe einzig und allein davon abhängt, wie hoch der aus der Abgabe zu deckende Aufwand vom zuständigen Organ angesetzt wird, da durch eine solche Regelung der Verwaltung eine verfassungswidrige Blankettvollmacht erteilt würde (vgl. VfSlg 17.326/2004 mwN). Legt der Gesetzgeber keine Höchstgrenze und auch sonst keine hinreichenden Bestimmungsgründe für den Aufwand der Behörde, der durch eine Abgabe abzugelten ist, fest und lässt er dem Verordnungsgeber sowohl hinsichtlich des durch die Verwaltungsaufgabe bewirkten direkten Personal- und Sachaufwandes der Behörde als auch hinsichtlich des dadurch verursachten Anteiles an den Allgemeinkosten der Verwaltung für die Abgabe einen zu großen Gestaltungsspielraum, so widerspricht die gesetzliche Ermächtigung Art. 18 Abs. 2 B-VG (vgl. VfSlg 13.309/1992). Dieser Maßstab kann auf den hier vorliegenden Fall übertragen werden (wobei es sich bei der in Rede stehenden Jahresgebühr nicht um eine öffentliche Abgabe im Sinne des F-VG handelt […]).	Eine gesetzliche Regelung, die es ohne Vorgabe einer Höchstgrenze oder sonstiger hinreichender Bestimmungsgründe der Verwaltung ermöglicht, den aus einer Abgabe zu deckenden Aufwand selbst festzulegen, läuft Art. 18 Abs. 2 B-VG zuwider, da sie eine verfassungswidrige Blankettvollmacht erteilt (vgl. VfSlg 17.326/2004 mwN). Der dem Verordnungsgeber eingeräumte Gestaltungsspielraum für die Abgabe muss sowohl hinsichtlich des durch die Verwaltungsaufgabe bewirkten Personal- und Sachaufwandes als auch hinsichtlich der Allgemeinkosten der Verwaltung hinreichend bestimmt sein (vgl. VfSlg 13.309/1992). Dieser Maßstab kann auf den vorliegenden Fall übertragen werden, auch wenn es sich hier nicht um eine öffentliche Abgabe im Sinne des F-VG handelt.

Der Vorschlag verzichtet auf die Kette von Relativsätzen, die den Beginn des Originals prägt („vertreten, dass ... zuwiderläuft, wenn ... davon abhängt, wie ... wird, da“) und stilistisch die Kontinuität der Judikatur widerzuspiegeln scheint. Der Zusammenhang mit der bisherigen Judikatur ist auf die Verweise beschränkt und nicht ausgeführt. Die Formulierung orientiert sich stärker am Ergebnis. Zielgruppe dieses Textvorschlags wäre ein akademisch gebildetes Publikum.

5. Übungsbeispiel

Der folgende Text stammt aus einer (an sich guten und interessanten) Dissertation. Er wird hier zunächst in genau jener Form abgedruckt, in der er eingereicht wurde. Zwei Fehler wurden bewusst belassen, weil sie einen Blick in die Textwerkstatt des Autors ermöglichen.

> In einer Gesamtbetrachtung sah somit das Einkommensteuerpatent 1849 entgegen seiner Bezeichnung keineswegs die Einführung einer personalen Einkommensteuer vor, sodass Österreich auch nach diesem Patent nicht über die Steuer verfügte, die das Gesamteinkommen eines Steuerpflichtigen losgelöst von den einzelnen Ertragsquellen vereinigt in dessen Hand besteuerte, wie sie nicht nur von der Teilen der Lehre in jener Zeit, sondern insbesondere auch von der Bevölkerung im Zuge der revolutionären Ereignisses des Jahres 1848 gefordert worden war.

Versuchen Sie, die Verständlichkeit dieses Textes zu verbessern!

Bei Ihrer Bearbeitung könnten Sie folgende Überlegungen berücksichtigen:

- Was ist der Zweck dieses Textes?
- Welche Gedanken lassen sich unterscheiden?
- Kommt jeder Aspekt nur einmal vor oder gibt es Wiederholungen?
- Ist die Wortwahl treffend?
- Hat sich der Autor vielleicht auch selbst in der Länge seines Satzes verfangen?

Lösungsvorschlag zu Beispiel 5:

Beispiel	**Vorschlag**
In einer Gesamtbetrachtung sah somit das Einkommensteuerpatent 1849 entgegen seiner Bezeichnung keineswegs die Einführung einer personalen Einkommensteuer vor, sodass Österreich auch nach diesem Patent nicht über die Steuer verfügte, die das Gesamteinkommen eines Steuerpflichtigen losgelöst von den einzelnen Ertragsquellen vereinigt in dessen Hand besteuerte, wie sie nicht nur von der [sic] Teilen der Lehre in jener Zeit, sondern insbesondere auch von der Bevölkerung im Zuge der revolutionären Ereignisses [sic] des Jahres 1848 gefordert worden war.	Im Ergebnis führte das Einkommensteuerpatent 1849 – entgegen seiner Bezeichnung – keine personale Einkommensteuer ein. Es gab in Österreich also weiterhin keine Steuer, die das Gesamteinkommen eines Steuerpflichtigen unabhängig von den einzelnen Ertragsquellen besteuerte. Diese Rechtslage widersprach nicht nur einem Teil der zeitgenössischen Lehre, sondern auch den Forderungen der Bevölkerung während der Revolution 1848.

Der Ausgangstext besteht aus einem einzigen Satz mit 75 Wörtern (19 Substantiven) oder 554 Zeichen. Das Bemühen des Autors um eine Art Zusammenfassung („Gesamtbetrachtung") vorangegangener Ausführungen ist positiv zu würdigen. Auch dabei sollte man aber eine Überladung des Satzes vermeiden. Zu unterscheiden sind: der unmittelbare Effekt der einzelnen Norm, die Richtigkeit ihrer Bezeichnung, das steuerrechtliche Gesamtbild, wissenschaftliche Ansichten und politische Forderungen. Der Autor bemüht sich um vorsichtige, ausgewogene Formulierung: So hat er die ursprüngliche Behauptung einer einhelligen Ansicht „der Lehre" durch deren „Teile" relativiert; aus „von der Lehre" sollte „von Teilen der Lehre" werden. Diese Überarbeitung ist infolge mangelnder redaktioneller Sorgfalt noch an einem überflüssigen Artikel erkennbar („von der Teilen der Lehre"). Ähnliches gilt beim Wort „Ereignisses": Hier war wohl ursprünglich ein Singular vorgesehen („des revolutionären Ereignisses des Jahres 1848"), die spätere Entscheidung für den weniger konkreten Plural wurde nur mangelhaft umgesetzt („der revolutionären Ereignisses des Jahres 1848"). Auch die Verdoppelung von Gedanken ist vermutlich bei der Überarbeitung entstanden: Ein „Gesamteinkommen des Steuerpflichtigen" ist logischerweise „vereinigt in dessen Hand". Die Wortwahl ist teils zu kräftig („keineswegs"), teils zu vorsichtig-verklausuliert („im Zuge der revolutionären Ereignisse des Jahres 1848"); sie ist auch eher autorenbezogen („Gesamtbetrachtung") als leserorientiert („Ergebnis").

Der Vorschlag teilt den Ausgangstext in drei Sätze mit insgesamt nur 52 Wörtern oder 424 Zeichen: Satz 1 ist dem Einkommensteuerpatent gewidmet. Dessen unzutreffende Bezeichnung benötigt keinen eigenen Satz, rückt aber durch eine erkennbare Parenthese vom inhaltlichen Aspekt ab. Das Wort „Ergebnis" setzt am Anfang ein deutlicheres Signal an die Leser. In Satz 2 verschiebt sich die Perspektive von der einzelnen Norm auf das gesamte Steuersystem. Die Verdoppelung ist beseitigt („Gesamteinkommen"). Satz 3 enthält die Kritik und fasst zwei Positionen durch ein „nicht nur ..., sondern auch" zusammen. Das „insbesondere" schien unglücklich gewählt, weil es tendenziell einen engeren Blickwinkel („im Besonderen") ausdrückt. Die Bevölkerung ist aber kein Teil der Lehre. Die „Revolution 1848" ist ein Begriff, der keiner schwammigen Umschreibung bedarf. Auch dadurch wird der Text kürzer; insgesamt wurde „Ballast" im Umfang von 21 Wörtern oder 118 Zeichen eingespart.

6. Übungsbeispiel

Anlässlich des Jubiläums der österreichischen Verfassung wurde auf oe1.orf.at ein Artikel zur Geschichte des Bundes-Verfassungsgesetzes veröffentlicht. Der Artikel wurde einmal in normaler, einmal in einfacher Sprache verfasst.

Hier finden Sie Auszüge des Artikels in normaler Sprache. Versuchen Sie, den Artikel in einfache („leichte") Sprache umzuformen!

100 Jahre Österreichische Bundesverfassung
Am 1. Oktober 2020 wird die Österreichische Verfassung bzw. das Bundes-Verfassungsgesetz (B-VG) 100 Jahre alt. Verfolgen wir die Spur ihrer Entstehung, so führt sie weit zurück in die wechselvolle Geschichte unseres Landes und erreicht ihren Gipfelpunkt in den Jahren zwischen 1918 und 1920, als sich Österreich von einer Monarchie in eine Republik verwandelt.
Die Verfassung erhebt uns als Bürgerinnen und Bürger zum Souverän des demokratischen Staates (der die Form einer Republik hat, mit einem auf Zeit gewählten Bundespräsidenten an der Spitze). Bereits in Artikel 1 des 1920 beschlossenen Bundes-Verfassungsgesetzes wird das formuliert: Österreich ist eine demokratische Republik. Ihr Recht geht vom Volk aus.
Mit dem Verfassungsgerichtshof (VfGH) wurde eine zentrale Instanz geschaffen, die über umfassende Kontrollbefugnisse verfügt, denn die Ausübung von Staatsmacht bedarf der Überprüfung. Der Verfassungsgerichtshof kann (auf Antrag) Gesetze und Verordnungen auf ihre Verfassungsmäßigkeit überprüfen. Dabei spielt auch ein zentraler Grundsatz der Verfassung eine große Rolle, das Legalitätsprinzip, festgehalten in Artikel 18 B-VG: Die gesamte staatliche Verwaltung darf nur auf Grund der Gesetze ausgeübt werden.

Lösungsvorschlag zu Beispiel 6:

Beispiel	**Vorschlag**
Am 1. Oktober 2020 wird die Österreichische Verfassung bzw. das Bundes-Verfassungsgesetz (B-VG) 100 Jahre alt. Verfolgen wir die Spur ihrer Entstehung, so führt sie weit zurück in die wechselvolle Geschichte unseres Landes und erreicht ihren Gipfelpunkt in den Jahren zwischen 1918 und 1920, als sich Österreich von einer Monarchie in eine Republik verwandelt. Die Verfassung erhebt uns als Bürgerinnen und Bürger zum Souverän des demokratischen Staates (der die Form einer Republik hat, mit einem auf Zeit gewählten Bundespräsidenten an der Spitze). Bereits in Artikel 1 des 1920 beschlossenen Bundes-Verfassungsgesetzes wird das formuliert: Österreich ist eine demokratische Republik. Ihr Recht geht vom Volk aus. Mit dem Verfassungsgerichtshof (VfGH) wurde eine zentrale Instanz geschaffen, die über umfassende Kontrollbefugnisse verfügt, denn die Ausübung von Staatsmacht bedarf der Überprüfung. Der Verfassungsgerichtshof kann (auf Antrag) Gesetze und Verordnungen auf ihre Verfassungsmäßigkeit überprüfen. Dabei spielt auch ein zentraler Grundsatz der Verfassung eine große Rolle, das Legalitätsprinzip, festgehalten in Artikel 18 B-VG: Die gesamte staatliche Verwaltung darf nur auf Grund der Gesetze ausgeübt werden.	Die Bundes-Verfassung ist das Haupt-Gesetz für alle anderen Gesetze. In der Bundes-Verfassung steht zum Beispiel, was das Parlament darf. Es regelt auch die Grund-Rechte der Menschen in Österreich. Die Richter vom Verfassungs-Gerichtshof (VfGH) schauen darauf, dass die Haupt-Gesetze eingehalten werden. Der Verfassungs-Gerichtshof wird mit VfGH abgekürzt. Man muss weit in die Vergangenheit gehen, um zu verstehen, wie der VfGH entstanden ist. Im Jahr 1869 begann das erste Reichsgericht seine Arbeit. Damals war Österreich eine Monarchie und größer als heute. Es wurde als „Donaumonarchie“ oder österreichisch-ungarische Monarchie bezeichnet. In einer Monarchie regiert ein Kaiser das Land. Der Kaiser konnte deshalb mitentscheiden, wer Richter vom Reichsgericht wurde. Im Jahr 1918 endete die österreichisch-ungarische Monarchie. Es kam wieder zu Veränderungen für Österreich. Österreich war nun eine Republik. Auch der Name vom Reichsgericht änderte sich.

Sie sehen: Bei Texten in einfacher Sprache wird meistens nicht nur die Sprache, sondern auch der Inhalt vereinfacht und anders dargestellt. (Bemerkenswert ist allerdings, dass der Begriff „Republik“ im Vorschlag nicht so genau erklärt wird wie im herkömmlichen Text.) Die Komplexität der Sprache und des Inhalts sollten sich eben am Empfänger der Nachricht orientieren (vgl. oben I., Vorschlag 2).

Die vollständigen Artikel sind online abrufbar unter:
https://oe1.orf.at/artikel/676798/100-Jahre-Oesterreichische-Bundesverfassung (normale Sprache)
https://orf.at/stories/3183376/ (einfache Sprache)

7. Übungsbeispiel

§ 85 öZPO ist eine inhaltlich gute Norm, aber der Gesetzgeber hat in redlicher Verknappungsabsicht doch jeweils zu viel in die einzelnen Sätze gepackt.

Wie könnte man diesen Paragrafen übersichtlicher gestalten?

§ 85 (Befristete Aufträge im Verbesserungsverfahren)
(1) Zum Zwecke der Beseitigung von Formgebrechen kann die Partei vorgeladen oder ihr der Schriftsatz mit der Anweisung zur Behebung der gleichzeitig zu bezeichnenden Formgebrechen zurückgestellt werden.
(2) War bei Überreichung des Schriftsatzes eine Frist einzuhalten, so ist letzterenfalls für die Wiederanbringung eine neuerliche Frist festzusetzen, bei deren Einhaltung der Schriftsatz als am Tage seines ersten Einlangens überreicht anzusehen ist. Eine Verlängerung dieser Frist ist nicht zulässig. Hat eine die Verfahrenshilfe genießende oder beantragende Partei innerhalb der gesetzten Frist die Beigebung eines Rechtsanwalts beantragt, so beginnt diese Frist mit der Zustellung des Bescheides über die Bestellung des Rechtsanwalts beziehungsweise mit dem Eintritt der Rechtskraft des Beschlusses, womit die Beigebung eines Rechtsanwalts versagt wird, zu laufen; der Bescheid ist durch das Gericht zuzustellen. Der § 73 Abs. 3 gilt sinngemäß.
(3) Gegen die auf Grund vorstehender Bestimmungen ergehenden Beschlüsse ist ein abgesondertes Rechtsmittel nicht statthaft; inwiefern deshalb das Aufsichtsrecht der übergeordneten Gerichtsbehörden angerufen werden kann, ist nach den über die innere Einrichtung und Geschäftsordnung der Gerichte erlassenen Vorschriften zu beurtheilen.

Lösungsvorschlag zu Beispiel 7:

Beispiel	**Vorschlag**
§ 85 (1) Zum Zwecke der Beseitigung von Formgebrechen kann die Partei vorgeladen oder ihr der Schriftsatz mit der Anweisung zur Behebung der gleichzeitig zu bezeichnenden Formgebrechen zurückgestellt werden. (2) War bei Überreichung des Schriftsatzes eine Frist einzuhalten, so ist letzterenfalls für die Wiederanbringung eine neuerliche Frist festzusetzen, bei deren Einhaltung der Schriftsatz als am Tage seines ersten Einlangens überreicht anzusehen ist. Eine Verlängerung dieser Frist ist nicht zulässig. Hat eine die Verfahrenshilfe genießende oder beantragende Partei innerhalb der gesetzten Frist die Beigebung eines Rechtsanwalts beantragt, so beginnt diese Frist mit der Zustellung des Bescheides über die Bestellung des Rechtsanwalts beziehungsweise mit dem Eintritt der Rechtskraft des Beschlusses, womit die Beigebung eines Rechtsanwalts versagt wird, zu laufen; der Bescheid ist durch das Gericht zuzustellen. Der § 73 Abs. 3 gilt sinngemäß. (3) Gegen die auf Grund vorstehender Bestimmungen ergehenden Beschlüsse ist ein abgesondertes Rechtsmittel nicht statthaft; inwiefern deshalb das Aufsichtsrecht der übergeordneten Gerichtsbehörden angerufen werden kann, ist nach den über die innere Einrichtung und Geschäftsordnung der Gerichte erlassenen Vorschriften zu beurtheilen.	§ 85 (1) Zur Beseitigung von Formgebrechen kann die Partei vorgeladen oder ihr der Schriftsatz mit dem Auftrag zur Behebung der gleichzeitig zu bezeichnenden Formgebrechen zurückgestellt werden. (2) War bei Überreichung des Schriftsatzes eine Frist einzuhalten, so ist für die Wiederanbringung eine neuerliche Frist festzusetzen, bei deren Einhaltung der Schriftsatz als am Tage seines ersten Einlangens überreicht anzusehen ist. Eine Verlängerung dieser Frist ist nicht zulässig. (3) Hat eine Partei innerhalb der gesetzten Frist die Beigebung eines Rechtsanwalts in Verfahrenshilfe beantragt, so beginnt die Verbesserungsfrist zu laufen: 1. bei erfolgreichem Verfahrenshilfeantrag: mit der Zustellung des Bescheides über die Bestellung des Rechtsanwalts; 2. bei erfolglosem Verfahrenshilfeantrag: mit Eintritt der Rechtskraft des Beschlusses, mit dem die Beigebung eines Rechtsanwalts versagt wird. Der Bescheid ist durch das Gericht zuzustellen. § 73 Abs. 3 gilt sinngemäß. (4) Gegen Beschlüsse nach dieser Bestimmung ist kein Rechtsmittel zulässig.

Abgesehen von der Beseitigung von Überflüssigem („Zum Zwecke der …“; „letzterenfalls“, wenn eigentlich nur ein Fall genannt ist) und einer saubereren Terminologie (prozessuale „Anweisungen“ sind „Aufträge“) wird die Frage des Fristbeginns deutlicher gegliedert. Der vorletzte Satz wird weniger verschroben, wenn man die Verneinung „ein Rechtsmittel … nicht statthaft“ deutlicher ausspricht (auch „statthaft“ ist veraltet, „unzulässig“ wirkt klarer und moderner). Die Verweisung auf das Aufsichtsrecht der Justizverwaltung hat in der ZPO nichts zu suchen und wurde deshalb getilgt (was freilich schon über rein Sprachliches hinausgeht).

8. Übungsbeispiel

§ 17 AußStrG regelt die Säumnisfolgen im Verfahren außer Streitsachen. Wie könnte man diesen Paragrafen übersichtlicher gestalten?

§ 17 AußStrG
Das Gericht kann eine Partei unter Setzung einer angemessenen Frist auffordern, sich zum Antrag einer anderen Partei oder zum Inhalt der Erhebungen zu äußern, oder die Partei zu diesem Zweck zu einer Vernehmung oder Tagsatzung laden. Lässt die Partei die Frist ungenützt verstreichen oder leistet sie der Ladung nicht Folge, so kann das Gericht annehmen, dass keine Einwendungen gegen die Angaben der anderen Partei oder gegen eine beabsichtigte Entscheidung auf der Grundlage des bekannt gegebenen Inhalts der Erhebungen bestehen. Die Aufforderung zur Äußerung sowie die Ladung haben einen Hinweis auf diese Rechtsfolge zu enthalten und sind wie eine Klage zuzustellen. Gegen eine solche Fristsetzung oder Ladung ist ein Rechtsmittel nicht zulässig.

Lösungsvorschlag zu Beispiel 8:

Beispiel	Vorschlag
§ 17 Das Gericht kann eine Partei unter Setzung einer angemessenen Frist auffordern, sich zum Antrag einer anderen Partei oder zum Inhalt der Erhebungen zu äußern, oder die Partei zu diesem Zweck zu einer Vernehmung oder Tagsatzung laden. Lässt die Partei die Frist ungenützt verstreichen oder leistet sie der Ladung nicht Folge, so kann das Gericht annehmen, dass keine Einwendungen gegen die Angaben der anderen Partei oder gegen eine beabsichtigte Entscheidung auf der Grundlage des bekannt gegebenen Inhalts der Erhebungen bestehen. Die Aufforderung zur Äußerung sowie die Ladung haben einen Hinweis auf diese Rechtsfolge zu enthalten und sind wie eine Klage zuzustellen. Gegen eine solche Fristsetzung oder Ladung ist ein Rechtsmittel nicht zulässig.	§ 17 (1) Das Gericht kann eine Partei auffordern, sich zum Antrag einer anderen Partei oder zum Inhalt der Erhebungen zu äußern. Es kann der Partei zu diesem Zweck 1. eine Aufforderung, sich binnen einer bestimmten, angemessenen Frist schriftlich zu äußern, oder 2. eine Ladung zu einer Vernehmung oder Tagsatzung zustellen. (2) Die Aufforderung oder Ladung hat einen Hinweis auf die in Abs. 3 beschriebene Rechtsfolge zu enthalten und ist wie eine Klage zuzustellen. (3) Äußert sich die Partei nicht innerhalb der Frist oder folgt sie der Ladung nicht, so kann das Gericht annehmen, dass keine Einwendungen gegen die Angaben der anderen Partei oder gegen eine beabsichtigte Entscheidung auf der Grundlage des bekannt gegebenen Inhalts der Erhebungen bestehen. (4) Gegen eine solche Fristsetzung oder Ladung ist kein Rechtsmittel zulässig.

Ob dieser Text der originalen Fassung vorzuziehen ist, muss jeder für sich beurteilen.

Zwar ist der neue Text länger geraten, doch ist dies v.a. darauf zurückzuführen, dass der Urtext Bedingungen und Rechtsfolgen, noch dazu in Alternativen, in einen Absatz mit 4 Sätzen packt. Die Alternative versucht Folgendes: Abs. 1 regelt nur die beiden alternativen Aufforderungsweisen, zur besseren Übersicht in Ziffern gegliedert. Was die Aufforderung enthalten muss, zählt Abs. 2 auf. Das umfasst auch eine Belehrung über eine Rechtsfolge, die naturgemäß erst nach der Belehrung auftreten kann. Zeitlich logisch folgt ihre nähere Beschreibung in Abs. 3. Da diese Rechtsfolge von der Belehrung laut Abs. 2 antizipiert wird, schadet es wohl auch nicht, in Abs. 2 auf Abs. 3 zu verweisen (macht vielleicht sogar ein wenig neugierig). Der Rechtsmittelausschluss verträgt dann – als neuer Gedanke – einen weiteren Abs. 4.

Am Rande noch: Niemand hat je erklären können, welchen Vorteil die Formel: „Gegen ... ist ein Rechtsmittel nicht zulässig“ im Vergleich zu: „Gegen ... ist kein Rechtsmittel zulässig“ aufweist. Aber es gibt ja auch Juristen, die zusammenfassen, dass „dem Rechtsmittel ein Erfolg nicht beschieden sein konnte“. Versuche, diese Formel auszumerzen, sind erfolglos geblieben.

9. Übungsbeispiel

Hier finden Sie ein Beispiel ohne inhaltliche Zusatzprobleme, also eine reine Sprachübung: Der originale Erlasstext ist alles andere als misslungen, aber doch auch nicht optimal lesbar.

Beschuldigte müssen zur Haftverhandlung nicht vorgeführt werden; die Vernehmung kann auch in einer Videokonferenz geschehen.

Wie könnte man diesen Paragrafen umformulieren?

§ […]
Anlässlich der gegenwärtigen Schutzmaßnahmen zur Verhinderung einer Ausbreitung des Coronavirus (COVID-19) weist das Bundesministerium für Justiz auf die durch § 176 Abs. 3 StPO eingeräumte Möglichkeit hin, von einer Vorführung Beschuldigter, die in einer Außenstelle der Justizanstalt des zuständigen Gerichts oder in einer anderen als der Justizanstalt des zuständigen Gerichts angehalten werden, zu einer Haftverhandlung abzusehen und stattdessen deren Vernehmung durch Verwendung technischer Einrichtungen zur Wort- und Bildübertragung durchzuführen (§ 153 Abs. 4 StPO). Für vorläufig angehaltene Betroffene gilt diese Regelung sinngemäß (§ 429 Abs. 5 StPO).

Lösungsvorschlag zu Beispiel 9:

Beispiel	Vorschlag
§ […] Anlässlich der gegenwärtigen Schutzmaßnahmen zur Verhinderung einer Ausbreitung des Coronavirus (COVID-19) weist das Bundesministerium für Justiz auf die durch § 176 Abs. 3 StPO eingeräumte Möglichkeit hin, von einer Vorführung Beschuldigter, die in einer Außenstelle der Justizanstalt des zuständigen Gerichts oder in einer anderen als der Justizanstalt des zuständigen Gerichts angehalten werden, zu einer Haftverhandlung abzusehen und stattdessen deren Vernehmung durch Verwendung technischer Einrichtungen zur Wort- und Bildübertragung durchzuführen (§ 153 Abs. 4 StPO). Für vorläufig angehaltene Betroffene gilt diese Regelung sinngemäß (§ 429 Abs. 5 StPO).	§ […] Aus Anlass der aktuellen Schutzmaßnahmen gegen eine Ausbreitung des Coronavirus (COVID-19) weist das Bundesministerium für Justiz darauf hin, dass gemäß § 176 Abs. 3 StPO von einer Vorführung von [in einer Außenstelle der Justizanstalt des zuständigen Gerichts oder in einer anderen als der Justizanstalt des zuständigen Gerichts angehaltenen] Beschuldigten zu einer Haftverhandlung abgesehen werden kann und sie stattdessen unter Verwendung technischer Einrichtungen zur Wort- und Bildübertragung vernommen werden können (§ 153 Abs. 4 StPO). Für vorläufig angehaltene Betroffene gilt diese Regelung sinngemäß (§ 429 Abs. 5 StPO).

Beim Sprachgebrauch gibt es oft kein richtig oder falsch, auch das soll dieses Buch vermitteln. Unten finden Sie daher einen weiteren Vorschlag zur Verbesserung des Textes:

Vorschlag 1	Vorschlag 2
§ […] Aus Anlass der aktuellen Schutzmaßnahmen gegen eine Ausbreitung des Coronavirus (COVID-19) weist das Bundesministerium für Justiz darauf hin, dass gemäß § 176 Abs. 3 StPO von einer Vorführung von [in einer Außenstelle der Justizanstalt des zuständigen Gerichts oder in einer anderen als der Justizanstalt des zuständigen Gerichts angehaltenen] Beschuldigten zu einer Haftverhandlung abgesehen werden kann und sie stattdessen unter Verwendung technischer Einrichtungen zur Wort- und Bildübertragung vernommen werden können (§ 153 Abs. 4 StPO). Für vorläufig angehaltene Betroffene gilt diese Regelung sinngemäß (§ 429 Abs. 5 StPO).	§ […] Wegen der Corona-Pandemie weist das Bundesministerium für Justiz auf folgende Rechtslage hin: Gemäß § 176 Abs. 3 StPO kann von der Vorführung Beschuldigter, die in einer Außenstelle der Justizanstalt des zuständigen Gerichts oder in einer anderen als der Justizanstalt des zuständigen Gerichts angehalten werden, zu einer Haftverhandlung abgesehen werden. Stattdessen können diese Beschuldigten unter Verwendung technischer Einrichtungen zur Wort- und Bildübertragung vernommen werden (§ 153 Abs. 4 StPO). Für vorläufig angehaltene Betroffene gilt diese Regelung sinngemäß (§ 429 Abs. 5 StPO).

Bemerkenswert ist an diesem Beispiel vor allem, dass die Verständlichkeit nicht allein durch eine Kürzung der Zeichen erzielt werden kann; manchmal ist es sogar besser, einen (etwa durch Gliederung in mehrere Sätze) längeren Text in Kauf zu nehmen.

10. Übungsbeispiel

Der folgende Paragraf stammt aus dem Ministerialentwurf einer Novelle zum österreichischen Universitätsgesetz (2020):

> **Ghostwriting**
> § 116a. (1) Wer eine Tat gemäß den Abs. 2 bis 4 ausführt, begeht, wenn die Tat nicht den Tatbestand einer in die Zuständigkeit der Gerichte fallenden strafbaren Handlung bildet oder nach anderen Verwaltungsbestimmungen mit strengerer Strafe bedroht ist, eine Verwaltungsübertretung, die von der örtlich zuständigen Bezirksverwaltungsbehörde zu bestrafen ist.
> (2) Wer gegen Entgelt ein Werk für einen anderen herstellt oder einem anderen zur Verfügung stellt, ist, wenn sie oder er weiß oder nach den Umständen annehmen kann, dass dieses Werk in der Folge teilweise oder zur Gänze als Seminar- oder Prüfungsarbeit sowie Abschlussarbeit (Bachelorarbeit, wissenschaftliche und künstlerische Arbeiten gemäß § 19 Abs. 2a) fälschlich zum Nachweis nicht erbrachter eigenständiger Leistungen ausgegeben werden soll, mit Geldstrafe bis zu 25.000 Euro zu bestrafen.

Wir wollen uns nur auf den zweiten Absatz beschränken, der zugleich auch der zweite Satz des neuen § 116a UG ist (weil Abs. 1 nur aus einem einzigen Satz besteht). Das ist jedoch nicht der Hauptgrund, warum die Lektüre Schwierigkeiten bereitet.

Wie könnte man den zweiten Absatz verständlicher formulieren?

Lösungsvorschlag zu Beispiel 10:

Beispiel	**Vorschlag**
Wer gegen Entgelt ein Werk für einen anderen herstellt oder einem anderen zur Verfügung stellt, ist, wenn sie oder er weiß oder nach den Umständen annehmen kann, dass dieses Werk in der Folge teilweise oder zur Gänze als Seminar- oder Prüfungsarbeit sowie Abschlussarbeit (Bachelorarbeit, wissenschaftliche und künstlerische Arbeiten gemäß § 19 Abs. 2a) fälschlich zum Nachweis nicht erbrachter eigenständiger Leistungen ausgegeben werden soll, mit Geldstrafe bis zu 25.000 Euro zu bestrafen.	Wer gegen Entgelt ein Werk für einen anderen herstellt oder einem anderen zur Verfügung stellt und dabei weiß oder nach den Umständen annehmen kann, dass dieses Werk in der Folge teilweise oder zur Gänze als Seminar-, Prüfungs- oder Abschlussarbeit (Bachelorarbeit, wissenschaftliche und künstlerische Arbeiten gemäß § 19 Abs. 2a) fälschlich zum Nachweis eigenständiger Leistungen ausgegeben werden soll, ist mit Geldstrafe bis zu 25.000 Euro zu bestrafen.

Der Ursprungstext besteht aus einem Satz mit 71 Wörtern mit 494 Zeichen. Er enthält eine Verbklammer über 50 Wörter hinweg („ist … zu bestrafen"). Das „ist" teilt das äußere Tatbestandsmerkmal (Herstellung oder Zurverfügungstellung) vom inneren (wissen oder annehmen können), vermutlich um damit auszudrücken, dass sich Letzteres nicht nur auf die zweite Variante des äußeren Merkmals (das Zurverfügungstellen) bezieht. Es gibt aber keinen generellen Vorrang des „oder" vor dem „und", der eine solche Lesart erzwingen würde. Falls man das wirklich fürchtet, könnte man den Zusammenhang zwischen „herstellen" und „zur Verfügung stellen" auch anders stärken („her- oder … zur Verfügung stellt", Vorziehen der Strafdrohung).

Nicht gelungen erscheint auch die Verbindung mehrerer Typen studentischer Arbeiten durch die Wort „oder" und „sowie"; das Verhältnis dieser Typen bleibt unklar, obwohl kein Unterschied gemacht werden soll.

Jedenfalls zu beseitigen wäre die doppelte Negation: „Nicht erbrachte Leistungen" sind schon an sich schwer nachzuweisen; wer dies aber fälschlich tut, hat die Leistung womöglich doch erbracht. Wer hingegen eine Leistung nicht erbracht hat, kann eine Arbeit „fälschlich zum Nachweis eigenständig erbrachter Leistungen" vorlegen.

Auch der Vorschlag ist mit 66 Wörtern (oder 457 Zeichen) noch sehr lang, aber wohl besser verständlich.

11. Übungsbeispiel

In einem Liegenschaftskaufvertrag finden Sie folgende Bestimmungen:

> Die Verkäuferin ist Eigentümerin des Hauses in der Bodmergasse 27, 1220 Wien. Die im 3. Stockwerk befindliche Wohnung hat insgesamt eine Fläche von 67 m² (im Folgenden „Kaufgegenstand").
> Die kaufgegenständliche Wohnung ist vollkommen lastenfrei und erklären die vertragsschließenden Parteien, in Kenntnis dieses Grundbuchstandes zu sein. Die kaufende Partei erklärt weiters in Kenntnis der kaufgegenständlichen Wohnung zu sein und diese zu kaufen wie sie liegt und steht.

Welche sprachlichen und rechtlichen Probleme finden Sie in dieser Klausel? Versuchen Sie, diese Bestimmungen verständlicher zu formulieren!

Lösungsvorschlag zu Beispiel 11:

Beispiel	**Vorschlag**
Die Verkäuferin ist Eigentümerin des Hauses in der Bodmergasse 27, 1220 Wien. Die im 3. Stockwerk befindliche Wohnung hat insgesamt eine Fläche von 67 m² (im Folgenden „Kaufgegenstand"). Die kaufgegenständliche Wohnung ist vollkommen lastenfrei und erklären die vertragsschließenden Parteien, in Kenntnis dieses Grundbuchstandes zu sein. Die kaufende Partei erklärt weiters in Kenntnis der kaufgegenständlichen Wohnung zu sein und diese zu kaufen wie sie liegt und steht.	Die Verkäuferin ist Eigentümerin der Liegenschaft GSt-Nr. 162/5, EZ 133, KG 01651 in der Bodmergasse 27, 1220 Wien. Kaufgegenstand sind 345/1067 der Anteile an der in Punkt [xy] bezeichneten Liegenschaft, mit denen Wohnungseigentum an der Wohnung Top 2 verbunden ist („**Kaufgegenstand**"). Der Kaufgegenstand ist frei von Lasten. Die Parteien kennen den Grundbuchstand; ein aktueller Grundbuchsauszug ist dem Kaufvertrag als Anlage 1 angehängt. Die Käuferin hat den Kaufgegenstand vor Unterzeichnung des Kaufvertrages besichtigt und kauft ihn, wie sie ihn bei der Besichtigung vorgefunden hat.

Der erste Absatz ist rechtlich ungenau. Die Verkäuferin ist Eigentümerin der gesamten Liegenschaft, nicht nur des auf dem Grundstück errichteten Hauses. Das ist keine juristische Spitzfindigkeit, denn die Käuferin soll ja Miteigentümerin der gesamten Liegenschaft werden. Praktisch sinnvoll ist auch die genaue Bezeichnung der Wohnung (Top-Nummer). Zwar deutet die Größe auf eine bestimmte Wohnung hin, der Verweis bleibt jedoch ungenau. Auf das „befindlich" kann man ohne schlechtes Gewissen verzichten.

Auch der zweite Absatz birgt zahlreiche sprachliche Ungenauigkeiten. Die Adjektive „kaufgegenständlich" und „vertragsschließend" sind überflüssig: Kaufgegenstand und Parteien ergeben sich ohnehin aus dem Vertrag. Grammatikalisch falsch ist die Inversion im ersten Satz („... und erklären die Parteien"). Unklar bleibt, warum die Parteien „in Kenntnis" des Grundbuchstandes bzw. der Wohnung sein müssen – genügt es nicht, dies jeweils zu „kennen"? Auch die juristische Phrase „wie sie liegt und steht" beruht nur auf Gewohnheit.

12. Übungsbeispiel

Versuchen Sie, den folgenden Text verständlicher zu formulieren:

> Von zahlreichen Kleinanlegern waren die OGH-Entscheidungen wohl vor allem im Hinblick darauf mit Spannung erwartet worden, ob es ihnen durch sie ermöglicht werden könnte, aus einem Investment, bezüglich dessen sie sich vor allem von einer einschlägigen Werbebroschüre in die Irre geführt fühlten, ohne Verlust nachträglich wieder auszusteigen.

Beachten Sie dabei:

Die Problemzonen finden wir bei der Wörterkette „ob es ihnen durch sie" und bei den Wortkombinationen „im Hinblick darauf" und „bezüglich dessen".

Nicht unter allen Umständen müssen die „Hauptpersonen" eines Satzes auch das grammatikalische Subjekt sein, doch meistens hilft es sehr.

Lösungsvorschlag zu Beispiel 12:

Beispiel	**Vorschlag**
Von zahlreichen Kleinanlegern waren die OGH-Entscheidungen wohl vor allem im Hinblick darauf mit Spannung erwartet worden, ob es ihnen durch sie ermöglicht werden könnte, aus einem Investment, bezüglich dessen sie sich vor allem von einer einschlägigen Werbebroschüre in die Irre geführt fühlten, ohne Verlust nachträglich wieder auszusteigen.	Zahlreiche Kleinanleger haben mit Spannung die OGH-Entscheidungen erwartet und gehofft, dass diese ihnen ermöglichen würden, ohne Verlust aus einem Investment auszusteigen, zu dem sie mit einer irreführenden Werbebroschüre verleitet worden waren.

Der Vorschlag macht die Zusammenhänge klarer. Die Beseitigung des passiv konstruierten Satzanfangs sowie der schwülstigen Satz(teil)verbindungen bringt eine deutliche Umfangreduktion von 48 Wörtern (343 Zeichen) auf 31 Wörter (244 Zeichen).

Das Beispiel veranschaulicht, dass eine Ungeschicklichkeit am Satzbeginn nicht mehr wettzumachen ist.

13. Übungsbeispiel

Der folgende Text stammt aus einem Gerichtsurteil:

> Der Kläger begehrte mit Klage vom 13.08.2013 die Feststellung, dass dieser Schadensfall ein vom mit der Versicherung abgeschlossenen Versicherungsvertrag gedeckter Versicherungsfall und dass die Versicherung zum Vorfallszeitpunkt nicht leistungsfrei iSd § 39 Abs. 2 VersVG sei.

Wie könnte man diesen Text besser formulieren?

Stellen Sie sich bei der Überarbeitung folgende Fragen:

- Was will ich sagen?
- Was will der Kläger?
- Was ist das Problem?

Lösungsvorschlag zu Beispiel 13:

Beispiel	**Vorschlag**
Der Kläger begehrte mit Klage vom 13.08.2013 die Feststellung, dass dieser Schadensfall ein vom mit der Versicherung abgeschlossenen Versicherungsvertrag gedeckter Versicherungsfall und dass die Versicherung zum Vorfallszeitpunkt nicht leistungsfrei iSd § 39 Abs. 2 VersVG sei.	Der Kläger begehrte die Feststellung, dass der Schadensfall vom Versicherungsvertrag gedeckt sei und dass die Versicherung nicht leistungsfrei nach § 39 Abs. 2 VersVG sei.

Der Appell an die Schreiberin oder den Schreiber dieses Satzes kann leider nicht höflicher formuliert werden als „Zuerst denken, dann schreiben!“. Sehr wahrscheinlich tut das Datum der Klage nichts zur Sache; dass sich der Kläger auf einen Versicherungsvertrag beruft, den er mit der Versicherung geschlossen hat, ist wohl selbstverständlich; und sicher kommt es nicht darauf an, ob die Versicherung „zum Vorfallszeitpunkt“ leistungsfrei ist, sondern ob sie es überhaupt ist. Der Vorfallszeitpunkt spielt bei § 39 Abs. 2 VersVG zwar eine Rolle, weil zu prüfen ist, ob der Schadensfall zu einer Zeit eingetreten ist, als der Versicherungsnehmer mit der Prämienzahlung schon qualifiziert säumig war. Das bedeutet aber nicht, dass die Versicherung „zum Vorfallszeitpunkt“ leistungsfrei ist, sondern dass sie „wegen des Vorfallszeitpunkts“, noch genauer: „wegen der Säumigkeit des Klägers zum Vorfallszeitpunkt“ leistungsfrei ist. Wenn sie aber für diesen Vorfall leistungsfrei ist, bleibt sie es für immer.

Hilfreich ist stets dieses Frage-Antwort-Schema:

- Frage: Was will ich sagen?
- Antwort: Ich will sagen, was der Kläger will.
- Frage: Was will der Kläger?
- Antwort: Die Feststellung, dass die Versicherung zahlen muss.
- Frage: Was ist das Problem?
- Antwort: Die Versicherung glaubt, der Schadensfall sei vom Vertrag nicht umfasst und sie sei leistungsfrei (nach § 39 Abs. 2 öVersVG), weil der Kläger beim Schadensfall mit seinen Prämien im Rückstand gewesen sei.

14. Übungsbeispiel

Hier finden Sie den leicht gekürzten Text eines Beschlusses des Obersten Gerichtshofes.[331] Versuchen Sie, einen Bericht darüber zu verfassen, wie er in einer Zeitung erscheinen könnte.

Der Oberste Gerichtshof hat (...) über die Beschwerde der Dolmetscherin Bozena K***** (...) den

Beschluss

gefasst:
Der Beschwerde wird nicht Folge gegeben.
Mit dem angefochtenen Beschluss bestimmte das Oberlandesgericht Wien die Gebühren der Dolmetscherin Bozena K***** für ihre Mitwirkung an der öffentlichen Auslieferungsverhandlung (...) mit insgesamt 75 Euro. Ein Mehrbegehren von 6,20 Euro wies es mit der Begründung ab, es habe sich um keine besonders schwierige Dolmetschtätigkeit gehandelt, die nach § 54 Abs 1 Z 3 GebAG eine Erhöhung der Gebühr für Mühewaltung begründet hätte. Daher gebühre für die Zuziehung zur Verhandlung (deren Dauer eine halbe Stunde nicht überstieg) nicht wie von der Dolmetscherin angesprochen 30,70 Euro, sondern 24,50 Euro. Die gegen die Abweisung des Mehrbegehrens gerichtete Beschwerde ist nicht berechtigt.
Ihre Behauptung besonders schwieriger Dolmetschtätigkeit im Sinn des § 54 Abs 1 Z 3 GebAG begründete die Beschwerdeführerin mit „erschwerte[n] Bedingungen (COVID-19 Zuschlag)". (...)
Im Verhandlungsprotokoll ist festgehalten, dass die Dolmetscherin „während des Gerichtstags durchgehend eine MN-Schutzmaske" trug und „um Ablegung" „nicht ersucht" wurde (ON 4 S 2).
Die angesprochene Erhöhung des Betrags, der dem Dolmetsch für seine Zuziehung zu einer Vernehmung oder gerichtlichen Verhandlung gebührt (Gebühr für Mühewaltung), setzt nach § 54 Abs 1 Z 3 GebAG voraus, dass es sich um eine besonders schwierige Dolmetschtätigkeit handelt. Schon auf Basis des Gesetzeswortlauts ist auf eine besondere Schwierigkeit der (in concreto abverlangten) Dolmetschtätigkeit als solcher abzustellen (vgl. auch § 54 Abs 1 Z 1 lit c GebAG zur Gebühr für Mühewaltung bei schriftlicher Übersetzung: „wegen besonderer sprachlicher oder fachlicher Schwierigkeiten"). Dieser Befund

331 OGH 15. 9. 2020, 11 Os 87/20h.

wird durch die Materialien zur GebAG-Novelle 1994, BGBl 1994/623 (mit der die in Rede stehende Bestimmung neu gefasst wurde), gestützt. Danach soll die Erhöhung – im Gleichklang mit § 34 Abs 2 letzter Satz GebAG idF BGBl 1994/623 zur Gebühr des Sachverständigen für Mühewaltung („besonders ausführliche wissenschaftliche Begründung"; „außergewöhnliche Kenntnisse auf wissenschaftlichem oder künstlerischem Gebiet") – zum Tragen kommen, wenn gewisse „besondere Leistungen" erbracht werden. Es müsse sich um eine besondere fachliche Schwierigkeit im konkreten Fall handeln; als Beispiel wird das Erfordernis genannt, eine komplizierte Fachsprache zu dolmetschen (...) Dagegen findet sich im Gesetz kein Anhaltspunkt für die Sicht, bei der betreffenden Beurteilung seien – über Aspekte fachlicher Natur hinaus – auch äußere Umstände zu berücksichtigen, die (bloß) die Ausübung einer (nicht schon an sich besonders schwierigen) Dolmetschtätigkeit erschweren. Das (sich aus zur Eindämmung der COVID-19-Pandemie ergangenen Vorschriften ergebende) Erfordernis, dabei Schutzmasken zu tragen, stellt demnach keine besondere Schwierigkeit im Sinn des § 54 Abs 1 Z 3 GebAG dar.
Der Beschwerde war daher ein Erfolg zu versagen.

Lösungsvorschlag zu Beispiel 14:

Keine Extravergütung für Dolmetschen mit Maske
Der Oberste Gerichtshof lehnt einen „Covid-19-Zuschlag“ ab.
Wien. Dolmetscherinnen steht für die Arbeit mit Mund-Nasen-Schutz keine zusätzliche Entlohnung zu. Das hat der Oberste Gerichtshof (OGH) in einer kürzlich im Rechtsinformationssystem des Bundes veröffentlichten Entscheidung bestätigt. Eine Dolmetscherin ist deshalb mit ihrem Versuch gescheitert, 6,20 Euro mehr für eine Verhandlung in einer Auslieferungssache zu bekommen, die kürzer als eine halbe Stunde gedauert hatte.
Die Dolmetscherin hatte laut Protokoll während des Gerichtstags durchgehend eine Mund-Nasen-Schutzmaske getragen und war nicht aufgefordert worden, diese abzulegen. Wegen dieser „erschwerten Bedingungen“ verlangte sie einen „Covid-19-Zuschlag“: Ihre Arbeit sei besonders schwierig gewesen. Für diesen Fall sieht das Gebührenanspruchsgesetz (in § 54 Abs. 1 Z 3) eine Erhöhung der Gebühr für Mühewaltung vor. Statt 24,50 Euro wären der Frau 30,70 Euro zugestanden.
Das Oberlandesgericht Wien lehnte diese Erhöhung jedoch ab. Wie der OGH bestätigt, setzt die Gebührenerhöhung eine besonders schwierige Dolmetschtätigkeit voraus. Damit sei aber eine fachliche Schwierigkeit der Übersetzungsarbeit an sich gemeint, nicht die Umstände, unter denen die Arbeit stattfindet. Schutzmasken zu tragen, wie es zur Eindämmung der Pandemie vorgeschrieben ist, „stellt demnach keine besondere Schwierigkeit im Sinn des § 54 Abs. 1 Z 3 GebAG dar“, sagt der OGH (11 Os 87/20h).
Die Dolmetscherin muss sich also mit 24,50 Euro für ihre Mühewaltung begnügen; alles in allem erhält sie für ihre Mitwirkung an der Auslieferungsverhandlung 75 Euro.

Der Beschluss formuliert an keiner Stelle das konkrete Ergebnis, das sich im Zeitungsartikel bereits in der Überschrift findet. Schon der erste Absatz des Artikels enthält alle wesentlichen Informationen, die dann in der Folge vertieft werden.

Das Oberlandesgericht Wien begegnet im Beschluss an prominenter Stelle gleich zu Beginn, weil sich das Rechtsmittel gegen einen seiner Beschlüsse richtete. Im Zeitungsartikel wird es nur kurz als Teil der Vorgeschichte erwähnt.

Die Begründung des OGH, der seine Rechtsansicht unter anderem auf Gesetzesmaterialien stützt, ist im Zeitungsartikel auf den Kern der Argumentation konzentriert.

15. Übungsbeispiel

In einer Rezension konnte man am Ende lesen:

> Resümierend gilt es festzuhalten, dass das vorliegende Werk einen echten Mehrwert für die Leser verschafft.

Mit welchen sprachlichen Problemen ist man hier konfrontiert?

Wie könnte man es besser formulieren?

Lösungsvorschlag zu Beispiel 15:

Beispiel	**Vorschlag**
Resümierend gilt es festzuhalten, dass das vorliegende Werk einen echten Mehrwert für die Leser verschafft.	Somit verschafft das Werk seinen Leserinnen und Lesern einen echten Mehrwert.

Die Wortfolge „gilt es festzuhalten, dass" enthält nur leere Kilometer. Der Autor bestimmt, was festgehalten wird, der Text zeigt das dann ohnehin. Die Zeichenersparnis könnte man zum Beispiel dafür nützen, sich nicht auf das generische Maskulinum zu beschränken

Leserinnen und Leser werden nicht überrascht sein, dass am Ende einer Rezension eine Zusammenfassung steht; ein „daher" oder „somit" wäre als Signal etwas dezenter als das plakative „Resümierend" oder ein „Im Ergebnis" – aber das ist Geschmackssache.

Dass es in einer Rezension um ein „vorliegendes" Werk geht, versteht sich (wie bei „gegenständlichen" Klagen oder Sachverhalten) von selbst. Niemand sollte über ein Buch schreiben, das ihm oder ihr nicht vorlag.

Die Präpositionalkonstruktion mit Akkusativ („für die Leser") kann durch Formulierung im Dativ („wem wird ein Mehrwert verschafft?" – den „Lesern") gekürzt werden.

Trotz Erwähnung der Leserinnen ist der Vorschlag (11 Wörter mit 77 Zeichen) nun kürzer als der Ursprungstext (15 Wörter mit 107 Zeichen).

Was tatsächlich einen „echten Mehrwert" bietet, lässt sich zwar auch diskutieren, aber man kann es so stehen lassen.

Wir hoffen, dass dieses Merkmal auch auf das Ihnen gerade „vorliegende Buch" zutrifft!

Quellen- und Literaturverzeichnis

Lutz ADERHOLD/Raphael KOCH/Karlheinz LENKAITIS, Vertragsgestaltung[3], Baden-Baden 2018.

Allgemeines Bürgerliches Gesetzbuch, JGS 946/1811.

Allgemeines österreichisches bürgerliches Gesetzbuch, Wien 1853.

APA, Académie française schlägt wegen „Frenglisch" Alarm, in: Die Presse v. 22. 11. 2019, 23.

Arbeitsgemeinschaft österreichische Rechtsgeschichte (Hrsg.), Manual Rechts- und Verfassungsgeschichte[5], Wien 2018.

Art. 6 Abs. 2 EMRK, BGBl. 1958/210 i.d.F. BGBl. III 1998/30.

Susanne BACHMANN/Dietmar JAHNEL/Georg LIENBACHER, Gesetzgebungsverfahren und Gesetzgebungsqualität. (Symposium anlässlich des 50. Geburtstags von o. Univ. Heinz Schläffer – 24. 4. 1991, Edmundsburg, Salzburg), Wien 1992.

Carsten BÄCKER/Matthias KLATT/Sabrina ZUCCA-SOEST (Hrsg.), Sprache – Recht – Gesellschaft, Tübingen 2012.

Oskar J. BALLON/Bettina NUNNER-KRAUTGASSER/Birgit SCHNEIDER, Einführung in das Zivilprozessrecht. Streitiges Verfahren[13], Wien 2018.

Elena BARNERT, Daumen hoch. Zur Auslegung von Emojis im Rechtsverkehr, in: Myops. Berichte aus der Welt des Rechts 37 (2019) 32 ff.

Heinz BARTA, Zivilrecht online, Wien 2004 [https://www.uibk.ac.at/zivilrecht/buch/]; zuletzt abgerufen am 6. 12. 2020.

Heinz BARTA, Zur Geschichte und künftigen Entwicklung des Wohnungseigentums in Österreich, in: Margarete HAVEL/Karin FINK/Heinz BARTA (Hrsg.), Wohnungseigentum – Anspruch und Wirklichkeit. Entwicklung, Probleme, Lösungsstrategien (Verbraucherrecht, Verbraucherpolitik 21), Wien 1999, 183 ff.

Bernadette BAYRHAMMER, Österreichisches Deutsch ist in der Schule kaum Thema. Rezension zu Rudolf de Cillia/Jutta Ransmayr, Österreichisches Deutsch macht Schule, Wien 2019, in: Die Presse v. 6. 11. 2019, 22.

Christina BINDER/Karl ZEMANEK, Das Völkervertragsrecht, in: August REINISCH (Hrsg.), Österreichisches Handbuch des Völkerrechts I[5], Wien 2013, 50 ff.

BMJ (Hrsg.), Sozialintegrierte Gesetzgebung. Wege zum guten und verständlichen Gesetz, Referate gehalten auf dem Symposium vom 23. 10.–25. 10. 1979 in Vill/Innsbruck, Wien 1979.

BMJ, [https://www.justiz.gv.at/home/justiz/berufe-in-der-justiz/richterinnen~8ab4a8a422985de30122a92cfab56386.de.html]; zuletzt abgerufen am 15. 12. 2020.

BMS siehe Bundesministerium für Arbeit und Soziales.

Rebekka BRATSCHI/Markus NUSSBAUMER, Mehrsprachige Rechtsetzung, in:

Ekkehard Felder/Friedemann Vogel (Hrsg.), Handbuch Sprache im Recht (Handbücher Sprachwissen XII), Berlin–Boston 2017, 367 ff.

Bundesamt für Justiz, Richterstatistik, Stand 31. 12. 2018 [https://www.bundesjustizamt.de/DE/Themen/Buergerdienste/Justizstatistik/Personal/Personal_node.html]; zuletzt abgerufen am 15. 12. 2020.

Bundesbeauftragter für die Stasi-Unterlagen (Hrsg.), Abkürzungsverzeichnis. Häufig verwendete Abkürzungen und Begriffe des Ministeriums für Staatssicherheit[11], Berlin 2015.

Bundeskanzleramt (Hrsg.), Handbuch zur Rechtssetzungstechnik Teil I. Legistische Richtlinien, Wien 1990.

Bundeskanzleramt (Hrsg.), Handbuch zur Rechtssetzungstechnik Teil II. Richtlinien für die Wiederverlautbarung von Bundesgesetzen, Wien 1990.

[Deutsches] Bundesministerium der Justiz, Bekanntmachung des Handbuchs der Rechtsförmlichkeit[3], 2008 [http://www.bmjv.de/SharedDocs/Downloads/DE/PDF/Themenseiten/RechtssetzungBuerokratieabbau/HandbuchDerRechtsfoermlichkeit_deu.pdf?__blob=publicationFile]; zuletzt abgerufen am 7. 12. 2020.

[Deutsches] Bundesministerium für Arbeit und Soziales, Leichte Sprache. Ein Ratgeber, 2014 [https://www.bmas.de/SharedDocs/Downloads/DE/PDF-Publikationen/a752-ratgeber-leichte-sprache.pdf;jsessionid=D768A-EB0F3E0F5FB1EE04B87AED862F3.delivery1-master?__blob=publicationFile&v=1]; zuletzt abgerufen am 5. 12. 2020.

[Deutsche] Bundesrechtsanwaltskammer, Mitglieder 2020 [https://www.brak.de/w/files/04_fuer_journalisten/statistiken/2020/mitgliederstatistik_2020.pdf]; zuletzt abgerufen am 15. 12. 2020.

Bundeswettbewerbsbehörde, Zusammenschlüsse [https://www.bwb.gv.at/zusammenschluesse/]; zuletzt abgerufen am 16. 11. 2020.

Burgenländische Heizungs- und Klimaanlagenverordnung 2019, Bgld. LGBl. 2019/60.

Bürgerliches Gesetzbuch [BGB], dBGBl. I 2002, S. 42 i.d.F. dBGBl. I. 2020, S. 2393.

Wolfgang Burtscher, Wir Zauderer, in: Vorarlberger Nachrichten vom 29.11.2020 (https://www.vn.at/vorarlberg/2020/11/29/wir-zauderer.vn; 30.12.2020).

Hadumod Buszmann (Hrsg.), Lexikon der Sprachwissenschaft[4], Stuttgart 2008.

Peter Bydlinski, Gerichte mit Unternehmen strenger als mit dem Gesetzgeber, in: Die Presse v. 21. 9. 2015 [https://www.diepresse.com/4825633/gerichte-mit-unternehmen-strenger-als-mit-dem-gesetzgeber]; zuletzt abgerufen am 4. 12. 2020.

Peter Bydlinski, § 7, in: Helmut Koziol/Peter Bydlinksi/Raimund Bollenberger (Hrsg.), ABGB Kurzkommentar (KBB)[6], Wien 2020, 12 ff.

Sharon B. Byrd/Matthias Lehmann, Zitierfibel für Juristen[2], München–Wien–Baden-Baden 2016.

Joachim Heinrich Campe, Wörterbuch zur Erklärung und Verdeutschung der unserer Sprache aufgedrungenen fremden Ausdrücke[2], Braunschweig 1813.

Karen Cheng, Anatomie der Buchstaben[2], Mainz 2013.

Rudolf de Cillia / Jutta Ransmayr, Österreichisches Deutsch macht Schule. Bildung und Deutschunterricht im Spannungsfeld von sprachlicher Variation und Norm, Wien 2019.

Petra Cnyrim, Das Buch der fast vergessenen Wörter[2], München 2017.

Computergenealogie 2020/4.

Werner Conze/Reinhart Koselleck et al., Staat und Souveränität, in: Otto Brunner/Werner Conze/Reinhart Koselleck, Geschichtliche Grundbegriffe VI, Stuttgart 1990.

Hendrik Cremer, Ein Grundgesetz ohne „Rasse". Vorschlag für eine Änderung von Artikel 3 Grundgesetz (Deutsches Institut für Menschenrechte – Policy Paper XVI), Bonn–Berlin 2010.

Karl-Heinz Danzl, Handbuch Schmerzengeld, Wien 2019.

Deutsches Rechtswörterbuch, Schelm [https://drw-www.adw.uni-heidelberg.de/drw-cgi/zeige?index=lemmata&term=schelm&firstterm=schelm#Schelm-1]; zuletzt abgerufen am 16. 11. 2020.

Die Presse, Amokfahrt: „Lebenslang" bestätigt v. 28. 6. 2017, 10.

Die Presse, Straßburger Nachhilfe für Land der Titel v. 10. 2. 2020, 13.

Ralf Dose, Die Implantation der Antibabypille in den 60er und frühen 70er Jahren, in: Zeitschrift für Sexualforschung 1 (1990) 25 ff.

Dudenredaktion (Hrsg.), Duden. Die Grammatik (Duden IV), Berlin 2016.

Dudenredaktion (Hrsg.), Duden. Deutsches Universalwörterbuch[3], Mannheim 1996.

Dudenredaktion (Hrsg.), Duden online (darin insbesondere die Artikel: grundsätzlich [https://www.duden.de/rechtschreibung/grundsaetzlich], Inskription [https://www.duden.de/rechtschreibung/Inskription], Juristendeutsch [https://www.duden.de/rechtschreibung/Juristendeutsch], Mail [https://www.duden.de/rechtschreibung/Mail], Schreibung von Zahlen bis 12 [https://www.duden.de/sprachwissen/sprachratgeber/Schreibung-von-Zahlen-0],
sich spießen (österreichisch für klemmen, nicht vorangehen) [https://www.duden.de/rechtschreibung/spieszen],
Whatsapp [https://www.duden.de/suchen/dudenonline/Whatsapp]); zuletzt abgerufen am 4. 12. 2020.

Friedrich Ebel, Sachsenspiegel, in: Handwörterbuch zur deutschen Rechtsgeschichte IV, Berlin 1990, 1228 ff.

Oskar Edlbacher, Aus den Erfahrungen eines Legisten. Zugleich eine Buchbesprechung, in: ÖJZ 1986, 2.

Alexander Egger, in: Thomas Jaeger/Karl Stöger (Hrsg.), Kommentar zu EUV und AEUV, Wien 2018, Art. 16 EUV.

Eidgenössisches Departement für auswärtige Angelegenheiten [=EDA], Abkürzungsverzeichnis zur Europapolitik, 2019 [https://www.eda.admin.ch/dam/dea/de/documents/publikationen_dea/Abkuerzungsverzeichnis-Europapolitik_de.pdf]; zuletzt abgerufen am 4. 12. 2020.

Eduard Engel, Deutsche Stilkunst[30], Wien 1922 [https://archive.org/details/DeutscheStilkunst/page/n5/mode/2up]; zuletzt abgerufen am 11. 12. 2020.

Andreas Engelhardt, Allgemeiner österreichischer und neuester Wiener Sekretär und Hausadvokat[18], Wien 1866.

Robert Entman, Framing: Towards a Clarification of a Fractured Paradigm, in: Journal of Communication 43 (3) 1993, 51 ff.

EuGH, 8. 10. 2020, C-641/19, PE Digital, ECLI:EU:C:2020:808.

Europäische Menschenrechtskonvention [EMRK], BGBl. 1958/210.

Christian Fandrych/Maria Thurmair, Grammatik im Fach Deutsch als Fremd- und Zweitsprache. Grundlage und Vermittlung (Grundlagen Deutsch als Fremd- und Zweitsprache II), Berlin 2018.

Ekkehard Felder/Friedemann Vogel (Hrsg.), Handbuch Sprache im Recht (Handbücher Sprachwissen XII), Berlin–Boston 2017.

Philipp Fidler, Invasion der Inversion, in: ÖJZ 2015, 105.

Thomas Fleiner-Gerster, Wie soll man Gesetze schreiben? Leitfaden für die Redaktion normativer Texte, Bern 1985.

Hans-Rüdiger Fluck, Verwaltungssprache und Staat-Bürger-Interaktion, in: Ekkehard Felder/ Friedemann Vogel (Hrsg.), Handbuch Sprache im Recht (Handbücher Sprachwissen XII), Berlin–Boston 2017, 425 ff.

Gerhard Friedl/Herbert Loebenstein/Peter Dax/Gerhard Hopf/Elisabeth Maier, Abkürzungs- und Zitierregeln der österreichischen Rechtssprache und Europarechtlicher Rechtsquellen (AZR). Samt Abkürzungsverzeichnis[8], Wien 2019.

Sybille Fritsch-Oppermann (Hrsg.), Die Rechtssprache. Fachjargon und Herrschaftsinstrument, Loccum 1998.

Vincent Fröhlich, Der Cliffhanger und die serielle Narration. Analyse einer transmedialen Erzähltechnik, Bielefeld 2015.

Robert Fucik, Darstellen oder nicht Darstellen, das ist keine Frage, in: ÖJZ 2010, 978.

Robert Fucik, Das B-Innen-i, in: ÖJZ 2011, 1111.

Robert FUCIK, Denglisch – macht es Sinn am Ende des Tages? in: ÖJZ 2017, 436.
Robert FUCIK, Den Wald vor lauter Bäumlichkeiten nicht sehen, in: ÖJZ 2018, 528.
Robert FUCIK, Der Bezahltag ist erschienen, und sie bezahlen, in: ÖJZ 2011, 192.
Robert FUCIK, Die eingebrachte Klage, in: ÖJZ 2017, 697.
Robert FUCIK, Fuge in E und Es, in: ÖJZ 2011, 576.
Robert FUCIK/Christoph MONDEL, Abschaffung des „Pflegeregresses" und Zivilverfahren. Eine gangbare Lösung für die Praxis, in: iFamZ 2017, 382 ff.
Robert FUCIK, Pflegeregressabschaffung oder ein fast aufgelöster Nationalrat und (fast) gelöste Rechtsfragen, in: iFamZ 2019, 4 ff.
Karl-Markus GAUSS, Abenteuerliche Reise durch mein Zimmer, Wien 2019.
Helmut GEBHARDT, Von der Tiroler Gemeinderegulierung 1819 bis zur TGO 1866 – Zur Geschichte des öffentlich-rechtlichen Gemeindebegriffs, in: Gerald KOHL/Bernd OBERHOFER/Peter PERNTHALER/Fritz RABER (Hrsg.), Die Agrargemeinschaften in Westösterreich, Wien 2012, 121 ff.
[Deutsches] Gerichtsverfassungsgesetz, dRGBl. 1877, S. 41.
[Österreichische] Geschäftsordnung für die Gerichte I. und II. Instanz, BGBl. 1951/264 (Stammfassung).
Gesellschaft für deutsche Sprache, Was sind Emojis? in: Der Sprachdienst 2015/2, 77 [https://gfds.de/was-sind-emojis/]; zuletzt abgerufen am 5. 12. 2020.
Gesellschaft für deutsche Sprache, Woher kommt die Redewendung „den Löffel abgeben"? in: Der Sprachdienst 2016/2 [https://gfds.de/woher-kommt-die-redewendung-den-loeffel-abgeben/]; zuletzt abgerufen am 6. 12. 2020.
Gesetzestechnische[n] Richtlinien des Bundes (GTB, Bern 2013); vgl. http://www.bk.admin.ch (29. 12. 2020).
Roland GIRTLER, Rotwelsch. Die alte Sprache der Gauner, Dirnen und Vagabunden, Wien–Köln–Weimar 1998.
Edwin GITSCHTHALER, Unterhaltsrecht[4], Wien 2019.
Ernst GOLDMANN, Aktendeutsch, in: Deutsche Juristen-Zeitung (Beilage: Der junge Jurist) 1926, 833 ff.
Tom GOULD, [Karikatur], in: Die Presse, 10. 10. 2020, Spectrum, VIII.
Oliver GRIMM, Kleine Zornespredigt gegen gedankenlose Anglizismen, in: Die Presse v. 13. 8. 2019, 9.
Franz GSCHNITZER, Drittes Hauptstück. Von Aufhebung und Verbindlichkeiten, in: Heinrich KLANG/Franz GSCHNITZER (Hrsg.), Kommentar zum Allgemeinen bürgerlichen Gesetzbuch[2] VI, Wien 1951, 359 ff.

Gerhard HAFNER/Andreas J. KUMIN/Friedl WEISS (Hrsg.), Recht der Europäischen Union. Entwicklung, Institutionen, Politiken, Verfahren, Wien 2013.

Andreas HAIDINGER, Andreas Haidinger's Selbstadvokat, Wien [6]1853, [7]1855, [8]1858, [11]1872, [12]1876, [13]1880, [16]1896, [18]1905.

Sibylle HALLIK, Die Sprachberatung des Redaktionsstabs der GfdS beim Deutschen Bundestag, in: Der Sprachdienst 2019/5–6 [https://gfds.de/die-sprachberatung-des-redaktionsstabs-der-gfds-beim-deutschen-bundestag/]; zuletzt abgerufen am 22. 2. 2021.

Brigitte HAMANN, Leichte Sprache: Das wäre doch etwas für den ORF! in: Die Presse v. 13. 2. 2019, 27.

Hanjo HAMANN, Tunlichst? in: JZ 2020, 680 f.

Mathilde HENNIG (Hrsg.), Das Wörterbuch der sprachlichen Zweifelsfälle. Richtiges und gutes Deutsch[8] (Duden IX), Berlin 2016.

Tina HILDEBRAND, Juristischer Gutachtenstil[3], Tübingen 2017.

Reinhard HINGER, 10 Jahre Welser Erklärung, Art. VIII Öffentlichkeit und Verständlichkeit, in: RZ 2018, 151.

Reinhard HINGER, Abgekü, in: ÖJZ 2011, 48.

Reinhard HINGER, Die üblichen Verdächtigen und zwei Thesen, in: ÖJZ 2020, 240.

Reinhard HINGER, Ein Rendezvous zur Mitternacht (oder was „mit" von „am" unterscheidet), in: ÖJZ 2020, 755.

Reinhard HINGER, Entrahmt und ungezogen, in: ÖJZ 2013, 144.

Reinhard HINGER, -n -m oder -m -n? in: ÖJZ 2019, 844.

Reinhard HINGER, Rein und klirrend, in: ÖJZ 2020, 234.

Reinhard HINGER, und oder oder oder bzw, in: ÖJZ 2019, 748.

Reinhard HINGER, Zu hoch und zu lang, in: ÖJZ 2011, 984.

Michael HOCHEDLINGER, Aktenkunde. Urkunden- und Aktenlehre der Neuzeit, München 2009.

Hofdekret vom 21. März 1784, in: Joseph KROPATSCHEK (Hrsg.), Handbuch aller unter der Regierung des Kaisers Joseph des II. für die K. K. Erbländer ergangenen Verordnungen und Gesetze in einer Sistematischen Verbindung, Wien 1786, 367.

Ludger HOFFMANN/Shinichi KAMEYAMA/Monika RIEDEL/Pembe SAHINER/Nadja WULFF (Hrsg.), Deutsch als Zweitsprache. Ein Handbuch für die Lehrerausbildung, Berlin 2017.

Michael HOLOUBEK/Georg LIENBACHER, Rechtspolitik der Zukunft – Zukunft der Rechtspolitik (Texte zur Rechtspolitik III), Wien–New York 1999.

Gabriele HOOFFACKER/Klaus MEIER, La Roches Einführung in den praktischen Journalismus[20], Wiesbaden 2017.

Gerhard HOPF, Beziehungsweise, in: Redaktion der ÖJZ (Hrsg.), Sprache und Recht, Wien 2014, 200 ff.

Gerhard Hopf, Was ist richtig: des Rechts oder des Rechtes? in: ÖJZ 2013, 623.

Werner Hugger, Gesetze – Ihre Vorbereitung, Abfassung und Prüfung. Ein Handbuch für Praxis und Studium, Baden-Baden 1983.

Wolfgang Imo, Grammatik. Eine Einführung, Stuttgart 2016.

Hubert Isak, Organisationsstruktur der EU, in: Gerhard Hafner/Andreas J. Kumin/Friedl Weiss (Hrsg.), Recht der EU[2], Wien 2019, 143 ff.

Dietmar Jahnel/Jan Sramek, NZR. Neue Zitierregeln[2], Wien 2017.

Jura online, Soll der Begriff „Rasse" in Art. 3 GG abgeschafft werden? v. 16. 6. 2020 [https://jura-online.de/blog/2020/06/16/soll-der-begriff-rasse-in-art-3-gg-abgeschafft-werden/]; zuletzt abgerufen am 16. 11. 2020.

Roland Karassek, „Arbeitnehmer" und „Arbeitgeber" – eine begriffsgeschichtliche Spurensuche, in: Arbeit – Bewegung – Geschichte. Zeitschrift für historische Studien 2017/2, 106 ff.

Ferdinand Kerschner (Hrsg.), Handbuch Vertragsgestaltung. Zivilrecht, Arbeitsrecht, Gesellschaftsrecht, Steuerrecht[2], Wien 2020.

Abbas Khider, Deutsch für alle. Das endgültige Lehrbuch, München 2020.

Hildebert Kirchner, Abkürzungsverzeichnis der Rechtssprache[9], Berlin–Boston 2018.

Alan Kirkness, Zur Sprachreinigung im Deutschen 1789–1871. Eine historische Dokumentation I (Forschungsberichte des Instituts für Deutsche Sprache Mannheim 26.1), Tübingen 1975.

Alan Kirkness, Zur Sprachreinigung im Deutschen 1789–1871. Eine historische Dokumentation II (Forschungsberichte des Instituts für Deutsche Sprache Mannheim Band 26.2), Tübingen 1975.

Michael Kloepfer, Umweltrechtsgeschichte, in: Michael Kloepfer, Umweltrecht[3], München 2004, 65 ff.

Erich Kocina, Deutsch kommt auch gut ohne Englisch aus, in: Die Presse v. 12. 8. 2019, 17.

Erich Kocina, Lexikon der Politiksprache: Anpassung und Bepreisung, in: Die Presse v. 9. 3. 2020, 18.

Gerald Kohl, Das Eherecht in der populären Rechtsliteratur, in: Gerald Kohl/Thomas Olechowski/Kamila Staudigl-Ciechowicz/Doris Täubel-Weinreich (Hrsg.), Eherecht 1811 bis 2011. Historische Entwicklungen und aktuelle Herausforderungen (Beiträge zur Rechtsgeschichte Österreichs 2012/1), Wien 2012, 161 ff.

Gerald Kohl, Die Vermittlung von Rechtskenntnissen durch Trivialliteratur am Beispiel Karl Mays, in: Thomas Vormbaum (Hrsg.), Jahrbuch der Juristischen Zeitgeschichte 2001/2002/III, Baden-Baden 2002, 490 ff.

Gerald KOHL/Susanne GMOSER (Hrsg.), Franz von Zeiller: Das ABGB in den „Vaterländischen Blättern für den österreichischen Kaiserstaat" (1811). „Kurzfassung" als Kommentar, Wien 2012.

Gerald KOHL/Bernd OBERHOFER/Peter PERNTHALER (Hrsg.), Die Agrargemeinschaften in Tirol. Beiträge zur Geschichte und Dogmatik, Wien 2010.

Gerald KOHL, Stockwerkseigentum. Geschichte, Theorie und Praxis der materiellen Gebäudeteilung unter besonderer Berücksichtigung von Rechtstatsachen aus Österreich (Schriften zur Europäischen Rechts- und Verfassungsgeschichte LX), Berlin 2007.

Lothar KÖHL, Effiziente Vertragsgestaltung und -umsetzung, in: Christoph SCHMITT (Hrsg.), Praxishandbuch Gestaltung von Wirtschaftsverträgen, Berlin–Boston 2015, 3 ff.

Benedikt KOMMENDA, Lieb* Lesend*. Uni will Genderstern, in: Die Presse v. 20. 12. 2019, 23.

Andreas KONECNY, Einleitung in: Hans Walter FASCHING/Andreas KONECNY (Hrsg.), Zivilprozessgesetze[3] II/1, Wien 2015, 12 ff.

Werner KÖNIG, dtv-Atlas Deutsche Sprache[19] (ab der 18. Auflage bearbeitet von Stefan ELSPASS und Robert MÖLLER), München 2019.

[Österreichisches] Konsumentenschutzgesetz, BGBl. 1979/140 i.d.F. BGBl. I 2003/91.

Hanna KORDIK, Erfolgreich zu sein ist offenbar nicht alles, in: Die Presse v. 11. 3. 2019, 8.

Helmut KOZIOL, Die unerwünschte Kritik am Gesetzgeber, in: ÖJZ 1982, 517.

Helmut KOZIOL, Entschuldbare Fehlleistungen des Gesetzgebers? in: JBl 1976, 169 ff.

Helmut KOZIOL/Martin SPITZER, in: Helmut KOZIOL/Peter BYDLINKSI/Raimund BOLLENBERGER (Hrsg.), ABGB Kurzkommentar (KBB)[6], Wien 2020, § 1419.

Paul KRAKER, Die Nachrichten-Norm, in: Lukas FEILER (Hrsg.), Innovation und internationale Rechtspraxis. Rechtsprobleme entstehen nicht im Hörsaal. Praxisschrift Wolfgang Zankl, Wien 2009, 457 ff.

Karl KRAUS, Ausgewählte Schriften IV, Pro domo et mundo, München 1912.

Karl KRAUS, Die letzten Tage der Menschheit (Karl Kraus Schriften X), Frankfurt/Main 1986.

Heinz KREJCI, in: Peter RUMMEL/Meinhard LUKAS, ABGB[4], Wien 2014, § 879.

Carsten KUNKEL, Vertragsgestaltung. Eine methodisch-didaktische Einführung, Heidelberg 2016.

Gerrit LANGENFELD/Christoph MOES, Grundlagen der Vertragsgestaltung[3], München 2019.

Legistisches Handbuch des Landes Steiermark (seit 2005) [http://www.verwaltung.steiermark.at]; zuletzt abgerufen am 29. 12. 2020.

Hans Peter LEHOFER, Höchstgerichtliche Wohlmeinung, in: ÖJZ 2010, 1098.

Maximilian LEITNER, Anything goes, in: ÖJZ 2012, 240.

Kent D. LERCH (Hrsg.), Die Sprache des Rechts I: Recht verstehen. Verständlichkeit, Missverständlichkeit und Unverständlichkeit von Recht, Berlin–New York 2004.

Kent D. LERCH (Hrsg.), Die Sprache des Rechts II: Recht verhandeln. Argumentieren, Begründen und Entscheiden im Diskurs des Rechts, Berlin–New York 2005.

Kent D. LERCH (Hrsg.), Die Sprache des Rechts III: Recht vermitteln. Strukturen, Formen und Medien der Kommunikation im Recht, Berlin–New York 2005.

Roland LOEWE, Neue Fehlleistungen in der Beurteilung der Gesetzgebung durch Theoretiker? Zu Schwimann in ÖJZ 1981, 628, in: ÖJZ 1982, 197 ff.

Utz MAAS, Was ist deutsch?[2], München 2014.

Jörg MATTHES, Framing, Baden-Baden 2014, [2]2019.

Heinz MAYER/Gabriele KUCSKO-STADLMAYER/Karl STÖGER, Bundesverfassungsrecht[11], Wien 2015.

MedienG, BGBl. 1981/314 i.d.F. BGBl. I 2005/49.

Stephan MEYER/Ludwig SCHIEWE (Hrsg.), Ludwig Reiners Stilkunst. Ein Lehrbuch deutscher Prosa[2], München 2004.

Christian MORGENSTERN, Die unmögliche Tatsache, in: Christian MORGENSTERN, Alle Galgenlieder, Zürich 1981, 163.

Nationale HochwasserrisikomanagementplanVO 2015, BGBl. II 2016/268.

Katharina NEUMAYR, Mehrsprachigkeit im Unionsrecht, Wien 2017.

Niederösterreichische legistische Richtlinien 2015 [http://www.noe.gv.at]; zuletzt abgerufen am 29. 12. 2020.

Niederösterreichischer Pferdesportverein, Muster-Kaufvertrag [https://www.noeps.at/wp-content/uploads/2016/08/MusterKaufvertrag.pdf]; zuletzt abgerufen am 8. 12. 2020.

Friedrich NIETZSCHE, Menschliches, Allzumenschliches[2], 1886.

Marianne NORDMAN, Rhythmus im Fachtext, in: Hartmut SCHRÖDER (Hrsg.), Fachtextpragmatik, Tübingen 1993, 291 ff.

Julia NUMSSEN, Handbuch Jägersprache. Alle Fachbegriffe von A – Z kompakt erklärt, München 2017.

OGH 15. 9. 2020, 11 Os 87/20h.

OGH 21. 7. 1989, 9 ObA 151/89, RS0019625.

OGH 13. 10. 2011, 6 Ob 216/11z, RS0127140.

OGH 23. 10. 2017, 5 Ob 99/17w.

OGH 23. 4. 2020, 11 Os 9/20p.

OGH 25. 9. 2017, 6 Ob 204/16t, RS0127140.

OGH 29. 4. 2002, 7 Ob 73/02i.

OGH 31. 12. 2005, 3 Ob 125/05m.

OGH 5. 4. 2017, 15 Os 9/17p.

OGH 8. 9. 2009, 1 Ob 144/09x, bbl 2010,30/28 = MietSlg 61.816.

OGH 9. 6. 2020, 14 Os 12/20a.

OGH, RS0039223 [https://www.ris.bka.gv.at/Dokumente/Justiz/JJR_19841030_OGH0002_0020OB00597_8400000_001/JJR_19841030_OGH0002_0020OB00597_8400000_001.pdf]; zuletzt abgerufen am 8. 12. 2020.

Theo Öhlinger (Hrsg.), Die Methodik der Gesetzgebung. Legistische Richtlinien in Theorie und Praxis (Forschungen aus Staat und Recht 57), Wien–New York 1982.

ORF online, 100 Jahre Österreichische Bundesverfassung, v. 28. 10. 2020 [https://oe1.orf.at/artikel/676798/100-Jahre-Oesterreichische-Bundesverfassung]; zuletzt abgerufen am 11. 12. 2020.

ORF online, 100 Jahre Bundes-Verfassung. Einfache Sprache, v. 1. 10. 2020 [https://orf.at/stories/3183376/]; zuletzt abgerufen am 11. 12. 2020.

ORF online, Bolsonaros Familie im Zwielicht, v. 14. 3. 2019 [https://orf.at/stories/3115043/]; zuletzt abgerufen am 4. 12. 2020.

ORF online, Gespanntes Warten auf Fahrplan für Schule, v. 17. 4. 2020 [https://orf.at/stories/3161961/]; zuletzt abgerufen am 16. 11. 2020.

ORF online, Kogler hat Favoritin für Lunacek-Nachfolge, v. 16. 5. 2020 [https://orf.at/stories/3165908/]; zuletzt abgerufen am 18. 5. 2020.

ORF online, Merkel: „Werden noch lange mit Virus leben müssen“, v. 23. 4. 2020 [https://orf.at/#/stories/3162998/]; zuletzt abgerufen am 16. 11. 2020.

Österreichische Energieagentur (Hrsg.), Energie-Handbuch, Wien 2020.

Österreichischer Rechtsanwaltskammertag (ÖRAK), Mitgliederzahlen [https://www.rechtsanwaelte.at/kammer/kammer-in-zahlen/mitglieder]; zuletzt abgerufen am 16. 11. 2020.

Österreichisches Wörterbuch, etwas spießt sich [https://www.ostarrichi.org/wort/23748/etwas_spiesst_sich]; zuletzt abgerufen am 5. 12. 2020.

Österreichisches Wörterbuch, Servitut [https://www.ostarrichi.org/wort/20824/Servitut]; zuletzt abgerufen am 5. 12. 2020.

Erika Pichler, Amtsdeutsch aus den Unis verbannen, in: Die Presse v. 2. 11. 2019, K. 11.

Ewald Plachutta, Kochschule, Wien 2007.

Andreas Pollak, in: Thomas Jaeger/Karl Stöger (Hrsg.), Kommentar zu EUV und AEUV, Wien 2017, Art. 81.

Pressekodex [http://www.presserat.de]; zuletzt abgerufen am 22. 2. 2021.

Michael Rami, Attendez le verbe! in: ÖJZ 2012, 144.

Michael RAMI, Gestatten Sie mir eine Rettungsfrage, in: ÖJZ 2020, 336.
Michael RAMI, Ja, wir sind in der Lage! Leitfaden für richtiges Amtsdeutsch (Teil 1), in: ÖJZ 2013, 702.
Michael RAMI, Jesus und die Juristen, in: ÖJZ 2011, 288.
Michael RAMI, Leitfaden für richtiges Amtsdeutsch (Teil 2): Schachtelsätze, in: ÖJZ 2015, 487.
Michael RAMI, Nationale im Akt (Teil 2), in: ÖJZ 2016, 848.
Michael RAMI, Nicht behufs der Schule, sondern in Betreff des Lebens lernen wir, in: ÖJZ 2018, 696.
Michael RAMI, Präpositionsverbrechen, in: ÖJZ 2018, 383.
Michael RAMI, Recht haben oder recht haben, in: ÖJZ 2013, 432.
Michael RAMI, Wortgestöber. Von der Ungerei, in: ÖJZ 2012, 624.
Rat für deutsche Rechtschreibung, Empfehlungen zur „geschlechtergerechten Schreibung". Beschluss des Rats für deutsche Rechtschreibung vom 16. November 2018 [https://www.rechtschreibrat.com/DOX/rfdr_PM_2018-11-16_Geschlechtergerechte_Schreibung.pdf]; zuletzt abgerufen am 25. 11. 2020.
Rat für deutsche Rechtschreibung [https://www.rechtschreibrat.com/]; zuletzt abgerufen am 6. 12. 2020.
Monika RATHERT, Sprache und Recht (Kurze Einführungen in die germanistische Linguistik III), Heidelberg 2006.
Walter Hans RECHBERGER/Daphne-Ariane SIMOTTA, Grundriss des österreichischen Zivilprozessrechts. Erkenntnisverfahren[9], Wien 2017.
Redaktion der ÖJZ (Hrsg.), Sprache und Recht. Kolumnen aus der ÖJZ, Wien 2014.
Ludwig REINERS, Stilfibel. Der sichere Weg zum guten Deutsch, München 1963.
Reinhold REITH, Umwelt, in: Friedrich JÄGER (Hrsg.), Enzyklopädie der Neuzeit XIII, Stuttgart–Weimar 2011, 905 ff.
Richter- und Staatsanwaltschaftsdienstgesetz, BGBl. 1961/305 i.d.F. BGBl. I 2018/60.
Richtlinien für die Redaktion von Rechtsvorschriften (RedR 2015): Bekanntmachung der Bayerischen Staatsregierung vom 16.6.2015, AZ. B II 2-G 49/13–5 (http://www.gesetze-bayern.de; 29.12.2020).
RIS (Rechtsinformationssystem des Bundes) [https://www.ris.bka.gv.at/]; zuletzt abgerufen am 11. 12. 2020.
Claudia RUDOLF, § 1419, in: Attila FENYVES/Ferdinand KERSCHNER/Andreas VONKILCH, Großkommentar zum ABGB – Klang[3] 26a, Wien 2019, 74 ff.
Friedrich Gottlob RUMPEL, (Disputatio) De pecunia doloris – vom Schmertz-Gelde, Jena 1706.
Antoine de SAINT-EXUPÉRY, Der kleine Prinz, New York 1943.

Antoine de SAINT-EXUPÉRY, Terre des hommes, Paris 1939.

Heinz SCHÄFFER/Otto TRIFFTERER (Hrsg.), Rationalisierung der Gesetzgebung, Baden-Baden 1984.

Heinz SCHÄFFER (Hrsg.), Theorie der Rechtssetzung, Wien 1988.

Martin P. SCHENNACH, Das Provisorische Gemeindegesetz 1849 und das Reichsgemeindegesetz 1862 als Zäsur? Reflexionen zum österreichischen Gemeindebegriff im 19. Jahrhundert, in: Institut für Österreichische Geschichtsforschung (Hrsg.), Mitteilungen des Instituts für Österreichische Geschichtsforschung 120/2, Oldenburg–Böhlau 2012, 369 ff.

Roland SCHIMMEL, Juristendeutsch? Ein Buch voll praktischer Übungen für bessere Texte, Paderborn 2020.

Gerhard SCHMARANZER, Über die Gesetzeskraft von (Marginal-)Rubriken – unter besonderer Berücksichtigung der ABGB-Rubriken, in: JBl 2004, 497 ff.

Johann G. SCHMIDTER, Schmidters Haus- und Geschäfts-Briefsteller. Zur Abfassung aller im Privat- und Verkehrsleben vorkommenden Aufsätze und Correspondenzen[10], Wien 1893.

Ruth SCHMIDT-WIEGAND, Rotwelsch, in: Adalbert ERLER/Ekkehard KAUFMANN et al (Hrsg.), Handwörterbuch zur deutschen Rechtsgeschichte IV, Berlin 1990, 1178 ff.

Friedrich E. SCHNAPP, Stilfibel für Juristen, Münster 2004.

Wolf SCHNEIDER, Deutsch! Das Handbuch für attraktive Texte, Reinbek 2005.

Wolf SCHNEIDER, Deutsch für Kenner. Die neue Stilkunde, Hamburg 1987.

Wolf SCHNEIDER, Deutsch für Profis. Handbuch der Journalistensprache – wie sie ist und wie sie sein könnte, Hamburg 1982.

Wolf SCHNEIDER/Paul-Josef RAUE, Das neue Handbuch des Journalismus und des Online-Journalismus[3], 2012.

Gabriele SCHNEIDER, Richterinnen in Österreich, Deutschland und der Schweiz, in: Gerald KOHL/Ilse REITER-ZATLOUKAL (Hrsg.), RichterInnen in Geschichte, Gegenwart und Zukunft. Auswahl, Ausbildung, Fortbildung und Berufslaufbahn, Wien 2014, 189 ff.

Fritz SCHÖNHERR, Amtsdeutsch und andere Sprachsünden (aus: Österreichisches Anwaltsblatt 1970), in: Fritz SCHÖNHERR, Sprache und Recht, Wien 1985, 23 ff.

Fritz SCHÖNHERR, Hinweise für die sprachliche Gestaltung juristischer Texte (aus: Österreichisches Anwaltsblatt 1981), in: Fritz SCHÖNHERR, Sprache und Recht, Wien 1985, 63 ff.

Fritz SCHÖNHERR, Recht und Sprache. Ein altes Thema, aber aktueller denn je (aus: Juristische Blätter 1982, 245–248), in: Fritz SCHÖNHERR, Sprache und Recht, Wien 1985, 79 ff.

Fritz Schönherr, Sprache und Recht. Aufsätze und Vorträge (hgg. v. Walter Barfuss), Wien 1985.

Erwin Schranz, Die Bedeutung der Sprache im Recht: Wo und wie kann der Hebel zu mehr Verständlichkeit angesetzt werden, in: Österreichische Richterzeitung 2020, 178 ff.

Friedemann Schulz von Thun, Miteinander reden I. Störungen und Klärungen. Allgemeine Psychologie der Kommunikation, Reinbek 1981, [55]2018.

Andrea Schurian, Der neue Genderstern am Sprachhimmel, in: Die Presse v. 24. 12. 2019, 29.

Horst Schwinn, Sprachpurismus und Sprachkritik im Deutschen, in: Handbuch Europäische Sprachkritik Online (HESO) 2018/3, 55 ff.

Manfred Seeh, Amokfahrer-Prozess. Wie viel Bauchgefühl verträgt die Justiz? in: Die Presse v. 30. 6. 2016, 5.

Bastian Sick, Der Dativ ist dem Genitiv sein Tod, Köln 2004.

Bastian Sick, Der Dativ ist dem Genitiv sein Tod. Folge 2. Neues aus dem Irrgarten der Deutschen Sprache, Köln 2005.

Thomas Simon, Austrofaschismus und moderne Faschismusforschung, in: Gerald Kohl/Thomas Simon (Hrsg.), Glory and Misery of the Parliamentary Concept 1918–1938 (= Parliaments, Estates & Representation 2021/2), im Erscheinen.

Joseph von Sonnenfels, Über den Geschäftsstil, Wien 1785 [http://digital.onb.ac.at/OnbViewer/viewer.faces?doc=ABO_%2BZ25817006]; zuletzt abgerufen am 5. 12. 2020.

Der Sprachdienst 2/2016.

Johannes Stabentheiner, Legistik im Europäischen Arbeitsfeld. Herausforderungen an die Zivillegistik bei der Schaffung europäischen Rechts und seiner innerstaatlichen Umsetzung, in: ÖJZ 2010, 263 ff.

Johannes Stabentheiner, Rechtspolitik im Privatrecht. Streiflichter aus der 18. Gesetzgebungsperiode, in: ÖJZ 1995, 41 ff.

Johannes Stabentheiner, Träger der Rechtsentwicklung im Zivilrecht. Ein aktueller Befund, in: ÖJZ 2007, 433 ff.

[Österreichisches] Standort-Entwicklungsgesetz (StEntG), BGBl. I 2018/110.

[Österreichisches] Strafgesetzbuch (StGB), BGBl. 1974/60.

Klaus Stimeder, US-Kleptokraten sinken auf der Corona-„Titanic", in: Wiener Zeitung v. 20. 3. 2020 [https://www.wienerzeitung.at/nachrichten/politik/welt/2055167-Kleptokraten-auf-der-Titanic.html]; zuletzt abgerufen am 4. 12. 2020.

Eduard Strauss, Abstrakte Verkehrsunfälle, in: ÖJZ 2018, 744.

Jürgen Streihammer, „Rasse" im deutschen Grundgesetz, in: Die Presse v. 19. 6. 2020, 27.

William STRUNK Jr./Elwyn Brooks WHITE, The Elements of Style[50], New York 2009.

Moritz von STUBENRAUCH, Commentar zum österreichischen allgemeinen bürgerlichen Gesetzbuch II[7], Wien 1899.

Carl-Friedrich STUCKENBERG, Der juristische Gutachtenstil als cartesische Methode, in: Georg FREUND/Uwe MURMANN/René BLOY/Walter PERRON (Hrsg.), Grundlagen und Dogmatik des gesamten Strafrechtssystems. FS Wolfgang Frisch (Schriften zum Strafrecht 244), Berlin 2013, 168 ff.

Support moz://a, Hauptpasswort statt Master-Passwort [https://support.mozilla.org/de/kb/hauptpasswort-statt-master-passwort]; zuletzt abgerufen am 16. 11. 2020.

Helmuth TADES/Gerhard HOPF/Georg KATHREIN/Johannes STABENTHEINER (Hrsg.), ABGB und alle wichtigen Nebengesetze. I: ABGB[37], Wien 2009.

Markus THIEL, Recht und Sprache, in: Julian KRÜPER (Hrsg.), Grundlagen des Rechts[3], Baden-Baden 2017, 244 ff.

Stephanie THIEME/Gudrun RAFF, Verständlichkeit von Rechtstexten und ihre Optimierung in der Praxis, in: Ekkehard FELDER/Friedemann VOGEL (Hrsg.), Handbuch Sprache im Recht (Handbücher Sprachwissen XII), Berlin–Boston 2017, 403 ff.

Nils THUN, Die rechtsgeschichtliche Entwicklung des Stockwerkseigentums. Ein Beitrag zur deutschen Privatrechtsgeschichte (Juristische Schriftenreihe 96), Hamburg 1997.

Steffen TRUMPF (dpa), Beschluss im Schweriner Landtag: Längstes Wort Deutschlands hat ausgedient, Spiegel online 3. Juni 2013 (https://www.spiegel.de/panorama/gesellschaft/laengstes-wort-der-deutschen-sprache-verschwindet-a-903370.html; 30. 12. 2020).

Lynne TRUSS, Eats, Shoots & Leaves, London 2003.

[Österreichisches] Umsatzsteuergesetz 1994 (UStG), BGBl. 1994/663 i.d.F. BGBl. I 2019/103.

Universität Wien, Geschlechterinklusiver Sprachgebrauch in der Administration der Universität Wien. Leitlinie und Empfehlungen zur Umsetzung, Wien 2019.

UVS Wien 31. 7. 1995, 05/F/28/39/95.

Viertes COVID-19-Gesetz, BGBl. I 2020/24.

Variantengrammatik [http://mediawiki.ids-mannheim.de/VarGra/index.php/Start]; zuletzt abgerufen am 23. 12. 2020.

VwGH 24. 10. 2006, 2005/06/0101, VwSlg 17041 A/2006.

VwGH 26. 2. 2010, 2010/02/0001.

VwGH 7. 12. 2006, 2003/07/0162, VwSlg 17074 A/2006.

Tonio WALTER, Kleine Stilkunde für Juristen[3], München 2017.

Elisabeth WEHLING, Politisches Framing. Wie eine Nation sich ihr Denken einredet – und daraus Politik macht (Bundeszentrale für politische Bildung – Schriftenreihe 10064), Bonn 2017.

Rudolf Welser, Käsegeruch ist erfahrungsgemäß unangenehm. Menschlich Allgemeingültiges aus der Juristenküche[3], Wien 1990.

Rudolf Welser/Brigitta Zöchling-Jud, Grundriss des Bürgerlichen Rechts II[14], Wien 2015.

Wiener Zeitung, Standortsicherungsgesetz. Zügige Verfahren für Großprojekte [https://www.wienerzeitung.at/nachrichten/politik/oesterreich/1003604-Zuegige-Verfahren-fuer-Grossprojekte.html] v. 21. 11. 2018; zuletzt abgerufen am 16. 11. 2020.

Wikipedia, Kothaufen-Emoji [https://de.wikipedia.org/wiki/Kothaufen-Emoji]; zuletzt abgerufen am 4. 12. 2020.

Wikipedia, Loi Toubon [https://de.wikipedia.org/wiki/Loi_Toubon]; zuletzt abgerufen am 5. 12. 2020.

Wikipedia, Serife [https://de.wikipedia.org/wiki/Serife]; zuletzt abgerufen am 31. 5. 2020.

Günther Winkler/Bernd Schilcher, Gesetzgebung. Kritische Überlegungen zur Gesetzgebungslehre und zur Gesetzgebungstechnik (Forschungen aus Staat und Recht 50), Wien–New York 1981.

Friederike Zedler, Mehrsprachigkeit und Methode. Der Umgang mit dem sprachlichen Egalitätsprinzip im Unionsrecht (Heidelberger Schriften zum Wirtschaftsrecht und Europarecht 75), Baden-Baden 2015.

Reinhold Zippelius/Thomas Würtenberger/Theodor Maunz, Deutsches Staatsrecht[33], München 2020.

Stefan Zweig, Magellan. Der Mann und seine Tat, Frankfurt 1983.

Autorenverzeichnis

Dr. Robert Fucik wurde im Jahr 1987 zum Richter ernannt. Nach einer Dienstzuteilung im Bundesministerium für Justiz zur Mitarbeit an der Außerstreitreform war er von 1999 bis 2005 Richter des Oberlandesgerichts Wien. Seit Ende 2005 leitet er die Abteilung I 10 des Bundesministeriums für (Verfassung, Reformen, Deregulierung und) Justiz. Er war in der Rechtspflegerausbildung tätig und widmet sich weiterhin der Aus- und Fortbildung der Richter und der Rechtsanwälte. Er unterrichtet(e) Zivilverfahrensrecht an den Universitäten Wien und Graz. Weiters ist er stellvertretender Chefredakteur der „Österreichischen Juristenzeitung“ (ÖJZ) und Redakteur der „Interdisziplinären Zeitschrift für Familienrecht“ (iFamZ). Sein wissenschaftliches Hauptinteresse gilt dem Zivilverfahrensrecht, dem Schadenersatzrecht und dem Familienrecht. Auch sein Zeichenstift trifft gelegentlich juristische Themen.

Dr. Reinhard Hinger ist seit 1987 Richter. Seit 2014 ist er Vorsitzender eines Senats des Oberlandesgerichts Wien mit der Fachzuständigkeit für Patent- und Markenrecht. Seit Jahren befasst er sich in Vorträgen, Schulungsveranstaltungen und Artikeln mit der Verständlichkeit und der Unverständlichkeit der Rechtssprache. Für die „Österreichischen Blätter für gewerblichen Rechtsschutz und Urheberrecht“ (ÖBl) bereitet er die Entscheidungen und die Entscheidungsbesprechungen auf.

Ao. Univ.-Prof. Dr. Gerald Kohl ist seit 2006 ao. Universitätsprofessor an der Rechtswissenschaftlichen Fakultät der Universität Wien. Nach Assistentenjahren und teilweise freiberuflicher (Projekt-) Arbeit habilitierte er sich 2005 für die Fächer „Österreichische und Europäische Rechtsgeschichte einschließlich Verfassungsgeschichte der Neuzeit“ sowie „Europäische Privatrechtsentwicklung“. Seit 2009 wurde er wiederholt zum stellvertretenden Institutsvorstand des Instituts für Rechts- und Verfassungsgeschichte bestellt. Seit 2018 ist er Mitglied der Kommission für Rechtsgeschichte Österreichs der Österreichischen Akademie der Wissenschaften. Vielfältige Lehr-, Autoren- und Herausgebertätigkeit.

Mag. Benedikt Kommenda ist Wiener des Jahrgangs 1963 und hat in Wien Rechtswissenschaften studiert. Er ist Chef vom Dienst bei der Tageszeitung „Die Presse" und dort auch für den wöchentlichen Schwerpunkt „Rechtspanorama" verantwortlich. Er ist – als Vertreter der Medien – eines der österreichischen Mitglieder im Rat für deutsche Rechtschreibung.

Dr. Klaus J. Müller ist Rechtsanwalt und Notar sowie Fachanwalt für Handels- und Gesellschaftsrecht in Frankfurt am Main und dort seit 2010 Partner der Sozietät SCHIEDERMAIR. Davor war er viele Jahre Partner der global tätigen Wirtschaftskanzlei Mayer Brown und dort vorwiegend mit grenzüberschreitenden Unternehmenskäufen, Immobilientransaktionen und Finanzierungen befasst. Diese Felder bilden bis heute die fachlichen Schwerpunkte seiner – ihn vorwiegend beanspruchenden – Notarpraxis. Seine Ausbildung genoss er in Freiburg, Lausanne, Hamburg, Lübeck und Marburg. Praxisaufenthalte führten ihn nach Brüssel, London und Paris. Er ist Autor zahlreicher Veröffentlichungen.

Dr. Paul Nimmerfall war im Wiener Büro der Kanzlei Schönherr mehrere Jahre in den Bereichen Kartellrecht, Corporate/M&A und Energierecht tätig. Ab Sommer 2021 arbeitet er für eine internationale Kanzlei in den Vereinigten Arabischen Emiraten und in Wien. Paul Nimmerfall ist Lehrbeauftragter an der Universität Wien und der Wirtschaftsuniversität Wien sowie Autor von Fachbeiträgen zum Kartell-, Gesellschafts- und Energierecht.

Register